U0142650

國立政治大學外交學系
成立九十週年紀念專書

地緣政治經濟之爭奪戰

中國大陸在非西方世界攻城掠地？

李　明、邱稔壤——主編

五南圖書出版公司 印行

序言

　　進入二十一世紀以來，中國大陸的興起展現在經濟的飛速成長，連續超越了法國、英國、德國、日本等國，於 2010 年成為世界經濟第二大國迄今。根據國際貨幣基金會 2019 年全球國內生產毛額的統計，全世界前三名的國家狀況：美國為二十一兆四千三百九十四億五千萬美元（占全世界的百分之二十四點八）；中國大陸為十四兆一千四百零一億六千萬美元（占全世界的百分之十六點三）；日本為五兆一千五百四十四億八千萬美元（占全世界的百分之五點九五）。依此觀之，中國大陸的經濟實力約為美國的 65.95%，是日本的 2.74 倍。根據另一項預測指出，中國大陸與美國經濟實力的差距會愈來愈小，從 2019 年的七兆二千九百九十二億九千萬美元減少到 2024 年的四兆八千一百四十億美元；而領先日本的差距愈來愈大，從 2019 年的八兆九千八百五十六億八千萬美元擴張到 2024 年的十四兆七千一百九十億美元。此一發展趨勢對全球的政治經濟秩序會帶來何種影響？對後冷戰時期「美國獨大」或「一超多強」局面會帶來多大的衝擊？

　　中國大陸的經濟成長除了展現經濟的影響力之外，也在國際社會肩負起更大的責任和領導力。根據蓋洛普民意調查機構於 2019 年做的「世界領袖的評估」（2019 Rating World Leaders）民調，中國在歐洲、亞洲、非洲等地民眾心目中，作為全球領袖的表現超越美國，而在美洲地區，中國大陸僅以百分之一差距落後美國。從中國大陸方面來看，這一項調查的結果折射出的不只是經濟的興起，而且是習近平就任黨總書記和國家主席以來，強調「中華民族偉大復興」的積極對外政策，尤其是擺脫了長期以來「韜光養晦」

的指導方針。習近平的「一帶一路」倡議和「中國製造2025」都引發了西方國家關切和懷疑。

美國為首的西方學者或專家對於中國大陸以經濟實力在全球大幅擴張，基本上是戒慎恐懼的立場，提出了不同的概念及理論來描述之，例如：中國威脅論、銳實力、新殖民主義、權力轉移理論、修昔底德陷阱等。最新的發展是國際關係學者在探索「新冷戰」的出現，而中美之間的爭執不僅限於傳統的貿易，還擴及科技發展的領域，例如華為（特別是5G通訊設備）遭遇到美國聯合其他西方盟國鋪天蓋地式的封鎖。全球的政治格局會朝哪個方向變動？

值得觀察的是，在西方世界之外，還有廣大的非西方世界，後者主要包括了開發中國家和發展程度落差的中東歐國家。非西方國家的興起早已受到學術界的重視，例如：英國學派的巨擘巴瑞‧布贊（Barry Buzan）長久以來就強調理解並整合入非西方世界對國際關係理論的發展甚為重要性。在實務界而言，從新興工業化經濟體到金磚國家，再到新興經濟體的出現，甚至二十國集團高峰會的鋒芒超越了七國集團高峰會，這些事例都在在說明了非西方世界對國際社會的重要性是無可忽略的。2020慕尼黑安全會議的主題就是探討「西方失勢」（Westlessness），且會議期間美國國務卿蓬佩奧（Mike Pompeo）「西方世界仍然是勝者」的主張並未得到西方盟國的支持，可見一斑。

我們想要了解的是中國大陸在地緣政治和經濟擴張的過程中，其與非西方世界國家間的互動關係，藉此了解中國大陸在全球政治經濟的影響力。《中國大陸與非西方世界之關係：地緣政治經濟之視角》的作者群根據他們的區域專長，分別探討中國大陸與從非洲開始到太平洋岸的地區與國家間的地緣政治經濟關係。

除了象徵對國際關係學界的支持和貢獻一己之力，《地緣政治經濟之爭奪戰：中國大陸在非西方世界攻城掠地？》的出版對外交系是極具意義的一件大事。外交系將在今年慶祝成立九十週年，這本書的出版象徵著外交學系的系友和外交系聯盟學校老師間跨校合作的成果，也是呈獻給系慶最佳的賀禮之一。本書的作者和編者李明、邱稔壤、鄧中堅、蔡東杰、連弘宜、張文揚、黃偉倫等學者均為外交系的系友或師長，長期在國際關係領域耕耘，卓然有成。而郭潔和許嫣然兩位教授來自與外交系有長期交流互動的學術機構，分別是北京大學國際關係學院和中國人民大學國際關係學院，她們在專業領域的努力耕耘有目共睹，而彼等的參與使得本書具備了更多元的視角，是兩岸學術交流合作的見證。儘管新冠狀病毒肺炎正在全球肆虐，引發廣泛的關切和憂心，但是國際關係學者更應致力研究探索，為維持世界和平與繁榮盡心盡力。

　　部分作者提供個人在期刊發表之宏文，本書編輯亦分別向《國際關係學報》及《全球政治評論》徵求同意轉載，並獲首肯，特此申謝。

　　最後，我們要說：「外交系九十歲生日快樂」，並以這本書象徵外交系展開邁向一百週年的起點，盼望後之來者繼續接棒，傳遞這神聖的使命和任務。

《地緣政治經濟之爭奪戰》專書編輯 同啟

民國 109 年 5 月 20 日

目錄

序言

1 從孟加拉灣到阿拉伯海：中印博奕之地緣政治分析

蔡東杰

中興大學國際政治研究所教授

由於印度突出於印度洋中部，且周邊缺乏強大鄰國的地緣特性，不僅使海權擴張（尤其著重於控制整個印度洋）長期成為其基本國策，該國國防部長還曾公開宣稱「印度的利益範圍將從阿拉伯海北面延伸至南中國海」。與此同時，中國對印度洋地區的關注也與日俱增。可以這麼說，不僅全球將近半數的海運商務經過印度洋，其中，又有 20% 左右與石油及天然氣有關，這對期盼維持發展的中國而言自然極其重要；為保障中國自身利益，它一方面努力提升海軍能量，強化與印度洋周邊國家能源合作關係，同時不斷派遣艦隊穿越印度洋；就結果而言，這些作為固然提升了中國的能源安全係數，但也深化了印度對中國存在海洋戰略威脅的認知，以及兩國在印度洋進行競爭的趨勢。在此，本文將針對中印兩國在印度洋周邊的地緣戰略競逐進行分析。

關鍵字：
中國、印度、印度洋、地緣政治、大戰略

壹、冷戰以來曲折前進的中印關係

存在高度地緣連接性，且作為當前全球人口最多的兩個國家，中國與印度不僅在第二次世界大戰期間便關係密切，在 1949 年中共建政後，印度亦隨即成為繼緬甸之後，第二個承認新政權的非社會主義國家，甚至是第一個與中共建交的非社會主義陣營國家。[1] 儘管如此，兩國之間並非全無矛盾，尤其是針對西藏問題；其起源可追溯回十九世紀末，英國首先於 1876 年與清廷簽署煙台條約並取得進入西藏權利，在 1887 年發動侵藏戰爭後，更於 1890 年透過中英藏印條約確立了透過通商行為控制部分西藏事務的手段。[2] 由於第一次大戰爆發以及隨後霸權衰退的影響，英國控制西藏的企圖雖終究功敗垂成，但印度不僅在獨立後繼承了英國的基本政策原則，更因獨立運動激發民族意識之故，在中國於 1950 年進軍西藏並觸動此一敏感神經後，從而埋下兩國糾葛迄今的伏筆。可以這麼說，與中國類似的，印度被異族不斷征服的歷史及其同化入侵者的能力「既導致了印度人的不安全感和危險感，也造就其驕傲感和自信感。」[3]

進言之，正如 John Garver 所言：「地緣政治始終支配著中國與印度之間的關係」，[4] 前英屬印度總督 Lord Curson 也曾言：

---

[1] 周衛平，百年中印關係（北京：世界知識出版社，2006 年），頁 162。

[2] 黃鴻釗，西藏問題的歷史淵源（香港：商務印書館，1991 年），頁 22-31。

[3] George K. Tanham, Kanti P. Bajpai and Amitabh Mattoo eds., *Securing India: Strategic Thought and Practice in an Emerging Power*(New Delhi: Manohar Publishers & Distributors, 1996), p. 32.

[4] John W. Garver, *Protracted Contest: Sino-Indian Rivalry in the Twentieth*

「印度勢將成為亞洲大陸最強大的國家，也是世界上最強大的國家；……在西面，印度可對波斯和阿富汗的命運產生支配性的影響；在北面，印度可否決在西藏的角逐；在東北面和東面，印度則能對中國施加重大壓力；它不但是暹羅獨立存在的保障，也控制著到澳大利亞和中國海的海上航道」，[5] 至於西藏問題非但始終是中印關係核心，[6] 其起源既來自於此區域制高點特性帶來的戰略吸引力，也因西藏缺乏足夠的自主能量，很自然成為主要大國（十九世紀的英國與俄羅斯，二十世紀的美國與蘇聯）與鄰國（中國與印度）希望填補的權力真空。例如在冷戰前期，就在中國進軍西藏、美國表態支持巴基斯坦、蘇聯透過援助拉攏印度、中印無法就邊界問題達成共識，以及達賴十四世喇嘛於 1959 年逃往印度的多重刺激下，中印終於在 1959-61 年間不斷爆發邊界爭端的背景下，於 1962 年演變成大規模軍事衝突。儘管由於 1958 年起推動「大躍進」政策徹底失敗，加上 1960 年中蘇分裂深化外部戰略威脅，[7] 迫使中國以撤兵來表現對緩解衝突的積極態度，戰爭還是為中印關係帶來負面與停滯的影響；其後，兩國雖在 1981-87 年間進行過 8 輪邊界問題談判，但直到冷戰結束前仍缺乏突破性進展。

無論如何，Rajiv Gandhi 不僅在 1988 年成為 34 年來首位訪

Century(London: Macmillan, 2001), pp. 110-111.

5　A. Z. Hilali, "India's Strategic Thinking and Its National Security Policy," *Asian Survey*, Vol. 41, No. 5(2001), p. 739.

6　衛絨娥，「西藏問題與中印關係」，**西藏大學學報**，第 23 卷第 3 期（2008），頁 59-64；Hongzhou Zhang and Mingjiang Li, "Sino-Indian Border Disputes," *ISPI Analysis*, No. 131（June 2013）。

7　張虎，**剖析中共對外戰爭**（台北：幼獅文化公司，1999 年），頁 114-117。

問中國的印度領袖，也讓中印關係進入一個新的歷史階段中。[8] 由於尼赫魯式社會主義（Nehruvian Socialism）自 1970 年代中期起顯出經濟困境跡象，[9] 這也是 Rajiv Gandhi 轉而對中國採取和解路線的重要背景之一，尤其是了解後者轉向改革開放 10 年來的經驗累積。相對地，透過周邊和平環境實現自身現代化目標的需求，[10] 也讓中國願意積極配合印度的接觸政策。不過，印度在 1990 年代逐步升高的政治紛爭，仍為雙邊關係埋下不確定的變數。一方面在 1991-96 年重新領導國大黨取回政權的 P.V. Narasimha Rao 將中印關係推向某種正面高峰，中國國務院總理李鵬與國家主席江澤民亦於 1991 與 1996 年分別訪問印度，但代表人民黨在 1998 年出任總理的 Atal Bihari Vajpayee 因主導在同年連續進行 5 次核試，[11] 由此也使中印關係陡然重回對立狀態。值得注意的是，由於兩國經貿互動的明顯進展，[12] 終究使其仍舊得以「鬥而不破」地維持基本關係，至於國務院總理朱鎔基在 2002 年訪問印度則不啻是另一新起點。

---

[8] 林良光等，當代中國與南亞國家關係（北京：社會科學文獻出版社，2001 年），頁 89-90；Gyaneshwar Chaturvedi, *India-China Relations: 1947 to Present Day* (New Delhi: M.G. Publishers, 1991), p. 117。

[9] 孫士海編，印度的發展及其對外戰略（北京：中國社會科學出版社，2000 年），頁 85-86。

[10] 張蘊嶺，「構建中國與周邊國家之間的新型關係」，收於張蘊嶺主編，中國與周邊國家：構建新型夥伴關係（北京：社會科學文獻出版社，2008 年），頁 1。

[11] Raj Chengappa, *Weapons of Peace: The Secret Story of India's Quest to Be a Nuclear Power* (New Delhi: Harper Collins, 2000), p. 130.

[12] 中印雙邊貿易額從 1991 年不到 3 億，在 2008 年達到 360 億美元（印俄同年貿易額僅 70 億美元），使中國超越歐盟與美國，成為印度第一大貿易夥伴，此數字在 2013 年更達 655 億美元。

從某個角度來說，隨著「中國威脅論」（China's Threat）在新世紀初逐漸主導美國對華政策，加上美國在911恐怖攻擊後日益增強的單邊主義傾向，以及美國為發動阿富汗戰爭而大力拉攏巴基斯坦等，這些發展無疑成為間接促進中印新和解發展的催化劑。正是在前述背景下，雙方於印度總理Vajpayee在2003年訪問中國時簽署了「中印關係原則與全面合作宣言」，接著，中國總理溫家寶在2005年回訪印度並宣布翌（2006）年為「中印友好年」，兩國邊界問題特別代表同時簽署《解決中印邊界問題政治指導原則的協定》，甚至雙方還在同年舉行首度副外長級戰略對話，除此之外，兩國亦在2009年「金磚四國」首屆高峰會中決定設立總理熱線。但因中國在南亞事務上依舊大體上傾向巴基斯坦，[13] 在聯合國改革中也不完全支持印度成為安理會常任理事國，顯示出雙邊互動仍存在負面意涵及不確定的未來。

貳、近期中印海洋戰略之發展與互動

雖在十五世紀前半的明朝初葉，中國曾一度擁有幾乎是全世界最強大的海上力量，[14] 自十九世紀末以來，由於受到歐洲國家與周邊新興勢力（日本）的接連挑戰，中國在世界海權版圖中的地位與影響力可說微乎其微。不僅如此，中國雖擁有歐亞大陸東側長達

---

[13] P.L. Bhola, "Sino-Pak Relations in the Emerging New World Order," *Indian Journal of Asian Affairs*, Vol. 7, No. 2(1994), pp. 11-27; Rosheen Kabraji, *The China-Pakistan Alliance: Rhetoric and Limitations*(London: Chatham House, 2012).

[14] Louise Levathes, *When China Ruled the Seas: The Treasure Fleet of the Dragon Throne 1405-1433* (Oxford: Oxford University Press, 1994).

18,000 公里的海岸線，並占有 5,000 個以上面積超過 500 平方公尺的島嶼，從戰略傳統看來，中國基本上仍是一個重視陸權遠甚於海權的國家，[15] 至於長期隱身或自我局限於西太平洋第一島鏈內側的現實，更是外界認為中國具備「孤立」傾向的來源之一。

不過，隨著中國被吸納進以歐洲海權國家為主的全球體系，並逐步接受由後者主導（以海權為中心）的戰略觀念，再加上自 1980 年代以來進行改革開放導致在視野與能力方面均得以大幅明顯擴張，時至今日，中國的國家戰略目標也由早期以確保生存利益為主，慢慢轉而更著重於經濟的持續發展，其結果非但標誌著中國戰略設定的一個關鍵轉捩點，亦使它從一個「相對孤立」的國家，轉而正視全面融入世界的必要性。[16] 更甚者，在持續性高度經濟成長率的激勵下，中國一方面已然成為國際舞台無可忽視的「新玩家」，如何建構屬於自己的海權戰略也廣受關注，至於在江澤民於 1992 年中共「十四大」報告中提出建立「綜合國力競爭戰略」的新目標後，海洋利益既首度受到重視，相關政策與戰略也由此開始發展出來。

James Holmes 雖曾質疑中國究竟是否真的存在一個海洋戰略，[17] 但中國的海洋戰略輪廓確實正逐漸浮現出來，至於其目標則

---

[15] Carnes Lord, "China and Maritime Transformations," in Andrew S. Erickson, Lyle J. Goldstein and Carnes Lord eds., *China Goes to Sea: Maritime Transformation in Comparative Historical Perspectives*(Annapolis: Naval Institute Press, 2009), p. 426.

[16] Zhang Wenmu, "Sea Power and China's Strategic Choices," *China Security*(Summer 200) , p. 17.

[17] James Holmes, "China's Maritime Strategy Is More Than Naval Strategy," *China Brief*, Vol. 11, No. 6(2011), pp. 10-13.

可歸納為以下幾點：（一）首先是捍衛周邊領土主權。即便迄今中國已大致解決絕大多數的陸上劃界問題（除印度與不丹之外），海洋部分顯然仍充滿著衝突與不確定性，因此，如何捍衛其自我設定的主權目標，仍是中國在發展海洋戰略時的首要任務。（二）其次是維繫經濟持續成長。由於沿海省分占了中國總面積 14%、總人口 40% 與 GDP 的 60% 以上，同時引吸了全國外資（FDI）的 90%，[18]因此如何保障沿海省分的安全，不僅是另一個北京當局無可忽視的問題；[19] 進言之，由於中國對全球貿易活動必須仰賴海上運輸，無論它是否真正試圖透過所謂「珍珠鏈」（String of Pearls）戰略以解決「麻六甲困境」，並建構一條更安全的海上通道，[20]發展出一套更具積極性的海洋政策都是不可避免的。[21]（三）最後則是藉此獲致更高權力地位。如同 Robert Ross 指出的，自古以來驅使陸權國家發展海洋戰略的原因，不外乎是民族主義壓力或為了追求更高的權力地位，中國自然也不例外。[22] 再加上海權勢力

[18] 張煒主編，國家海上安全（北京：海潮出版社，2008 年），頁 386。

[19] David Shambaugh, "China Engages Asia: Reshaping Regional Order," *International Security*, Vol. 29, No. 3(May 2004), pp. 64-99.

[20] Christopher Pehrson, *String of Pearls: Meeting the Challenge of China's Rising Power across the Asian Littoral*(Carlisle Barracks, Pennsylvania: Strategic Studies Institute, the U.S. Army War College, 2006), p.6; Christian Bedford, "The View from the West: String of Pearls: China's Maritime Strategy in India's Backyard," *Canadian Naval Review*, Vol. 4, No. 4(2009), p. 37.

[21] Michael Studeman, "Calculating China's Advances in the South China Sea: Identifying the Triggers of Expansionism," *Naval War College Review*, Vol. 51, No. 2(1998), p.78; Thomas Kane, *Chinese Grand Strategy and Maritime Power*(London: Frank Cass, 2002), p. 139.

[22] Robert Ross, "China's Naval Nationalism: Sources, Prospects, and the U.S. Response," *International Security*, Vol. 34, No. 2(2009), pp. 46-66.

在過去兩百餘年間主導全球舞台的事實，透過擴張海上影響力以提升國際地位也成為很自然的想像結果。

在劉華清於 1982 年接任人民解放軍海軍司令員後，中國海軍戰略也真正開始向前跨步，主要是將著眼點由純粹防禦性的「近岸」戰略，逐步更積極地朝「近海」目標邁進。例如中國政府在 2009 年發布的《2008 年中國的國防》白皮書中便宣示其海軍將「全面提高近海綜合作戰能力、戰略威懾與反擊能力，逐步發展遠海合作與應對非傳統安全威脅能力」，[23] 接著在 2008 年起派遣護航艦隊前往亞丁灣和索馬利亞海域後，亦象徵其海軍戰略首次從近海走向遠洋。根據印度學者 Prabhakar 的看法，[24] 中國或希望在 2010 年左右穩定對於近海區域的控制權，並在接下來的 15 年中發展出具備穿透第一島鏈的藍水海軍實力。

至於在印度方面，其擁有的 6,500 公里海岸線雖短於中國的 32,000 公里，但突出於印度洋中部，且周邊缺乏強大鄰國的地緣特性，不僅使海權擴張（尤其著重於控制整個印度洋）長期成為印度的基本國策，[25] 特別是在 1971 年第三次印巴戰爭後，印度既

---

[23] 「2008 年中國的國防白皮書全文」，中國網，〈http://big5.china.com.cn/news/txt/2009-01/20/content_17157185_7.htm〉（2009 年 1 月 20 日）。

[24] W. Lawrence S. Prabhakar, "China's 'out of the Area' Naval Deployments: Issues and Implications for India," *Indian Institute of Technology Madras China Studies Centre Article*, No. 1(2011), p. 1.

[25] S.N. Kolhi, *Sea Power and the Indian Ocean*(New Delhi: Tata McGrew-Hill, 1978); Sureesh Mehta, *Freedom to Use Seas: India's Maritime Military Strategy*(New Delhi: Integrated Headquarter Ministry of Defense, 2007); Marcus B. Zinger, "The Development of Indian Naval Strategy since 1971," *Contemporary South Asia*, Vol. 2, No. 3(1993), p. 339; Donald L. Berlin,

開始將海軍的廣泛利益從沿海逐漸延伸至深水區域，從而亦啟動了大規模的現代化努力；[26] 該國國防部長 George Fenandes 還在 2000 年公開宣稱：「印度的利益範圍將從阿拉伯海北面延伸至南中國海」，[27] 建立一支強大的藍水海軍亦被視為其「大國」形象不可或缺的軍事支柱。[28] 進一步來說，為遂行前述戰略設計目標，印度首先自 1990 年代起積極推動所謂「東望政策」（Look East Policy），希望拉近與東南亞地區國家的互動關係，[29] 同時將其海軍影響力逐步伸入南海，[30] 例如在 2007 年與越南建立戰略夥伴關係變為重要進展，在 Modi 於 2014 年出任總理後，更將前述「東望」改為「東進政策」（Act East Policy），大幅提升戰略強度。

相較於印度對南中國海興趣上升，與此同時，中國對印度洋地區的關注也與日俱增。可以這麼說，不僅全球將近半數的海運商務

"India in the Indian Ocean," *Naval War College Review*, Vol. 59, No. 2(2006), p. 60; Harsh V. Pant, "India in the Indian Ocean: Growing Mismatch between Ambitions and Capabilities," *Pacific Affairs*, Vol. 82, No. 2(2009), pp. 279-297.

[26] K.R. 辛格，南亞海軍（北京：海潮出版社，2005 年），頁 82-83。

[27] 張威，「印度海洋戰略析論」，當代社科視野，第 11 期（2009），頁 41。

[28] David Scott, "India's Drive for a Blue Water Navy," *Journal of Military and Strategic Studies*, Vol. 10, No. 2(August 2007), pp. 38-40; see also"Naval Doctrine: An Analysis," *India Defense Consultants*, <http://www.indiadefence.com/navaldoct.htm> (July 4, 2004).

[29] 蔡東杰，「印度東進政策下東南亞角色分析」，台灣東南亞學刊，第 4 卷第 2 期（2007 年），頁 3-26。

[30] Tridib Chakraborti, "India's Southeast Asia Policy in the 21st Century," in Y. Yagama Reddy eds., *Emerging India in Asia-Pacific*(New Delhi: New Century Publications, 2007), pp. 160-161.

經過印度洋，其中又有20%左右與石油及天然氣有關，[31] 這對期盼
維持發展的中國自然極其重要；只不過中國雖主要關注於經濟安全
領域，[32] 對長期將印度洋視為「天然勢力範圍」的印度來說，由此
延伸出某種戰略威脅感也是很自然的。[33] 無論如何，為保障中國自
身重大利益，它一方面努力提升海軍能量，強化與印度洋周邊國家
之間的能源合作關係，例如投資斯里蘭卡漢班托塔港與巴基斯坦瓜
達爾港建設，[34] 同時利用索馬利亞海盜威脅，自2008年底起不斷派
遣艦隊穿越印度洋前往亞丁灣，並自 2013 年起積極與肯亞合作開
發港口；就結果而言，這些作為固然提升了中國的能源安全係數，
但也讓前述「珍珠鏈」戰略的討論甚囂塵上，[35] 從而深化了印度對
中國存在海洋戰略威脅的認知，[36] 以及兩國在印度洋進行海權競爭

---

[31] Robert D. Kaplan, "Center Stage for the 21th Century: Power Plays in the Indian Ocean," *Foreign Affairs*, Vol. 88, No. 2(2009), pp. 19-20.

[32] 中國現代國際關係研究院海上通道安全課題組，海上通道安全與國際合作（北京：時事出版社，2005 年），頁 331。

[33] 劉新華，「論中印關係中的印度洋問題」，太平洋學報，第 18 卷第 1 期（2010 年），頁 45-58；張貴洪，「地區視角下的中印關係」，收於張蘊嶺主編，中國與周邊國家：構建新型夥伴關係（北京：社會科學文獻出版社，2008 年）。頁 262-263。

[34] Lee Jae-Hyung, "China's Expanding Maritime Ambitions in the Western Pacific and the Indian Ocean," *Contemporary Southeast Asia*, Vol. 24, No. 3(2002), p. 556; Tarique Niazi, "Gwadar: China's Naval Outpost in the Indian Ocean," *China Brief*, <http://www.jamestown.org/news.details.php.news.id=93> (February 28, 2005).

[35] Gurpreet S. Khurana, "China's String of Pearls in the Indian Ocean and Its Security Implications," *Strategic Analysis*, Vol. 32, No. 1(2008), pp. 1-39.

[36] Sukanta Acharya, "Security Dilemmas in Asia," *International Studies*, Vol. 44, No. 1(2007), pp. 57-72.

的趨勢。在 2014 年正式推出「一帶一路」戰略後，包括 2016 年底瓜達爾港完工啟用與 2017 年取得漢班托塔港 99 年租約等，加上 2017 年於吉布地設置首個海外基地，甚至肯亞蒙巴薩港也可能被接收，都大大增加中國對印度洋之影響力。

事實上，不僅為了應對中國與日俱增的戰略壓力，更為了鞏固自身在印度洋地區之既有影響力，印度早自 1980 年代便開始積極實踐「印度洋控制戰略」，並開始重點發展其遠洋作戰能力，在 1990 年代更擬定了一項為期 25 年（1990-2015 年）的現代化計畫；[37] 其後，在 2004、2007 與 2009 年數度提出的海洋戰略藍皮書中，[38] 亦明確指出建設遠洋海軍的構想，目的是建立海洋嚇阻能量、確保自身經濟與能源安全、展現區域優勢地位，同時藉此推動海軍外交目標，[39] 在軍事上推行「區域性有限嚇阻」戰略，海軍發展則堅持「沿海防禦－區域控制－遠洋殲敵」順序，將印度洋劃分為「完全控制區、中等控制區、軟控制區」三個戰略區域，首先控制北部水域，然後逐步限制並排斥大國在印度洋的軍事存在，最終希望將南亞次大陸與印度洋形塑為印度戰略上的「安全區」。[40] 在

---

[37] Dick Sherwood, *Maritime Power in the China Seas: Capabilities and Rationale*(Canberra: Australian Defense Studies Center, 1994), pp. 36-37; James R. Holmes, Andrew C. Winner and Toshi Yoshihara, *Indian Naval Strategy in the Twenty-First Century*(Abingdon: Routledge, 2009), pp. 61-65.

[38] See Indian Navy, Integrated Headquarters, INBR-8, *Indian Maritime Doctrine*(2004 & 2009), and *Freedom to Use the Sea: India's Maritime Military Strategy*(2007).

[39] Rahul Roy-Chaudhury, *India's Maritime Security*(New Delhi: Knowledge World, 2000), pp. 125-126.

[40] 陶亮，「地區安全視角下印度的海洋戰略解讀」，收於汪戎、萬廣華主編，印度洋地區研究（北京：社會科學文獻出版社，2012 年）。頁 25-

2016 年新版《保障海洋安全：印度海洋安全戰略》中，更賦予海軍「核心地位」，並將 2009 年白皮書所提出「維繫安全內部環境」之安全目標，上升為「自由使用海洋」，並提出「塑造利於維護印度海洋利益的積極海洋環境」。

　　為此，印度早在 1989 年便宣布過一項建造 2 艘新式航母的計畫，但於 1991 與 1993 年兩度遭國防委員會否決，直到 2003 年才終於批准此一自建計畫；目前印度除既有維拉特號（INS Viraat），[41] 以及於 2013 年接收由俄羅斯協助改造，總噸為 45,400 噸的超日王號航母（INS Vikramaditya）外，已建造完成第一艘國產維克蘭特號航母（INS Vikrant），目標在 2020 年下水試航。一方面如同該國媒體所宣稱：「製造航母將讓印度加入世界精英俱樂部」，[42] 海軍參謀長 Sunil Lanba 也在 2018 年底表示，該國預計在 3 年內建造第 3 艘航空母艦，且考慮引進 56 艘戰艦和潛艇加強該部隊的海上能力，確保完全掌控印度洋。[43]

29。

[41] 原為英國 1953 年建成的半人馬級競技神號航母（HMS Hermes），曾參與 1982 年福克蘭群島戰爭，1985 年除役後在 1986 年轉賣給印度服役迄今。事實上，印度本即二次戰後首先擁有航母的亞洲國家，早在 1961 年便向英國買來一艘尊嚴級「維克蘭特號」輕型航母。

[42] "India Joins Elite Club with Launch of Its Own Aircraft Carrier," *The Japan Times*, <http://www.japantimes.co.jp/news/2013/08/12/asia-pacific/india-to-join-elite-club-with-launch-of-own-aircraft-carrier/#.VKXKNBz9mUk> (August 12, 2013).

[43] 相較迄今只有美、俄、法 3 國曾建造過排水量超過 30,000 噸的航空母艦，維克蘭特新航母排水量預計為 40,000 噸左右；至於新航母名稱暫訂為「巨人」（Vishal），排水量達 65,000 噸，可望成為印度最大型航母。

參、中印環印度洋陸上地緣戰略布局

儘管中國藉由定期派遣護航艦隊，[44] 與隱性經營所謂「珍珠鏈」，逐步向印度洋擴展其戰略影響，畢竟印度仍占有地利之便；對此，如何運用其廣大幅員並透過陸上部署來加強力量，既成為中國對此區域戰略之另一部分，也是觀察中印地緣戰略互動不可或缺的角度。

暫且不論其最終之政策目標設計，自 1990 年代起，中國對中南半島跨境交通規劃之介入，首先是配合「泛亞鐵公路系統」（Asian Highway and Trans-Asian Railway）發展，[45] 其次則包括其自身提出的自主性作為，對此又可分成兩部分來加以說明，其一是以廣西為核心的「泛北部灣」規劃，此一概念起於越南與中國在 2004 年討論成形的「兩廊一圈」構想，[46] 至於更長遠構想則是落實所謂「南寧－新加坡走廊」，期望能打通由南寧經過河內、金邊、

---

44 自 2008 年 12 月至 2018 年 12 月，中國共計派出 31 批次，每次均由 3 艘軍艦組成。

45 在公路部分，2003 年通過涵蓋 32 個國家，包括 55 條路線，總長度為 14 萬公里的「泛亞公路跨政府協定」（IGA）；至於鐵路部分，則以中國在 1992 年 ADB 第一屆區域經濟合作部長級會議上所提出從雲南經寮國、泰國與馬來西亞和新加坡鐵路相連的構想出發，在 1995 年東協高峰會上衍生出「泛亞鐵路」，至於更全面性規劃則由亞洲 18 個國家代表於 2006 年在雅加達通過「泛亞鐵路網政府間協議」初步共識，2010 年在釜山正式簽署。

46 其中，「兩廊」是指「昆明－老街－河內－海防－廣寧」和「南寧－諒山－河內－海防－廣寧」兩條經濟走廊，「一圈」則指環北部灣經濟圈；蔡東杰，「中國與東南亞的泛北部灣微區域整合評析」，南向，第 15 期（2012 年），頁 19-23。

曼谷、吉隆坡，以抵達新加坡的跨國走道，共同推動沿線國家交通與經濟等多元化發展。[47]

　　作為由中國出發的第一站，同時也為了因應中國與越南跨境貿易運輸物流需求，廣西自 2008 年起便提出大湄公河次區域經濟合作跨境運輸協議框架，中越兩國也將南寧－河內經濟走廊和友誼關跨國口岸納入規劃。目前在中越交通建設合作計畫方面，由廣西南寧直通越南河內的鐵路客車已於 2009 年首發，這也讓南寧成為北京之外，中國第二個國際列車始發站；至於更進一步的「南寧－田東－德保－靖西－龍邦」鐵路則在逐步規劃與落實中，2013 年已完成連接靖西站部分建設。至於在公路部分，「防城－東興高速公路」亦於 2013 年正式建成，越南交通部也於 2010 年公布由亞洲開發銀行支援之「河內－諒山」和「下龍－芒街」兩段高速公路項目。[48] 除了廣西南寧之外，雲南昆明則是在中國對中南半島交通布局中另一個核心所在，它將分別建構從雲南河口、磨憨和瑞麗出境前往越南（泛亞鐵路東線），經過寮國至泰國（泛亞鐵路中線），以及中國至緬甸（泛亞鐵路西線）等 3 條通道，在曼谷匯合後直通新加坡。[49]

　　相較於前述中國「由北往南」打通半島交通環節的計畫與舉

---

47 參見「中國南寧－新加坡經濟走廊考察報告」，**新華網東盟頻道**，〈http://www.gx.xinhuanet.com/pbg/2010-08/20/content_20677037.htm〉。

48 前者起點為諒山省友誼關口岸，已於 2014 年以 BOT 形式發包興建，後者則由泰國在 2012 年簽約承包。

49 泛亞鐵路東線第一階段（雲南玉蒙段，玉溪－蒙自）已於 2013 年通車，第二階段（雲南蒙河段，蒙自－河口）於 2014 年竣工，西線第一階段廣昆段（廣通－昆明）於 2013 年完成，中線第一階段玉溪至邊境磨憨口岸則在 2018 年開工。

措，在東望政策指導下，印度則不啻展現出「由西往東」的貫穿性戰略作為，其中，緬甸乃是其不可避免的橋頭堡或第一道屏障。尤其總理 Singh 既於 2012 年成為繼 1987 年 Rajiv Gandhi 後造訪緬甸之印度最高領導人，雙方也以 1997 年「印度－緬甸友誼公路」計畫為雛型，規劃通往緬甸、泰國、柬埔寨和越南的高速公路，但目前仍屬計畫階段。與此同時，印緬雙方也積極推動所謂「加叻丹多模式交通運輸項目」（Kaladan Multi-Modal Transit Transport Project），[50] 工程共分三期。第一期是建設緬甸實兌港碼頭以停泊 2 萬噸貨輪，第二期為疏浚加叻丹河從實兌至百力瓦 158 公里河道以通行 6,000 噸船隻，第三期則是修建從緬甸欽邦百力瓦到印緬邊境，通往米佐拉姆邦的公路。前述建設勢必進一步拉近印度與緬甸的連結，並由此強化印度未來對於東南亞的地緣政治影響力。

從前述看來，中印兩國對於透過交通建設提升對中南半島的影響，可謂不遺餘力且基本收到初步成效。至於在現狀方面，首先，基於資金規模與國家安全考量，目前跨境公路進展略快於鐵路；其次，從雙方規劃內容看來，曼谷將是兩國路線的第一個交叉點；第三，也是最重要的，相較過去慣於從「海陸對峙」來觀察東南亞地緣政治，至少中印兩國各自基於其地緣鄰接特性，在環繞中南半島部分似乎呈現「海陸兼具」的另一格局。[51] 更甚者，除了位於印度洋東側的中南半島外，在西側方面，中國、吉爾吉斯、塔吉

---

[50] "Kaladan Multi-Modal Transit Transport Project," *Government of India, Ministry of Development of North Eastern Region*, <http://www.mdoner.gov.in/content/introduction-1> (April 25, 2014).

[51] 蔡東杰，「中印在中南半島的通道外交競賽」，台北論壇，〈http://140.119.184.164/taipeiforum/view_pdf/174.pdf〉（2014 年 12 月 3 日）。

克、阿富汗與伊朗 5 國於 2010 年通過全長 2,300 公里之《中伊鐵路建設初步協議》，將從新疆出發，抵達伊朗後分為南、西兩條線，南線直達波斯灣，西線通往土耳其和歐洲，並於 2014 年底簽署最終協議；[52] 與此同時，在 2006 年正式通車後，青藏鐵路不但成為中國影響南亞地區的重要管道，該鐵路又自 2010 年起興建延伸至日喀則的支線（又稱拉日鐵路）並在 2014 年完工通車。不僅如此，包括計畫在 2020 年完工的拉林線（拉薩－林芝）、日亞線（日喀則－亞東）與日吉線（日喀則－吉隆），未來都將與尼泊爾接軌。除此之外，中國與巴基斯坦先在 2006 年公布將合作擴建喀喇崑崙公路，兩國並於 2015 年達成修築中巴鐵路共識，一旦前述計畫相繼完成，應會明顯增強中國在歐亞大陸的影響力。[53]

　　相較起來，儘管印巴關係大體尚稱和諧，自 1977 年以來雙方一直定期通行火車班次，1999 年以來兩國還開通德里－拉合爾直通巴士（偶爾因關係惡化而停駛，但於 2014 年仍協議增加車次），畢竟兩國領土爭議未解，且巴基斯坦又直接橫跨在印度往西的陸地通道上，一方面為印度陸上戰略布局帶來障礙，亦讓其與中國之戰略競爭居於劣勢，或許這也是印度在 2005 年加入上海合作組織擔任觀察員，並自 2014 年起積極爭取成為正式成員的緣故（印巴於 2017 年成為上合組織正式成員）。[54] 事實上，印度自 Rao

---

[52] "Document on Linking China's Railway to Iran Signed in Dushanbe," *Xinhua News*, <http://news.xinhuanet.com/english/world/2014-12/10/c_133846022.htm> (December 10, 2014).

[53] 蔡東杰，當代中國外交政策（台北：五南出版社，2014 年），頁 179-180。

[54] Meena Singh Roy, "India's Options in the Shanghai Cooperation Organization," *Strategic Analysis*, Vol. 36, No. 4(2012), pp. 645-650.

政府以來也曾啟動某種「北望」（Look North）政策，試圖與中亞地區接觸，[55]2019年1月更邀集阿富汗與中亞5國召開首屆「印度─中亞外長對話」；值得注意的是，中國也於2013年啟動與印度之間關於中亞議題的對話性機制，顯見對後者仍有忌憚。[56]

肆、中印地緣戰略競爭之未來展望

無論是否如Robert Kaplan所言，將成為二十一世紀新權力中心，[57]印度洋議題確實在近年來引發愈來愈多的學術關注，[58]也成為中印雙邊關係中無可忽視的重要焦點。由前述段落的討論可見，中國與印度在印度洋地區的戰略博弈可說各據「地利」。在陸地方面，相較於印度受限於喜馬拉雅天塹以及與巴基斯坦的政治糾葛，最多只能設法向東由緬甸往中南半島延伸，中國則基於在歐亞大陸上的更大延展性，可同時向中南半島與中東發展，對印度形

---

[55] Emilian Kavalski, "An Elephant in a China Shop? India's Look North to Central Asia...Seeing Only China," in Marlene Laruelle, Jean-Francois Huchet, Sebastien Peyrouse and Bayram Balci eds., *China and India in Central Asia: A New "Great Game"?* (New York: Palgrave Macmillan, 2010), pp. 41-60.

[56] "India, China Hold First Dialogue on Central Asia," *The Times of India*, <http://timesofindia.indiatimes.com/india/India-China-hold-first-dialogue-on-Central-Asia/articleshow/21818595.cms> (August 14, 2013).

[57] Robert Kaplan, *Monsoon: The Indian Ocean and the Future of American Power* (New York: Random House, 2011), p. 13; see also Robert Kaplan, "Center Stage for the Twenty-First Century: Power Plays in the Indian Ocean," *Foreign Affairs*, Vol. 88, No. 2(2009), pp. 16-32.

[58] Isabel Hofmeyr, "The Complicating Sea: The Indian Ocean as Method," *Comparative Studies of South Asia, Africa and the Middle East*, Vol. 32, No. 3(2012), pp. 584-590.

成某種「包抄」態勢；儘管如此，從突出於印度洋的次大陸出發，加上此地區自冷戰以來，長期在全球大國格局中處於相對邊緣狀態，以及目前仍在航空母艦競賽中處於優勢，印度在海洋方面則顯然擁有中國不及之處。當然，前述情況絕非一成不變，例如中國自2007年起便持續參加由巴基斯坦主辦、兩年一度在阿拉伯海域進行的多國聯合海上軍事演習，2008年起持續派遣護航艦隊穿越印度洋，2011年取得西南印度洋海底探勘權，[59]2016年起陸續取得若干港口主導權，前述一連串涵蓋多邊與雙邊、從軍事到經濟合作的多重手段，甚至傳出中國海軍將領提出與美軍分治印度洋和太平洋地區的建議，都讓印度深感「戰略包圍」的威脅。[60]更有甚者，自習近平在2013年提出建設「新絲綢之路經濟帶」和「二十一世紀海上絲綢之路」構想後，所謂「一帶一路」隨即成為最新熱門外交詞彙，也是全球熱議焦點，至於中國繼續在2014年發起成立亞洲基礎設施投資銀行與絲路基金等作為，一方面確為落實前述戰略提供了支持，從印度正好位於兩條戰略平行線中間的尷尬地緣位置看來，對中國威脅感的產生也是相當自然的。

　　相對地，無論是否中國對印度洋新戰略是否存在針對性（至少中國官方與學界均一致否認），印度感受到來自中國戰略擴張之「威脅」既為現實，甚至即便不存在所謂「中國威脅論」，從印度

---

[59] 中國大洋礦產資源研究開發協會在2011年8月獲得國際海床管理委員會（International Seabed Authority）批准，取得於西南印度洋海底探勘多金屬硫化物礦區的15年探勘合約。印度海軍情報局（DNI）警告中國可能藉此獲得在區域內持續存在的理由（包括布署軍艦），也使中國蒐集海洋與水文數據具有正當性基礎。

[60] Vijay Sakhuja, "Maritime Multilateralism: China's Strategy for the Indian Ocean," *China Brief*, Vol. 9, No. 22(2009), pp. 12-15.

自身利益出發的海洋戰略對中國來說亦絕非沒有影響。首先，基於印度洋航線對中國的重要性，印度對此海域的排他性企圖便自然會帶來安全問題；其次，印度將南亞與印度洋周邊視為天然勢力範圍的觀點，不僅將抵消中國通過緬甸打通西南通道之政策力量，也間接危及後者的能源安全布署；最後，無論為了落實「東進政策」或試圖反制中國的作為，近年來印度海軍積極介入南海活動，[61] 也讓本即充滿紛爭的南海局勢進一步複雜化，增加了中國解決南沙問題的難度。

　　如同中國社會科學院和雲南財經大學共同發布的《2014 年印度洋地區藍皮書》指出的，「進入印度洋」既是中國海洋發展戰略的重要組成部分，在由於印度的「東望」和中國的「西進」同時並進的環境背景下，中印雙方確實需要通過加強對話和合作，避免戰略競爭上升為不必要的地緣衝突；儘管此種充滿道德化色彩的片面說法未必能壓過現實的國家利益，但中印雙邊關係確實不乏具鼓勵性的雙邊互動，例如雙方自 1997 年起推動邊界問題特別代表會晤（至 2018 年底已進行 21 回合），2007 年起推動副總長級防務磋商，2008 年簽署《關於二十一世紀的共同展望》，2009 年起共同參與「金磚五國高峰會」，2011-14 年連續舉辦「友好交流年」，2011 年起推動副部長級雙邊戰略經濟對話，在 2003 年首度推動海上聯合演習後，2007 年啟動之陸上演習至 2018 年也舉行了 7 次等，充分顯示雙方繼續在全球漸趨互賴深化的大環境下，維持「鬥而不破」的複雜競合關係，至於其未來，除了繫於雙方在合作性部

---

61 "Indian Navy Will Intervene in South China Sea, If Required," *NDTV*, <http://www.ndtv.com/article/india/indian-navy-will-intervene-in-south-china-sea-if-required-300388> (December 3, 2012).

門的後續發展程度，以及特定議題（例如印巴衝突與阿富汗議題）發展外，外部大國介入（例如美國與日本）也是值得關注的變數所在。

參考書目

中文部分

「2008 年中國的國防白皮書全文」，中國網，〈http://big5.china.com.cn/news/txt/2009-01/20/content_17157185_7.htm〉（2009 年 1 月 20 日）。

「中國南寧－新加坡經濟走廊考察報告」，新華網東盟頻道，〈http://www.gx.xinhuanet.com/pbg/2010-08/20/content_20677037.htm〉。

K.R. 辛格，南亞海軍（北京：海潮出版社，2005 年）。

中國現代國際關係研究院海上通道安全課題組，海上通道安全與國際合作（北京：時事出版社，2005 年）。

周衛平，百年中印關係（北京：世界知識出版社，2006 年）。

林良光等，當代中國與南亞國家關係（北京：社會科學文獻出版社，2001 年）。

孫士海編，印度的發展及其對外戰略（北京：中國社會科學出版社，2000 年）。

張虎，剖析中共對外戰爭（台北：幼獅文化公司，1999 年）。

張貴洪，「地區視角下的中印關係」，收於張蘊嶺主編，中國與周邊國家：構建新型夥伴關係（北京：社會科學文獻出版社，2008 年）。頁 262-263。

張煒主編，國家海上安全（北京：海潮出版社，2008 年）。

張蘊嶺，「構建中國與周邊國家之間的新型關係」，收於張蘊嶺主編，**中國與周邊國家：構建新型夥伴關係**（北京：社會科學文獻出版社，2008 年）。頁 1。

陶亮，「地區安全視角下印度的海洋戰略解讀」，收於汪戎、萬廣華主編，**印度洋地區研究**（北京：社會科學文獻出版社，2012 年）。頁 25-29。

黃鴻釗，**西藏問題的歷史淵源**（香港：商務印書館，1991 年）。

劉新華，「論中印關係中的印度洋問題」，**太平洋學報**，第 18 卷第 1 期（2010 年），頁 45-58。

蔡東杰，「中印在中南半島的通道外交競賽」，**台北論壇**，〈http://140.119.184.164/taipeiforum/view_pdf/174.pdf〉（2014 年 12 月 3 日）。

蔡東杰，「中國與東南亞的泛北部灣微區域整合評析」，**南向**，第 15 期（2012 年），頁 19-23。

蔡東杰，「印度東進政策下東南亞角色分析」，**台灣東南亞學刊**，第 4 卷第 2 期（2007 年），頁 3-26。

蔡東杰，**當代中國外交政策**（台北：五南出版社，2014 年）。

衛絨娥，「西藏問題與中印關係」，**西藏大學學報**，第 23 卷第 3 期（2008），頁 59-64。

外文部分

Acharya, Sukanta, "Security Dilemmas in Asia," *International Studies*, Vol. 44, No. 1(2007), pp. 57-72.

Bedford, Christian, "The View from the West: String of Pearls: China's Maritime Strategy in India's Backyard," *Canadian Naval Review*, Vol. 4, No. 4(2009), pp. 37-38.

Berlin, Donald L., "India in the Indian Ocean," *Naval War College Review*, Vol. 59, No. 2(2006), pp. 239-255.

Bhola, P.L., "Sino-Pak Relations in the Emerging New World Order," *Indian Journal of Asian Affairs*, Vol. 7, No. 2(1994), pp. 11-27.

Chakraborti, Tridib, "India's Southeast Asia Policy in the 21st Century," in Reddy, Y. Yagama eds., *Emerging India in Asia-Pacific* (New Delhi: New Century Publications, 2007), pp. 160-161.

Chaturvedi, Gyaneshwar, *India-China Relations: 1947 to Present Day* (New Delhi: M.G. Publishers, 1991).

Chengappa, Raj, *Weapons of Peace: The Secret Story of India's Quest to Be a Nuclear Power* (New Delhi: Harper Collins, 2000).

"Document on Linking China's Railway to Iran Signed in Dushanbe," *Xinhua News*, <http://news.xinhuanet.com/english/world/2014-12/10/c_133846022.htm> (December 10, 2014).

Garver, John W., *Protracted Contest: Sino-Indian Rivalry in the Twentieth Century* (London: Macmillan, 2001).

Hilali, A. Z., "India's Strategic Thinking and Its National Security Policy," *Asian Survey*, Vol. 41, No. 5(2001), pp. 737-764.

Hofmeyr, Isabel, "The Complicating Sea: The Indian Ocean as Method," *Comparative Studies of South Asia, Africa and the Middle East*, Vol. 32, No. 3(2012), pp. 584-590.

Holmes, James R., Winner, Andrew C. and Yoshihara, Toshi, *Indian Naval Strategy in the Twenty-First Century* (Abingdon: Routledge, 2009).

Holmes, James, "China's Maritime Strategy Is More Than Naval Strategy," *China Brief*, Vol. 11, No. 6(2011), pp. 10-13.

"India Joins Elite Club with Launch of Its Own Aircraft Carrier," *The Japan*

Times, <http://www.japantimes.co.jp/news/2013/08/12/asia-pacific/india-to-join-elite-club-with-launch-of-own-aircraft-carrier/#.VKXKNBz9mUk> (August 12, 2013).

"India, China Hold First Dialogue on Central Asia," *The Times of India*, <http://timesofindia.indiatimes.com/india/India-China-hold-first-dialogue-on-Central-Asia/articleshow/21818595.cms> (August 14, 2013).

"Indian Navy Will Intervene in South China Sea, If Required," *NDTV*, <http://www.ndtv.com/article/india/indian-navy-will-intervene-in-south-china-sea-if-required-300388> (December 3, 2012).

Kabraji, Rosheen, *The China-Pakistan Alliance: Rhetoric and Limitations* (London: Chatham House, 2012).

"Kaladan Corridor Project Likely to Be Completed by 2016: Vk Singh," *Manipur Online*, <http://manipuronline.com/look-east-policy/kaladan-corridor-project-likely-to-be-completed-by-2016-vk-singh/2014/08/15> (August 15, 2014).

"Kaladan Multi-Modal Transit Transport Project," *Government of India, Ministry of Development of North Eastern Region*, <http://www.mdoner.gov.in/content/introduction-1> (April 25, 2014).

Kane, Thomas, *Chinese Grand Strategy and Maritime Power* (London: Frank Cass, 2002).

Kaplan, Robert, "Center Stage for the Twenty-First Century: Power Plays in the Indian Ocean," *Foreign Affairs*, Vol. 88, No. 2(2009), pp. 16-32.

Kaplan, Robert, *Monsoon: The Indian Ocean and the Future of American Power* (New York: Random House, 2011).

Kavalski, Emilian, "An Elephant in a China Shop? India's Look North to Central Asia...Seeing Only China," in Laruelle, Marlene, Huchet, Jean-Francois, Peyrouse, Sebastien, Balci, Bayram eds., *China and India in*

Central Asia: A New "Great Game"? (New York: Palgrave Macmillan, 2010), pp. 41-60.

Khurana, Gurpreet S., "China's String of Pearls in the Indian Ocean and Its Security Implications," *Strategic Analysis*, Vol. 32, No. 1(2008), pp. 1-39.

Kolhi, S.N., *Sea Power and the Indian Ocean* (New Delhi: Tata McGrew-Hill, 1978).

Lee, Jae-Hyung, "China's Expanding Maritime Ambitions in the Western Pacific and the Indian Ocean," *Contemporary Southeast Asia*, Vol. 24, No. 3(2002), pp. 549-568.

Levathes, Louise, *When China Ruled the Seas: The Treasure Fleet of the Dragon Throne 1405-1433* (Oxford: Oxford University Press, 1994).

Lord, Carnes, "China and Maritime Transformations," in Erickson, Andrew S., Goldstein, Lyle J., Lord, Carnes eds., *China Goes to Sea: Maritime Transformation in Comparative Historical Perspectives* (Annapolis: Naval Institute Press, 2009).

Mehta, Sureesh, *Freedom to Use Seas: India's Maritime Military Strategy* (New Delhi: Integrated Headquarter Ministry of Defense, 2007).

"Naval Doctrine: An Analysis," *India Defense Consultants*, <http://www.indiadefence.com/navaldoct.htm> (July 4, 2004).

Niazi, Tarique, "Gwadar: China's Naval Outpost in the Indian Ocean," *China Brief*, <http://www.jamestown.org/news.details.php.news.id=93> (February 28, 2005).

Pant, Harsh V., "India in the Indian Ocean: Growing Mismatch between Ambitions and Capabilities," *Pacific Affairs*, Vol. 82, No. 2(2009), pp. 279-297.

Pehrson, Christopher, *String of Pearls: Meeting the Challenge of China's*

Rising Power across the Asian Littoral (Carlisle Barracks, Pennsylvania: Strategic Studies Institute, the U.S. Army War College, 2006).

Prabhakar, W. Lawrence S., "China's 'out of the Area' Naval Deployments: Issues and Implications for India," *Indian Institute of Technology Madras China Studies Centre Article*, No. 1(2011),

Robert D. Kaplan, "Center Stage for the 21th Century: Power Plays in the Indian Ocean," *Foreign Affairs*, Vol. 88, No. 2(2009), pp. 19-20.

Ross, Robert, "China's Naval Nationalism: Sources, Prospects, and the U.S. Response," *International Security*, Vol. 34, No. 2(2009), pp. 46-66.

Roy, Meena Singh, "India's Options in the Shanghai Cooperation Organization," *Strategic Analysis*, Vol. 36, No. 4(2012), pp. 645-650.

Roy-Chaudhury, Rahul, *India's Maritime Security* (New Delhi: Knowledge World, 2000).

Sakhuja, Vijay, "Maritime Multilateralism: China's Strategy for the Indian Ocean," *China Brief*, Vol. 9, No. 22(2009), pp. 12-15.

Scott, David, "India's Drive for a Blue Water Navy," *Journal of Military and Strategic Studies*, Vol. 10, No. 2(August 2007), pp. 1-42.

Shambaugh, David, "China Engages Asia: Reshaping Regional Order," *International Security*, Vol. 29, No. 3(May 2004), pp. 64-99.

Sherwood, Dick, *Maritime Power in the China Seas: Capabilities and Rationale* (Canberra: Australian Defense Studies Center, 1994).

Studeman, Michael, "Calculating China's Advances in the South China Sea: Identifying the Triggers of Expansionism," *Naval War College Review*, Vol. 51, No. 2(1998), pp. 68-90.

Tanham, George K., Bajpai, Kanti P. and Mattoo, Amitabh eds., *Securing India: Strategic Thought and Practice in an Emerging Power* (New Delhi:

Manohar Publishers & Distributors, 1996).

Wenmu, Zhang, "Sea Power and China's Strategic Choices," *China Security*(Summer 2006), pp. 17-31.

Zhang, Hongzhou and Li, Mingjiang, "Sino-Indian Border Disputes," *ISPI Analysis*, No. 131(June 2013), pp. 1-9.

Zinger, Marcus B., "The Development of Indian Naval Strategy since 1971," *Contemporary South Asia*, Vol. 2, No. 3(1993), pp. 335-359.

2 一帶一路下的中俄關係新局：從平等互利到匾從？

連弘宜

國立政治大學外交學系副教授兼系主任

中國崛起後，與中亞地區國家之雙邊經貿合作成長迅速，俄清楚自己在中亞的經濟主導權難以維持。普丁上台以後，便與中國大陸發展更為密切的外交關係，並將「上海合作組織」轉化為兩國政治軍事合作的多邊平台，使中俄雙方於政治軍事合作上呈現平等之準同盟關係。另一方面，中國大陸頻頻推出區域經濟整合的組織與制度，顯然已成為中亞地區的經濟新領航國。與俄主導的歐亞經濟聯盟相較之下，無論是規模或是周遭國家的參與態度，皆遠勝於俄所主導的相關建制。普丁所採取的策略是經濟扈從中國大陸，並且依恃著中俄雙方的密切關係，來制衡西方各國的經濟制裁及美國的戰略封鎖。然此經濟扈從關係近年似乎已有所變化，俄國在東南亞與東北亞之區域經濟合作上皆展現積極態度，企圖提升自身之區域影響力與地位。

關鍵字：

中國、俄羅斯、一帶一路、扈從、東方經濟論壇、歐亞經濟聯盟

壹、前言

中俄關係的發展自戈巴契夫時期的「新思維」（New Thinking, новое мышление）外交政策提出後逐漸正常化，雙方開始恢復外交往來。1994 年「面向二十一世紀的建設性夥伴關係」提出後，中俄開始發展以「和平共處五原則」[1] 下的夥伴關係，此種關係既非同盟亦非對抗，僅係中國大陸對外政策的基本原則之一，是以此時的「夥伴」關係仍屬於正常化的具體政策。1996 年4 月，中俄領導人在北京會晤，雙方決定發展「平等信任的中俄戰略協作夥伴關係」，並於會後通過《中俄聯合聲明》。根據該聲明對「戰略協作夥伴關係」的解釋，係指雙方在政治、軍事、經濟、文化上全面地相互合作。[2] 由於中國大陸在對外關係的處理中，屢有「夥伴關係」的建立，惟些微字面的差異亦對應著全然不同的內涵。這些夥伴關係的種類可歸納如下：戰略合作夥伴關係、戰略夥伴關係、合作夥伴關係、全面戰略協作夥伴關係、共同發展的友好夥伴關係、全面戰略夥伴關係、全面合作夥伴關係、新型戰略夥伴關係。[3]

這些夥伴關係分別對應的是親疏不一的對外政策，然而強調

---

1 「和平共處五原則」係中國大陸總理周恩來於 1953 年會見印度代表團時所提出，而後該原則不僅成為處理中印與中緬關係的重要原則，更成為中國大陸在對外關係上的綱領性政策。該原則的內涵有五：互相尊重主權與領土完整、互不侵犯、互不干涉內政、平等互利及和平共處。

2 「中俄聯合聲明」，新華網，〈http://news.xinhuanet.com/ziliao/2002-11/27/content_642464.htm〉（1996 年 4 月 25 日）。

3 「中俄戰略協作夥伴關係」，中華人民共和國外交部，〈http://www.mfa.gov.cn/chn//gxh/xsb/wjzs/t8985.htm〉。

「夥伴」一詞則係意指雙方的平等合作，此觀之中俄的「建設性夥伴關係」自明。然而隨著中國大陸政經實力逐漸崛起，與周邊的國家皆發展睦鄰友好關係，其中又以中俄關係的發展最為順利。雙方自 1990 年代中期之「建設性夥伴關係」、「平等信任的戰略協作夥伴關係」發展成 2003 年 5 月的互信、互利、平等及協作新安全觀之「戰略協作夥伴關係」，以及 2015 年 5 月所簽署的《深化全面戰略協作夥伴關係聲明》。根據該聲明，雙方在重要的能源議題上將進一步深化合作，此外俄方更就中國大陸的「一帶一路」正式表達支持，並開始尋找一帶一路與歐亞經濟聯盟（Eurasian Economic Union, EAEU）在經濟整合上的契合處。[4]2017 年 7 月，中俄雙方元首於莫斯科會晤，而後共同發表《進一步深化全面戰略協作夥伴關係的聯合聲明》，此次聲明與 2015 年相較之下，已直接表明將使一帶一路與歐亞經濟聯盟對接，尤其是在金融領域的合作。另外，從雙方簽訂《中華人民共和國與歐亞經濟聯盟經貿合作協議》可看出，俄方亟欲提升歐亞經濟聯盟之影響力，與 2015 年僅支持一帶一路之態度相較之下已有所改變。[5]

本文的主要命題，在於中俄關係發展至今，已從中國崛起前的平等互利關係及相互競爭的抗衡關係，逐漸轉變為以中國為首的經濟扈從關係，而雙邊關係變化的轉捩點，便是中國大陸「一帶一路」的提出，使俄方的態度從矛盾到妥協。然而中俄經濟扈從關係的發展亦非穩固不變，俄方近年實施的民族主義對外政策已逐漸動

---

[4] 「中俄發布深化全面戰略協作夥伴關係聲明」，華夏經緯網，〈http://big5.huaxia.com/zt/tbgz/15-011/4395970.html〉（2015 年 5 月 11 日）。

[5] 「中華人民共和國和俄羅斯聯邦關於進一步深化全面戰略協作夥伴關係的聯合聲明」，華夏經緯網，〈https://www.mfa.gov.cn/mfa_chn/ziliao_611306/1179_611310/t1475443.shtml〉（2019 年 2 月 18 日）。

搖這層關係，此為本文所欲探討的重要問題。

貳、平等互利的中俄關係發展與中國崛起

一、從中蘇關係正常化到「戰略協作夥伴關係」（1980 年代後期至 1990 年代初期）

中蘇關係歷經二戰後的友好關係、冷戰時期的意識形態之爭後，至戈巴契夫時期方有正常化契機，而最關鍵的便是「新思維」的提出。「新思維」原本係戈氏於 1986 年 1 月關於銷毀核子武器的聲明所提出，原本名為「新政治思維」，而後翌年 11 月，戈氏又於十月革命七十週年大會的演說中，再重新對「新思維」加以詮釋。實則「新思維」的提出，乃係蘇聯內部相關單位對於國際現勢的新理解，例如世界經濟與國際關係研究所所長普里馬可夫（Yvgeniy Primakov）等，都曾於 1986 年提出自己對國際局勢的理解，認為國際間軍事雖仍舊維持美蘇兩極的僵持狀態，惟在政治上，卻已發展成多元化與相互依存局勢。是以戈氏的「新思維」僅係適度反映出政府部門中技術官僚的見解而已。[6] 但是不可否認的是，「新思維」的提出使蘇聯的對外政策產生轉變，開始與各國恢復正常的外交關係，然而當時中俄關係的主要障礙為雙方的邊界問題。

曾有學者指出，雖然當時中方的「常」多於「變」，俄方則係「變」多於「常」，然仔細辨析雙方之間的「變」與「常」中之利

---

[6] 尹慶耀，蘇維埃帝國的消亡（台北：五南出版社，1994 年），頁 127-129。

益觀點實已逐漸大同小異，導致雙方握手言和。[7]本文認為上述觀點殊值贊同，正是蘇方將政治與經濟層面的對外政策分別處理，並有意與各國發展經濟來解決自身內部嚴峻經濟問題。中方則由於1978 年改革開放，需要與各國發展經濟合作關係，雙方的利益觀點因此趨同。1986 年 7 月，戈氏在海參崴發表演講，表示蘇方承認蘇中之間存在邊界問題，此為蘇方對中釋出善意的第一步，而後雙方舉行多次外長級邊界談判會議；1989 年 5 月，戈氏訪中，提出中蘇關係正常化，雙方並就邊界劃定與黑瞎子島的歸屬問題達成共識。[8]

　　蘇聯的解體，使得中俄關係的發展暫時停滯，鄧小平對蘇聯的解體並不意外，早於 1989 年 9 月的中共中央負責人的談話中，鄧便已指出，未來東歐及蘇聯的動亂不可避免。[9]而鄧小平對蘇聯解體後的國際局勢亦已有所理解，並認為俄羅斯必定採取親西方的外交政策，中國大陸基本的對俄政策便係不因意識形態的分歧影響雙邊關係，鄧小平表示：「無論如何，我們還是友好往來，不隨便批評別人、指責別人。」[10]此外，中國大陸在蘇聯解體後便由外交部發言人表示，中方本著不干涉他國內政之原則，尊重各國人民自己的選擇，願意繼續履行與原蘇聯簽署的各項條約與協定。更於 1991 年 12 月 27 日宣布承認俄羅斯與烏克蘭的獨立。然而基於俄方當時實施親西方的一面倒政策，對中政策多冷淡處理，中俄雙

7　蘇起，中蘇共關係正常化之研究（一九七九——一九八九）（台北：政訊資訊文化事業有限公司，1990 年），頁 173。

8　鄧小平，「結束過去，開闢未來」，人民網，〈http://zg.people.com.cn/GB/33839/34943/34944/34947/2617574.html〉（1989 年 5 月 16 日）。

9　鄧小平，鄧小平文選（北京：人民出版社，1993 年），頁 320。

10　同前註。

方在俄獨立初期僅有一次偶然的會晤。1992 年 1 月，李鵬於聯合國安理會會議中與俄總統葉爾欽進行短暫交談，雙方皆認為意識形態的分歧不影響兩國間之合作，如此才促成同年 3 月俄外長科濟列夫（Andrey Vladimirovich Kozyrev, Андрей Владимирович Козырев）的訪中。

由於俄親西方政策無法奏效，才開始調整為東西向的雙頭鷹外交政策，中俄關係因此獲得更進一步的發展。1994 年《面向二十一世紀的建設性夥伴關係》的提出，使中俄關係的正常化獲得確立。若比較中國大陸的各種「夥伴關係」，「建設性的夥伴關係」屬於最初的雙邊關係正常化性質，並無進一步的全面性合作。直至 1996 年「平等信任的中俄戰略協作夥伴關係」，才屬於較為全面性的合作關係建構，而此亦為中俄關係快速發展的起點，雙方在政治、經濟、軍事及文化上全面地相互合作。

二、中國崛起下的東西向均衡政策與中俄關係（1990 年代中後期）

1978 年中共十一屆三中全會以後，中國大陸開始實施偏向市場經濟的改革，歷經近二十年的發展，至 1990 年代中期已不容小覷。1994 年中國大陸的 GDP 已達世界第七位，而人均 GDP 亦於 1995 年突破 5,000 美元大關。1987 至 1995 年之平均成長率（人均 GDP）為 8.6%，[11] 快速的經濟發展引起西方各國的疑慮，於是有中國威脅論（China Threat）之提出。中國威脅論係以 1991 年 12

---

11 「年度生產總值」，中華人民共和國國家統計局，〈http://data.stats.gov.cn/easyquery.htm?cn=C01〉（2014 年）。

月 31 日《紐約時報》蓋爾布（Leslie H. Gelb）所撰寫之「Breaking China Apart」一文為濫觴，而後又有 1995 年柯漢默（Charles Krauthammer）的「Why We Must Contain China」。

　　在中國崛起後，全球經濟重心逐漸移轉至東亞，此時俄羅斯內部對於對中政策的立場並不一致，可歸納成三派：其一，主張與中國大陸發展更為密切的合作關係，屬於親中派，大多由前蘇共政治人物及學者組成，認為中俄同屬共產主義意識形態；其二，有學者認為不得與中國大陸結盟，其所持之原因大致與西方的中國威脅論者相同；其三，亦有學者表示俄應該利用本身的地緣優勢，同時與中國大陸及西方國家發展均衡的外交關係。[12] 在葉爾欽時期，中俄關係發展的重要阻礙之一，係由於葉氏本人上台時所主張的強烈反共意識形態，即使一面倒的親西方政策失敗後，仍無法更進一步推進中俄關係。1990 年代中期後，葉氏的權力逐漸被國內的金融寡頭架空，這些金融寡頭完全係以自身利益為主要訴求，因此中俄關係多著重在經濟合作的層面上，此種情形待普丁上台後才有進一步的突破。

三、上海合作組織中的「兩強」的競合關係（2000 年以後）：軍事合作與經濟抗衡

　　普丁上台以後，執行實用主義的外交政策，而實用主義的內涵便係以俄自身的國家利益為首要考量。普丁執政初期，實用主義的外交政策大致上仍與均衡的東西向外交政策相一致。911 事件發生

---

12 李學君、A. 季卡列夫，中俄關係：世紀之交時的求索（北京：民族出版社，2001 年），頁 67-70。

後，普丁利用美國亟需盟邦支持反恐戰爭的機會，與美國維持相對穩定合作的外交關係；與中國大陸則透過上海合作組織的成立，發展多邊架構下的政經合作關係。上海合作組織的成員大多為中亞國家，由於這些國家皆為昔日的前蘇聯成員國。因此該組織成立的主要目的可歸納為二：其一，可防止美國藉由反恐行動為理由將其軍事勢力滲入中亞；其二，中俄關係如要進一步深化，需要在經濟合作關係之外，更進一步發展政治軍事合作關係。中亞國家為前蘇聯之一部分，即使在蘇聯解體後，這些國家與俄關係仍相當密切。而中亞亦為中國大陸的鄰國與軍事戰略未來發展的重要區域，如中俄之間可透過多邊機制的架構下，弭平兩國在該區的政經勢力競爭與衝突，將為雙方的合作甚至未來的同盟關係奠定良好基礎。近年中俄關係在上合組織的架構下，主要的發展態勢可歸納如下：

（一）軍事上的多邊合作至雙邊準同盟

在戰略上，中俄之間同時受到美國的戰略封鎖，中國大陸在太平洋地區受到美國第一至第三島鏈的戰略封鎖；俄羅斯則受到北約在東歐地區的戰略壓制。蘇聯解體後，北大西洋公約組織（North Atlantic Treaty Organization, NATO）不僅未遭裁撤，許多前蘇聯及東歐附庸國家更紛紛加入北約，使北約不斷擴大。因此在中俄雙方地緣戰略利益趨同的情勢下，唯有透過區域性的多邊或雙邊合作，方能有效脫離或抗衡美國的地緣戰略掣肘。共計自 2001 年迄今，上合組織以反恐之名義，已實施 11 次軍事演習，除了 2004 及 2008 年以外，幾乎每年舉行軍演，可將其視為定期性的多邊軍事演習。然仔細觀察歷年軍演活動內容，自 2013 年起，中俄似乎已鮮少派遣軍隊進行演練，多以觀察國的名義出席之，實則雙方的軍事演習卻從未中斷。

2013 年 7 月 27 至 8 月 15 日，中俄展開為期 20 天的「和平使命—2013」聯合反恐軍演，該次軍演可分為三階段：兵力投送與部署、戰役籌劃及戰役實施。三階段的軍演配合陸海空軍的連動實施，中俄軍隊在軍演中的密切配合，有助於實戰中共同決策、聯合指揮及資訊共享。[13]2014 年 5 月中俄雙方曾舉行「海上聯合—2014」軍演，此次軍演僅屬於雙邊性質。無論在規模與性質上，「海上聯合—2014」軍演皆較上合反恐歷年軍演盛大。在該次軍演中，中俄雙方還實施反潛演練，並模擬新型潛艦對中俄軍艦襲擊情境，透過對艦、對空實彈射擊及對潛艦的火箭實射，中俄戰略協作戰力已整體升高。[14]2015 年中俄分別於 5 月與 8 月舉行兩次「海上聯合—2015」，第一次在地中海海域舉行，第二次則於彼得大帝灣舉行，後者規模龐大，共出動 20 餘艘艦艇、20 餘架飛機及 40 多台兩棲裝備，實施聯合防空、反潛及登陸演習。[15]2016 年至 2018 年中俄亦每年舉行雙邊聯合軍演，「東方－2018」為冷戰以來最大規模軍演，雙方共計動員 30 萬士兵於俄貝加爾邊疆區舉行海空實戰演練，引起國際關注，[16] 中俄聯合軍演之規模與內容已形成準同盟關係。

---

[13]「中俄聯合反恐軍演中方總導演解讀大戰精彩在何處」，新華新聞，〈http://news.xinhuanet.com/2013-08/18/c_116982493_2.htm〉（2013 年 8 月 18 日）。

[14]「中俄軍演多架敵機進入東海瞬間被擊落」，搜狐軍事，〈http://mil.sohu.com/20140525/n400000268.shtml〉（2014 年 5 月 25 日）。

[15]「中俄 11 次演習盤點」，多維新聞，〈http://mil.sohu.com/20140525/n400000268.shtml〉（2017 年 7 月 25 日）。

[16]「冷戰後最大規模軍演『東方— 2018』中俄動員 30 萬士兵」，ETtoday 新聞雲，〈https://www.ettoday.net/news/20180913/1256919.htm〉（2018 年 9 月 13 日）。

在軍事上，中俄之間的矛盾亦曾存在，2008 年俄出兵喬治亞，以支持南奧塞梯亞（South Ossetia）的民族獨立運動及保護持有俄羅斯護照之公民為理由。當西方一片的譴責聲浪中，中國大陸未如往常支持俄之軍事行動，相反地僅對外宣稱中方對俄南奧塞梯亞獨立的行動表達「嚴重關切」。[17] 顯然中國大陸在對各國國內分離主義運動的處理上，與俄方仍有不少歧見。2014 年 3 月的克里米亞獨立公投前，中方在聯合國對克公投獨立一案中投下棄權票。[18] 俄羅斯在分離主義的處理上，對內採取極力壓制手段，例如車臣等是；對外則視自身之利益而定。反之中國大陸通常對內對外皆持反對立場，如遇到其中俄羅斯參與的事件，則大多以中立或模糊之立場帶過。

表 2.1　歷年上合組織聯合軍演一覽表

次數 內容	名稱	日期	內容
1	演習─2002	2002/10/10-11	中國和吉爾吉斯兩國邊防部隊與特種部隊，於中吉兩國陸路口岸兩側邊境的高山地區進行聯合軍演。
2	演習─2003	2003/8/6-12	中、俄、哈、吉、塔五國共 800 人，包括吉特種分隊，於新疆伊寧地區和哈薩克斯坦烏洽拉爾市進行聯合軍演。

---

[17] 「2008 年俄格戰爭：俄五天摧垮喬治亞軍事力量」，China.com，〈http://military.china.com/history4/62/20150528/19758224_all.html〉（2015 年 5 月 28 日）。

[18] "Draft Resolution," *United Nation*, <http://www.un.org/zh/documents/view_doc.asp?symbol=S/2014/189> (March 15, 2014).

（續表 2.1）

內容 次數	名稱	日期	內容
3	和平使命—2005	2005/8/18-25	中俄參演兵力近萬人，中方參演兵力 8,000 餘人，於俄羅斯海參崴和中國山東半島及附近海域進行聯合軍演。
4	協作—2006	2006/9/21-23	500 多人，包括中方 1 個特戰連和塔方摩步連、特戰連和炮兵營各 1 個，於塔吉克哈特隆州穆米拉克訓練場舉行聯合軍演。
5	和平使命—2007	2007/8/9-17	中、俄、哈、吉、塔、烏六國武裝力量，中方參演兵力 1,600 人，於中國烏魯木齊和俄車里雅賓斯克切巴爾庫爾合成訓練場舉行聯合軍演。
6	和平使命—2009	2009/7/22-26	中俄雙方參加實兵演練兵力各 1,300 人，於俄哈巴羅夫斯克、瀋陽軍區洮南合同戰術訓練基地舉行聯合軍演。
7	和平使命—2010	2010/9/9-25	中、俄、哈、吉、塔五國參演部隊聯合投入 5,000 多名兵力，於哈國阿拉木圖市及奧塔爾市的馬特布拉克訓練場舉行軍演。
8	天山—2 號—2011	2011/5/5-8	中、塔、吉三國於中國新疆喀什舉行軍演。
9	和平使命—2012	2012/6/8-14	中、俄、哈、吉、塔五國參演部隊聯合投入 2,000 多名兵力，於塔吉克胡占德市舉行軍演。
10	卡茲古爾特—2013	2013/6/13	哈、吉、塔主辦與協辦，中、俄、烏三國觀摩，於哈國南哈薩克斯州舉行。
11	東方—反恐—2014	2014/3/27	烏、吉主辦，中、俄、哈、塔四國觀摩，於烏國舉行。
12	和平使命—2016	2016/9/15	吉主辦，哈、中、吉、俄、塔五國參加，於吉國巴雷克奇市舉行。
13	和平使命—2018	2018/8/24	俄主辦，上合組織八國全員參加，於俄國切巴爾庫爾舉行。

資料來源：「上海合作組織大事紀」，上海合作組織，〈http://www.sectsco.org/CN/Yolder.asp〉（2018 年 2 月 15 日）。

（二）經濟上的競爭關係：中亞區域的經濟主導權之爭

蘇聯解體後，獨立國協於 1991 年底成立，翌年原先的前蘇聯成員國陸續加入，這些國家加入的主要目的在於公平地劃分前蘇聯留下的財產。因此在經濟政策上，單就各成員國獨立初期的價格自由化政策，便無法達成共識，原先俄羅斯構想的統一盧布集團自不可能實現。[19] 然俄羅斯從未放棄獨立國協的整合深化與廣化目標，即使在政治軍事上各成員國各行其是，在經濟上俄羅斯仍延續前蘇聯時期「經濟互助委員會」的原料與能源供應國的角色。1993 年 9 月，獨協成員國於莫斯科通過協議成立經濟聯盟，該聯盟的目標係在達成聯盟內部的商品、資金、勞動力自由流動，同年底通過「阿什哈巴德宣言」，該宣言決定採取歐體基本原則設立相關組織。有鑑於歐洲共同體（European Economic Community, EEC）經濟整合的成功，俄亦欲藉此加強前蘇聯國家間的經濟連繫。然獨協國家的經濟發展步調不一，與歐體國家情況迥異；另一方面，俄羅斯領導獨協的態勢仍然相當鮮明，此與獨協其他成員國所訴求之平等互動相牴觸，獨協的經濟整合因而陷入停滯。[20]

1995 年 1 月，俄羅斯、白俄羅斯、哈薩克三國成立關稅同盟，塔吉克與吉爾吉斯隨後加入，獨協的經濟整合似乎已轉變為中亞的小型區域經濟整合，除了白俄羅斯之外，關稅同盟的成員國清一色為中亞國家。[21] 然而俄卻不因此放棄關稅同盟的發展，這些關

---

[19] 尹慶耀，**獨立國協研究**（台北：幼獅出版社，1995 年），頁 16-18。

[20] 陳玉榮，「獨聯體經濟一體化引人注目」，**東歐中亞研究**，第 4 期（1995 年），〈http://euroasia.cass.cn/news/63231.htm〉。

[21] "Economic Effects of Belarus' Participation in the CIS Countries Customs Union," *Policy Documentation Center*, <http://pdc.ceu.hu/archive/00001984/01/00-443e.pdf> (2015).

稅同盟的國家皆與俄有經貿上的密切往來，例如俄哈之間的天然氣合作等，可惜該組織並未實際運作，因此俄與中亞國家的關係仍停留在雙邊的經貿關係。2000 年 10 月，關稅同盟轉變為「歐亞經濟共同體」（Евразийское экономическое сообщество, Eurasian Economic Community, EEC），該組織的主要目的在加深成員國在經濟、法律及社會人文的合作。上海合作組織成立後，中國大陸的勢力得以進入中亞區域，經貿部門領導人會議促進中方與中亞國家的經貿合作溝通。上海合作組織成立後，中國大陸與中亞國家的經貿關係發展迅速（詳見下表 2.2）。除了 2009 年受到全球金融風暴影響外，自 2001 年起 10 年間，中國大陸與中亞國家的經貿成長均以數十倍成長。[22]

表 2.2　2001-2010 年中國大陸與中亞國家（上合組織成員國）貿易總額一覽表

單位：萬美元

國別 年度	哈薩克	吉爾吉斯	烏茲別克	塔吉克	備註
2001	128,837	11,886	5,830	1,076	
2002	195,475	20,188	13,177	1,239	
2003	329,188	31,430	34,703	3,882	
2004	449,809	60,229	57,551	6,893	
2005	680,611	97,220	68,056	15,794	
2006	835,775	222,570	97,209	32,378	
2007	1,387,777	377,923	112,819	52,405	

---

[22] 「中國同亞洲各國進出口總額」，中華人民共和國國家統計局，〈http://data.stats.gov.cn/easyquery.htm?cn=C01〉（2015 年）。

（續表 2.2）

年度＼國別	哈薩克	吉爾吉斯	烏茲別克	塔吉克	備註
2008	1,755,234	933,338	160,670	149,993	
2009	1,412,913	533,028	192,087	140,669	
2010	2,044,852	419,964	248,327	143,256	

資料來源：中國國家統計局。

　　俄羅斯面臨中國大陸在中亞地區快速成長的經貿合作，自不可能置若罔聞，然普丁上台以後，便與中國大陸發展更為密切的外交關係，將上合組織轉化為兩國政治軍事合作的多邊平台，因此中俄雙方合作的背後各自有不同的利益考量。此時中國大陸在中亞地區經濟勢力的茁壯，已挑戰俄羅斯自蘇聯時期以來在該區的經濟主導權，原先俄與中亞相當緊密的能源合作關係，亦因中國大陸的加入而生變。俄羅斯一向為中亞能源出口的主要對象，俄方以低於市場價格收購這些能源，加工後再以市場價格賣出。然而中國大陸加入該區的能源合作後，中亞國家能源輸出對象上有了新的選擇，是以開發的能源產區多與中方合作，例如 2008 年 7 月中亞天然氣管線的開工，便係中國大陸與中亞國家能源合作重要的里程碑。2012年 5 月，普丁於二度上台的就職演說中，明示重返大國地位為重要任務之一，而重返大國地位的具體行動便係重拾前蘇聯時期的政治經濟版圖。[23]

　　如果以俄的具體行動觀之，重返大國地位的追尋，在中亞地區仍以多邊組織的建構為主，且在普丁二度上台前便已開始。

---

[23]「普丁就職演說完整版」，互聯網，〈http://ru.tingroom.com/shipin/eyxwsp/5155.html〉（2013 年 1 月 7 日）。

2008 年全球金融危機爆發，普丁趁機與哈白兩國討論重新建構關稅同盟的可能性。2011 年 11 月，俄哈白三國簽署計畫，擬建立歐亞經濟聯盟，來取代名存實亡的歐亞經濟共同體，最終該聯盟於 2014 年 5 月建立。該聯盟可說是俄在中亞地區重掌經濟主導權的重要工具，聯盟下設的歐亞經濟委員會（Eurasian Economic Commission）係以歐盟執委會為藍本，為一超國家機構，具有制定能源、關稅及財政政策的權限。2015 年，歐亞經濟聯盟的成員國增加亞美尼亞及吉爾吉斯兩國。[24] 然而該聯盟內部仍存有不少的矛盾，例如哈國有自己的能源出口戰略考量，欲建設通過裏海經亞塞拜然的天然氣管線，打破僅能輸出俄國的困境，俄方自是極力反對。總而言之，在中國崛起下，俄雖清楚自己在中亞的經濟主導權難以維持，為了力挽狂瀾，並增加自身與中國大陸在各方面合作的談判籌碼，在中亞國家的對外政策上採取與中國大陸抗衡的態度。另一方面，這種抗衡態度亦有利於普丁實施民族主義的對外政策，並符合其曾提出的重返大國地位目標。

參、中俄扈從關係的形成與普丁民族主義對外政策

一、經濟上扈從的形成：中國大陸一帶一路的提出與俄方態度的轉變

「一帶一路」係由習近平於 2013 年 9-10 月提出的經濟合作

---

[24] "About Eurasian Economic Community," *Eurasian Economic Community*, <http://www.eurasiancommission.org/en/Pages/about.aspx>；「吉爾吉斯正式加入歐亞經濟聯盟」，中國經濟網，〈http://big5.ce.cn/gate/big5/wap.ce.cn/intl/201508/08/t20150808_6167776.html〉（2015 年 8 月 8 日）。

概念所形成，「一帶」意指絲綢之路經濟帶；「一路」則指二十一世紀海上絲綢之路。「一帶一路」與中國大陸倡議的 FTAAP 有深厚淵源，而兩者的共同發展是中國大陸打造新世界中心的雙翼。在「一帶一路」的概念下，2013 年 10 月習近平提出「亞洲基礎設施投資銀行」（Asian Infrastructure Investment Bank, AIIB）。AIIB 創立之初的計價貨幣為美元，然彭博社（Bloomberg L.P.）引述中國大陸官方內部知情人士指出，中國大陸將力促人民幣成為 AIIB 的計價貨幣。[25] 中國大陸頻頻推出區域經濟整合的組織與制度，顯然已成為中亞地區的經濟新領航國，與俄的歐亞經濟聯盟相較之下，無論是規模或是周遭國家的參與態度，皆遠勝於俄所主導的相關建制。針對中國大陸所提出的「一帶一路」，俄方的態度不若以往積極，反之較為謹慎，國內亦有不少質疑聲浪。普丁也不對此議題表態，直至 2014 年 2 月於索契（Sochi）冬季奧運會中，始轉為較為積極的態度，中俄取得共識後，普丁表示願意加入「絲綢之路經濟帶」。[26] 普丁的表態獨具意義，不僅標誌著對中亞經濟主導權的棄守，亦昭示中俄關係在經濟層面上，已從平等與相互制衡，轉變為屬從關係。普丁亦針對其所主導的歐亞經濟聯盟未來做了交代，在 2015 年的紀念二戰勝利七十週年活動中，普丁與習近平發表聯合聲明，表示歐亞經濟聯盟將與絲綢之路經濟帶互相對接。[27]

---

[25] 「亞投行—大陸趨勢鼓勵使用人民幣」，中央通訊社，〈http://www.cna.com.tw/news/acn/201503270207-1.aspx〉（2015 年 3 月 27 日）。

[26] "Xi Jinping Meets with Russian President Vladimir Putin," *Ministry of Foreign Affairs of People's Republic of China*, <http://www.fmprc.gov.cn/mfa_eng/topics_665678/sqdah/t1127299.shtml> (February 6, 2014).

[27] 吳福成，「搶搭一帶一路拓展中俄印市場」，財新網，〈http://opinion.

然而普丁對於「一帶」的態度從冷淡轉趨積極，係基於國內與國際的許多因素，可歸納成兩個重要因素：

（一）俄羅斯東向政策的形成

　　由於俄羅斯特殊的地理位置，在對外政策上常面臨東西向選擇問題。自彼得大帝西化以來，俄多偏重西向發展，此係由於近代歐洲國家政經發展較為先進之故。俄獨立初期採取親西方的一面倒政策，而後因為無法收到預期的經濟援助而修正成東西並重的雙頭鷹政策。普丁上台以後，先執行實用主義外交政策，一切以國家利益為依歸，大致上亦延續雙頭鷹政策。然而，2008 年俄出兵喬治亞後，與西方國家關係逐漸轉變，另一方面俄歐之間的能源合作亦因歐盟的能源進口多元化政策而生變。俄開始重新檢視自身的東西向對外政策，中俄關係在上合組織的帶動下，逐漸形成軍事上的準同盟關係；能源合作也於 2013 年有所突破，雙方就天然氣價格達成共識，並簽署協議建造中俄之間的能源管線。中俄東線天然氣管線於 2015 年 5 月動工，西線的建造協議則於同一時間簽訂。前者每年可供應 380 億立方公尺，主要輸往中國大陸東三省地區；後者則每年可輸送 300 億立方公尺，主要路線由新疆西北部進入中國大陸，最遠可規劃運至上海。[28] 在軍事上，中俄之間的準軍事同盟關係，從 2012 年起已從多邊機制的反恐軍演轉變為雙邊聯合軍事演習，雙方在地緣戰略上同受美國的戰略封鎖。是以俄羅斯的東向政策係以密切的中俄關係為基礎，俄已認識到東亞為目前經濟成長

---

caixin.com/2015-06-09/100817413.html〉（2015 年 5 月 13 日）。

[28] 白根旭、余家豪，「中俄天然氣合作與全球能源地緣政治」，**財新網**，〈http://opinion.caixin.com/2015-06-09/100817413.html〉（2015 年 6 月 9 日）。

最迅速的區域，且中國大陸已成為坐二望一的經濟強國。中國大陸在 2010 年已超越日本成為世界第二大經濟體，與中亞國家的經貿關係亦出現數十倍的成長，俄無法動搖中國大陸在中亞的經濟地位。基於維護俄羅斯的國家利益，在經濟上，普丁已經決定加入中國大陸所主導的「一帶」及「亞投行」，即使是放棄俄在區域經濟整合上的主導權，然而經濟上的扈從並不影響中俄在軍事上的平等合作關係。

（二）國內經濟情勢的持續惡化

俄羅斯國內經濟情勢的惡化主要肇因於國際油價的下跌與西方國家對俄的制裁。2014 年 6 月以後，國際油價開始呈現大幅的下跌，其主要原因在於美國頁岩油技術的開發與石油輸出國組織（Organization of the Petroleum Exporting Countries, OPEC）之間的惡性競爭。[29] 俄羅斯為能源出口大國，國際油價大跌，已嚴重影響國家經濟，據估計油價下跌與西方的經濟制裁（克里米亞事件）已使俄羅斯一年損失近 1,400 億美元。[30]2014 年 3 月，克里米亞事件後，西方國家及日本開始制裁俄，在金融方面，除了禁止俄國有銀行向美國市場融資，並禁止美國公民及企業購賣俄國銀行、莫斯科銀行及俄羅斯農業銀行實施制裁超過 90 天之新股份與債券，禁止美國公民或公司購買這些公司超過 90 天期的債券或新

---

[29] "Oil falls as OPEC opts not to cut production," *CNBC*, <http://www.cnbc.com/2014/11/27/saudi-oil-minister-says-opec-will-not-cut-oil-production-reuters.html> (November 27, 2014).

[30]「國際財經：俄羅斯表示，制裁和油價大跌引發高達 1400 億美元的年損失」，奇摩理財，〈https://tw.money.yahoo.com/ 國際財經 - 俄羅斯表示 - 制裁和油價大跌引發高達 1400 億美元的年損失 -002546459.html〉（2014年 11 月 15 日）。

股票；在國防上則禁止出口軍事相關設備至俄；能源制裁部分則著重在能源的技術層面轉移上。[31]

　　西方的經濟制裁迫使俄向東方找尋經濟合作新對象，或加重與亞洲國家的經濟合作關係，普丁在重新思考俄羅斯的國際處境後，決定加入中國大陸所主導的「一帶一路」及亞投行。

二、普丁民族主義對外政策與經濟扈從

　　普丁為了達成俄國的重返大國地位目標，採行民族主義對外政策，表現在克里米亞事件或近期的軍機侵擾上。2008 年的出兵喬治亞事件為普丁首次民族主義外交政策的嘗試，事後證明，普丁此舉已然成功。根據民調顯示，2008 年普丁的支持度達到其執政以來的最高點（85%）。[32]2012 總統大選後，普丁雖然再度當選總統，得票率卻僅剩64%。[33]低落的得票率使普丁警覺，並意圖複製2008 年俄喬衝突的經驗，在 2012 年 5 月上台演講時，明確提出重返大國地位的國家未來目標，圖謀挽救低迷的民調支持度。[34]然而此次民族主義式的國家目標論述卻未獲得預期成果，根據 2013 年8 月的民調顯示，普丁仍維持在 63% 的支持度。[35]同年年底適逢烏

---

[31]「新一波冷戰？歐美擴大對俄經濟制裁」，蕃薯藤，〈http://world.yam.com/post.php?id=2268〉（2014 年 7 月 30 日）。

[32]「普丁強硬對抗西方的代價」，今日話題，〈http://view.news.qq.com/original/intouchtoday/n2759.html〉（2014 年 4 月 10 日）。

[33]「2012 年俄羅斯總統大選舉行普丁得票率64%」，人民網，〈http://tv.people.com.cn/GB/60604/214237/17294230.html〉（2012 年 3 月 5 日）。

[34]郭力，「俄羅斯：重返大國的夢想與現實」，前線，〈http://www.bjqx.org.cn/qxweb/n74180c798.aspx〉（2013 年 4 月 11 日）。

[35]「俄羅斯最新民調顯示俄羅斯總統支持率已達到 84%」，環球網，〈http://

克蘭政局動盪，而克里米亞境內的俄裔居民亦有獨立或重返俄羅斯傾向，此與 2008 年的情勢相似，普丁便善加利用克里米亞的俄裔居民問題，來提升自身的支持度。根據 2014 年 8 月的民調顯示，普丁的策略應用得宜，獲得 84% 的支持度，比去年同期上升 20% 左右。

2015 年 5 月 30 日，美俄軍機在黑海上空的對峙（雙方戰機僅距 3 公尺），為冷戰以來雙方最緊張的事件之一。[36] 普丁不斷採行操弄民族主義的外交政策，雖可增加自身國內的支持度，卻係在挑戰西方國家的容忍底線，一旦俄美或俄歐雙方擦槍走火，所換來的將是全面性的戰爭與衝突。另一方面，普丁的民族主義對外政策，與其採行的經濟上扈從中國大陸政策，可能產生矛盾。近年來中國大陸經濟的壯大，使大量的中方勞工進入俄遠東地區，引起俄國人民的恐懼與疑慮，因此未來如何弭平俄羅斯國內的恐中情節將是普丁的新課題。目前普丁所採取的策略是經濟扈從中國大陸，政治軍事則雙方平等，屬於準同盟關係，並且依恃著中俄雙方的密切關係，來制衡西方各國的經濟制裁及美國的戰略封鎖。

然而中俄間的經濟扈從關係亦非穩定，自雙方 2017 年發布之《進一步深化全面戰略協作夥伴關係的聯合聲明》與《中華人民共和國與歐亞經濟聯盟經貿合作協議》（Соглашения о торгово-экономическом сотрудничестве между Евразийским экономическим союзом и его государствами-членами, с одной стороны, и Китайской Народной Республикой, с

world.huanqiu.com/exclusive/2014-08/5120545.html〉（2014 年 8 月 28 日）。

[36]「冷戰以來最貼近互尬，美俄軍機翼僅距 3 公尺」，自由時報，〈http://news.ltn.com.tw/news/world/breakingnews/1348292〉（2015 年 6 月 14 日）。

другой стороны) 可知，[37] 俄國並未完全放棄中亞地區之經濟掌控力，反之欲擴大歐亞經濟聯盟與周邊區域經濟組織之合作與聯繫。實則 2016 年 6 月，普丁便曾提出大歐亞經濟整合概念，並表示歐亞經濟聯盟將成為區域經濟整合之重要核心之一，計劃與中國一起啟動歐亞全面經貿合作或夥伴關係。2017 年 7 月，中俄簽訂《關於歐亞經濟夥伴關係協定聯合可行性研究的聯合聲明》，是以目前中俄間的經濟合作（尤其是區域經濟合作之主導權上），中方似乎不再專美於前。另一方面，近年來俄國積極建立經濟合作之多邊機制——東方經濟論壇（Eastern Economic Forum），以自身遠東地區豐富之自然資源與能源，吸引周遭各國加入合作開發，藉此提高區域經濟合作之影響力與地位。俄於東南亞區域則透過歐亞經濟聯盟與各國簽訂自貿區，並迅速展開談判，除了已經生效的越南外，新加坡、印尼等國皆在磋商中。[38]

　　俄國積極的對外經濟政策，可歸納為幾項因素：其一，2014年克里米亞事件以後，俄遭受西方國家經濟制裁，為另謀出路，將視野轉向東方，實施東向政策；其二，普丁為求自身權力之穩固，對外實施民族主義外交政策求取高支持度，面臨中國經濟崛起與一帶一路政策，亦不得不重整旗鼓，透過東方經濟論壇與歐亞經濟聯

---

[37] "Соглашения о торгово-экономическом сотрудничестве между Евразийским экономическим союзом и его государствами-членами, с одной стороны, и Китайской Народной Республикой, с другой стороны,"*Евразийская экономическая комиссия*, <http://www.eurasiancommission.org/ru/act/trade/dotp/Pages/Соглашение-с-Китаем.aspx> (2019).

[38] "Президент Вьетнама: в наших отношениях с Москвой взаимное доверие растет с каждым днем," *TACC*, <https://tass.ru/interviews/4365178> (June 26, 2017).

盟，發揮其經濟影響力，使國內百姓感受大國地位之回復；其三，中俄之間由於政治軍事上同氣連枝，與準同盟態勢，使得中國無法與俄分離。另一方面，近期中美貿易戰的爆發，更讓俄有恃無恐，因此中俄經濟扈從關係已悄然變化。

▍肆、結論

　　俄羅斯在中亞地區的經營由來已久，清朝自乾隆中晚期後國勢中衰，沙俄與哈薩克訂結盟約，使其不再向清廷納貢。蘇聯成立後，中亞國家變成為加盟共和國，直至蘇聯解體，俄羅斯自顧不暇，政治經濟局勢嚴峻，使中國大陸有可趁之機。中國崛起後，中俄之間在該區的勢力消長顯而易見，尤其是在經濟層面上，中國大陸頻頻與中亞國家簽訂能源合作協議，使該區成為中方能源供應的重要來源；在經貿上也成為該區的最大貿易夥伴，雙邊貿易總額在十年之間成長數十倍。俄羅斯雖然積極建立多邊建制的方式試圖力挽狂瀾，卻無法與中國大陸抗衡，中國一帶一路的提出與亞投行的成立，在在顯示中方已經成為中亞的經濟主導者。

　　普丁在衡量國家經濟利益及國內與國際局勢後，決定扈從在中國大陸所建立的經濟體制之下，此為清朝中葉以來頭一遭。然普丁採取扈從的背後原因，主要係認知到世界經濟發展的重心已經從歐美轉移至東亞，中國大陸超越日本成為第二大經濟體後，唯有與中方合作方為未來經濟發展的良策。而俄原先東西向平衡的雙頭鷹外交政策，已逐漸轉向東方，形成東向為主的外交政策。中俄之間原先存在的能源合作最大障礙——天然氣價格的歧異，也於 2013 年達成共識，俄能源的輸出不再受歐盟的能源多元化政策影響。俄東向外交政策的採擇影響著與西方國家間的關係，克里米亞的事件顯

示俄不再重視西方國家的態度，即使俄的對外行動將受到經濟制裁。

上海合作組織的成立，使得中俄雙方的軍事合作更為密切，也適度地緩和中俄之間在中亞的戰略競逐。普丁的二次執政已重返大國地位為主要目標，此為獲取高民調之支持度的重要手段。自 2012 年總統大選後，普丁便警覺自己在國內的支持度已大不如前，因此透過民族主義外交政策的採行，來挽救民意。克里米亞的事件顯示普丁策略的成功，卻也換來西方國家的制裁，同時國際油價大跌，使普丁不得不採取扈從中國大陸的經濟政策。然而此經濟扈從關係亦非穩固，俄羅斯利用近十年來密切的中俄關係、政治軍事上之互相依賴及近期之中美貿易戰，透過東方經濟論壇與歐亞經濟聯盟，對東北亞與東南亞採取積極的對外經濟政策。而該政策皆是以多邊架構為基礎，對東亞發揮經濟影響力，同樣也屬於民族主義外交政策，讓俄國人民感到重回大國地位的氛圍。未來需要觀察的焦點之一是，俄方積極之對外經濟政策究竟收效如何？倘若各國僅是表面參與俄所主導之多邊架構，在實質上，中國仍是東亞區域之主導者，則俄羅斯仍難擺脫經濟上扈從中國之命運。

▌參考書目

中文部分

「2008 年俄格戰爭：俄五天摧垮喬治亞軍事力量」，China.com，〈http://military.china.com/history4/62/20150528/19758224_all.html〉（2015 年 5 月 28 日）。

「2012 年俄羅斯總統大選舉行普丁得票率 64%」，人民網，〈http://tv.people.com.cn/GB/60604/214237/17294230.html〉（2012 年 3 月 5

日）。

「中俄 11 次演習盤點」，多維新聞，〈http://mil.sohu.com/20140525/n400000268.shtml〉（2017 年 7 月 25 日）。

「中俄軍演多架敵機進入東海瞬間被擊落」，搜狐軍事，〈http://mil.sohu.com/20140525/n400000268.shtml〉（2014 年 5 月 25 日）。

「中俄發布深化全面戰略協作夥伴關係聲明」，華夏經緯網，〈http://big5.huaxia.com/zt/tbgz/15-011/4395970.html〉（2015 年）。

「中俄戰略協作夥伴關係」，中華人民共和國外交部，〈http://www.mfa.gov.cn/chn//gxh/xsb/wjzs/t8985.htm〉。

「中俄聯合反恐軍演中方總導演解讀大戰精彩在何處」，新華新聞，〈http://news.xinhuanet.com/2013-08/18/c_116982493_2.htm〉（2013 年 8 月 18 日）。

「中俄聯合聲明（1996 年 4 月 25 日）」，新華網，〈http://news.xinhuanet.com/ziliao/2002-11/27/content_642464.htm〉（2000 年）。

「中國同亞洲各國進出口總額」，中華人民共和國國家統計局，〈http://data.stats.gov.cn/easyquery.htm?cn=C01〉。

「中華人民共和國和俄羅斯聯邦關於進一步深化全面戰略協作夥伴關係的聯合聲明」，華夏經緯網，〈https://www.mfa.gov.cn/mfa_chn//ziliao_611306/1179_611310/t1475443.shtml〉（2019 年 2 月 18 日）。

「吉爾吉斯正式加入歐亞經濟聯盟」，中國經濟網，〈http://big5.ce.cn/gate/big5/wap.ce.cn/intl/201508/08/t20150808_6167776.html〉（2015 年 8 月 8 日）。

「年度生產總值」，中華人民共和國國家統計局，〈http://data.stats.gov.cn/easyquery.htm?cn=C01〉（2014 年）。

「冷戰以來最貼近互嗆，美俄軍機翼僅距 3 公尺」，自由時報，〈http://news.ltn.com.tw/news/world/breakingnews/1348292〉（2015 年

6 月 14 日）。

「冷戰後最大規模軍演「東方―2018」中俄動員 30 萬士兵，ETtoday 新聞雲，〈https://www.ettoday.net/news/20180913/1256919.htm〉（2018 年 9 月 13 日）。

「亞投行―大陸趁勢鼓勵使用人民幣」，中央通訊社，〈http://www.cna.com.tw/news/acn/201503270207-1.aspx〉（2015 年 3 月 27 日）。

「俄羅斯最新民調顯示俄羅斯總統支持率已達到 84%」，環球網，〈http://world.huanqiu.com/exclusive/2014-08/5120545.html〉（2014 年 8 月 28 日）。

「國際財經：俄羅斯表示，制裁和油價大跌引發高達 1400 億美元的年損失」，奇摩理財，〈https://tw.money.yahoo.com/ 國際財經 - 俄羅斯表示 - 制裁和油價大跌引發高達 1400 億美元的年損失 -002546459. html〉（2014 年 11 月 15 日）。

「普丁強硬對抗西方的代價」，今日話題，〈http://view.news.qq.com/original/intouchtoday/n2759.html〉（2014 年 4 月 10 日）。

「普丁就職演說完整版」，互聯網，〈http://ru.tingroom.com/shipin/eyxwsp/5155.html〉（2013 年 1 月 7 日）。

「新一波冷戰？歐美擴大對俄經濟制裁」，蕃薯藤，〈http://world.yam.com/post.php?id=2268〉（2014 年 7 月 30 日）。

尹慶耀，獨立國協研究（台北：幼獅出版社，1995 年）。

尹慶耀，蘇維埃帝國的消亡（台北：五南出版社，1994 年）。

白根旭、余家豪，「中俄天然氣合作與全球能源地緣政治」，財新網，〈http://opinion.caixin.com/2015-06-09/100817413.html〉（2015 年 6 月 9 日）。

吳福成，「搶搭一帶一路拓展中俄印市場」，財新網，〈http://opinion.caixin.com/2015-06-09/100817413.html〉（2015 年 5 月 13 日）。

李學君、A. 季卡列夫，**中俄關係：世紀之交時的求索**（北京：民族出版社，2001 年）。

郭力，「俄羅斯：重返大國的夢想與現實」，**前線**，〈http://www.bjqx.org.cn/qxweb/n74180c798.aspx〉（2013 年 4 月 11 日）。

陳玉榮，「獨聯體經濟一體化引人注目」，**東歐中亞研究**，第 4 期（1995 年），〈http://euroasia.cass.cn/news/63231.htm〉。

鄧小平，「結束過去，開闢未來」，**人民網**，〈http://zg.people.com.cn/GB/33839/34943/34944/34947/2617574.html〉（1989 年 5 月 16 日）。

鄧小平，**鄧小平文選**（北京：人民出版社，1993 年）。

蘇起，**中蘇共關係正常化之研究**（一九七九──一九八九）（台北：政訊資訊文化事業有限公司，1990 年）。

外文部分

"About Eurasian Economic Community," *Eurasian Economic Community*, <http://www.eurasiancommission.org/en/Pages/about.aspx> (2015).

"Draft Resolution," *United Nation*, <http://www.un.org/zh/documents/view_doc.asp?symbol=S/2014/189> (March 15, 2014).

"Economic Effects of Belarus' Participation in the CIS Countries Customs Union," *Policy Documentation Center*, <http://pdc.ceu.hu/archive/00001984/01/00-443e.pdf> (2015).

"Oil falls as OPEC opts not to cut production," *CNBC*, <http://www.cnbc.com/2014/11/27/saudi-oil-minister-says-opec-will-not-cut-oil-production-reuters.html> (November 27, 2014).

"Xi Jinping Meets with Russian President Vladimir Putin," *Ministry of Foreign Affairs of People's Republic of China*, <http://www.fmprc.gov.cn/mfa_eng/topics_665678/sqdah/t1127299.shtml> (February 6, 2014).

"Президент Вьетнама: в наших отношениях с Москвой взаимное доверие растет с каждым днем," *ТАСС*, <https://tass.ru/interviews/4365178> (June 26, 2017).

"Соглашения о торгово-экономическом сотрудничестве между Евразийским экономическим союзом и его государствами-членами, с одной стороны, и Китайской Народной Республикой, с другой стороны," *Евразийская экономическая комиссия*, <http://www.eurasiancommission.org/ru/act/trade/dotp/Pages/Соглашение-с-КитаеМ.aspx> (2019).

3
中國大陸在非洲大陸投資的政治風險：從內戰的角度評析，1980-2014年[1]

張文揚
國立政治大學外交學系教授

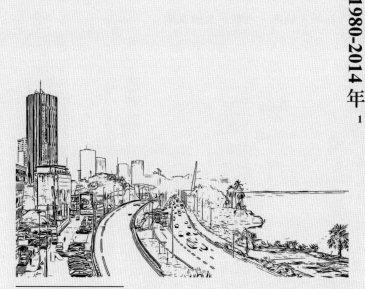

1 本文爲科技部計畫（MOST104-2410-H-004-101）之部分研究構想延伸，並改寫自曾經發表於中華民國國際關係學會 2015 年年會暨「新面貌或是舊故事？：地緣政治與地緣經濟重組下的國際格局」學術研討會以及 2015 年第七屆發展研究年會暨「世代『不』正義」學術研討會之論文，並已發表在全球政治評論，第 69 期，頁 93-124。作者感謝會議主持人與評論人鄭端耀、江明修、莫大華、湯智貿等多位老師以及與會先進對本文的批評與指正，以及本學系碩士班林惠儀同學在擔任計畫研究助理時協助資料蒐集以及校稿。全文有疏漏之處概由作者負責。

本文主要是探討中國大陸在非洲的投資，是否存在相當高的政治風險？本文解釋中國在漢南非洲投資面對的政治風險，而這其中又以面臨政治風險中最嚴重的內戰發生最有可能。本文認爲，當前非洲經濟體制的健全性影響了國家內部的政治穩定程度，這對於投資效益有相當大的負面影響，並使在非洲大陸有相當多投資計畫的中國面對後續的投資增添了許多變數。本文將試著從經濟體系改革提出對於上述問題的解決方案，並觀察中國乃至其他國家在非洲大陸投資時可能的避險之道。

關鍵字：
中國大陸、非洲、能源、內戰、政治風險

壹、引言

"This is a lesson we are giving to the Chinese: We are keeping a close lookout on them"

尼日石油部主任秘書 Mahaman Gaya（Nossiter, 2013）

2018 年 9 月，在中國大陸北京市舉行的第二屆中國非洲合作論壇（Forum on China-Africa Cooperation, FOCAC）上，中國國家主席習近平宣布要在未來三年在非洲投資 600 億美元（BBC 中文網，2018），以強化對非援助。[2] 事實上，從各項數據來看，中國在非洲的投資急速上升，並且已經成為非洲最大的投資國。在 1950 年時中非雙邊貿易總額約僅為 1 億 2,000 萬美元，到了 2000 年跨過 100 億美元以後，2012 年逼近 200 億美元，並在 2009 年時取代美國成為非洲的第一大貿易夥伴。而非洲對中國大陸的主要輸出就是能源與自然資源，占了貿易結構的將近 80%（Sun, 2014, 7）。在對外直接投資方面，2009-2012 年之間，中國大陸在非洲的直接投資以每年 20.5% 的速率增加，其金額則從 93.3 億增加到 212.3 億美元，這使得部分智庫認為，非洲目前是中國大陸對

---

[2] 非洲一共包含 54 個國家，但是在地理區域劃分上，北非地區常因地緣、種族與宗教等因素，與中東地區合稱中東北非（Middle East and North Africa, MENA）地區（U.S. Energy Information Administration, 2015b; UNHCR, 2015; World Bank, 2015）。然除了阿爾及利亞、埃及、利比亞、摩洛哥與突尼西亞等一致同意的國家以外，北非尚且應該包含哪些國家或地區，見解相當分歧。因此在本文中除非另有定義，研究對象將涵蓋所有的非洲國家。至於在文中提到的非洲國家中文國名，均以我國外交部網頁提供之譯名為主（中華民國外交部，2015）。

外直接投資中最重要的目的地之一（Economist Intelligence Unit, 2014；中華人民共和國國務院新聞辦公室，2013）。然而，中國大陸在非洲投資的迅速擴張，引發部分西方與非洲國家質疑這是一種「新殖民主義」（*Economist*, 2013b；Sanusi, 2013；鄧中堅，2014）。這反映在例如尼日、查德以及加彭等國家採取終止整份或部分契約，或是關閉中國大陸在當地的公司（Nossiter, 2013）等作法上。

　　不可否認的，非洲豐富的自然資源蘊藏量以及潛在的經濟發展實力，確實是吸引各國投資的主要誘因。根據英國石油公司（British Petroleum, BP）的估計，非洲石油與天然氣的蘊藏量，自 1980 年有資料以來穩定約占世界總量的 7-8%（British Petroleum, 2018），然其潛在的開發能量，更是受到矚目。如果估算正確，則非洲未來將會在西非與東非新增共 12 個產油國，如馬拉威、衣索比亞、甘比亞與迦納等，並為這些國家帶來共約三兆美元的收益（Diamond and Mosbacher, 2013，依 2013 年的油價計算）。而受到非洲大陸內外情勢漸趨好轉的影響，非洲國家在二十一世紀以來（2000-2017）的平均經濟成長率已經達到 4.11%，跟其他開發中地區相比相對強勁（World Bank, 2019）。[3] 國際組織預測若此趨勢不變，非洲在未來 30-40 年的年經濟成長率，還將達到 5-6%（*Economist*, 2013a; OECD, 2012, 55），非洲因此成為世界許多國家與企業投資的主要地區之一。2014 年流入非洲大陸的對外直接投資（Foreign Direct Investment, FDI）為 870 億美元，較

---

[3]　以 2000-2017 年的平均年 GDP 估算。拉丁美洲與加勒比海地區同一時期為 2.05%、歐洲與中亞地區為 2.05%、中東與北非地區則為 3.43%（World Bank, 2019）。

2013 年的 520 億美元成長 65%，但全球在同一時期僅成長 1%，而投資非洲的企業中有 57% 將非洲的市場潛力視為投資首要動機（Fingar, 2015）。

然而，儘管非洲的自然資源與經濟情勢吸引投資者前往當地發展，相較其他地區或是大陸而言，其整體情勢對於想前往或是正在當地投資的外國政府與企業來說，依舊具備不小的隱憂，這其中又以境內暴力事件等問題受到注目。非洲在 1997-2018 年之間發生的暴力衝突事件，從 1997 年的 3,275 件升高到 2012 年的 9,832 件，再到 2018 年的 18,557 件（Armed Conflict Location & Event Data Project, 2019），這些暴力事件或是境內動盪勢必對中國大陸的投資產生影響。舉例來說，2011 年 2 月在利比亞發生的內戰，使得中國大陸在當地約 470 億人民幣的投資僅進行了約十分之一，其餘全面停擺；象牙海岸的內戰也影響了當地中國大陸的投資（趙先進，2011）。馬利因為內戰的關係，2015 年 11 月有三名中國鐵建公司的幹部在馬利首都巴馬可遭到聖戰士的殺害（中央社，2015a），這對於作為非洲最大投資國的中國大陸來說，無疑在投資上有其相當的風險性。

本文將以一旦發生便會對投資損害最大的內戰作為主要的研究焦點，[4] 檢視在非洲投資時，一般國家或是非國家行為者在避險時可

---

4 儘管投資還必須考慮多種因為政治、社會與經濟因素可能造成的投資損失，內戰可以視為其中一項最主要的政治風險。在 *Economist*（1986）對於政治風險的分類及評估中，內戰（與戰爭）被評估為風險最高的政治問題，在一個五十分的政治風險總評分中占 40%（20 分），遠比其他風險如惡鄰（3 分，6%）、軍人掌權（9 分，18%）或是貪汙（6 分，12%）都還高，因此以內戰作為本文主要政治風險應該妥適。

以評估的面向，並同時對中國大陸乃至其他國家或公司提出可能的避險作法與觀察。因此，本文將嘗試解釋為何非洲大陸的境內動盪問題是如此頻繁，以及如何降低內戰發生的可能性。而這將以探討非洲國家內部的公有財產（Public Property）為基礎。[5] 奠基在 McDonald（2007, 2009, 2010）的討論上，本文認為，非洲當前多數國家的經濟體制掌握在政府手中，儘管使得中國的投資可能較為順遂，但是正由於公有財產程度較高的經濟體制增加了政府在經濟行為中的角色，並強化了政府掌控資源的財政獨立性或自主性（Fiscal Independence or Autonomy），使得叛亂團體控制或推翻政府的誘因變高，且發動戰事的效益普遍將會高於成本，因為控制政府相當具備獲益的條件，因此提高了內戰發生的可能性，這對過去一直被質疑是「新殖民主義」，使得投資項目與內容可能受到挑戰的中國大陸來說，又增添了一個不確定的變數。

本文的結構發展如下：在下一節中本文將簡單檢視非洲發生內戰的成因，並以經濟解釋為主要檢閱對象。在第參節中將進一步發展前述的主張與因果推論，探討公有財產較高的經濟制度如何可能引發內戰這一政治風險。在第肆節中本文則是建構一個統計模型，驗證上述的說法，並在第伍節中，本文將討論中國大陸在非洲的投資是否穩定，以及可能避險的幾項觀察指標。第陸節則是結論。

5　必須注意到本文中所指稱的「公有財產」與一般認知的「公共財」（Public Goods）並不一樣。公有財產的定義與討論請參閱第參之一節，至於公共財則是指具備「不可排他性」（Non-excludability）與非敵對性消費（Non-rivalrous consumption）等兩大特性的財貨或基礎設施，例如國防、橋梁等（Cowen, 2008）。

貳、非洲大陸內戰的經濟成因

學者們在探討非洲大陸發生內戰的經濟成因時，以經濟發展不高與對自然資源的依賴為主要解釋理由。[6] 首先，在 Elbadawi and Sambanis（2000）中作者檢視了 1960-1999 年的數據後發現，對自然資源的高度依賴與內戰之間的關係是鐘型分配：相當依賴與相當不依賴自然資源者發生內戰的機率較低，介於中間者機會較高，而非洲大陸就正好處於中間。復以非洲大陸的（中位數）人均所得較低，年輕人在參加叛亂的機會成本不大的情形下，使得非洲國家容易遭遇內戰的威脅。作者除了在本文推翻過去研究多認為族群多樣性是造成非洲大陸內戰頻仍的說法以外，也建議政府應該限縮其經濟角色，但是鼓勵私有經濟多樣化。

Anyanwu（2002）及 Collier and Hoeffler（2002）兩篇文章探討非洲內戰的成因時採取了類似的分析架構。前者應用了從 Collier and Hoeffler（2002）發展的架構，[7] 檢視了非洲大陸誘

---

[6] 以經濟因素作為解釋發生內戰因素並不是非洲所特有，例如諾貝爾經濟學獎得主 Amartya Sen 就提到：「（經濟）不均等與反叛之間有一個密切的關係，而且相輔相成。在社會中對不均等的感受是常見的反叛因素這道理相當清楚，但認知到不均等的感受……相當程度決定在實質反叛的可能性上也相當重要」（Sen, 1973, 1）。

[7] 在研究內戰爆發的經濟成因上，Collier and Hoeffler（2004）可以說是經典。有別於將內戰的成因置於如政治與族群的緊張關係，他們發現促使內戰發生的因素多來自怨懟（Grievances），因為 Collier and Hoeffler 認為經濟因素提供的是機會（Opportunities）：國家境內自然資源以及境外移民提供的資金使叛變變得可能且更具吸引力。而人均所得不高、經濟成長停滯與男性中等教育入學率低等，都使得參加叛亂團體的成本不高，因為對於成員來說，他們因參與叛亂而犧牲的經濟機會並不大，因此在是否參與叛亂

發內戰的政治、經濟與社會等因素。作者認為可以掠奪的資源（Lootable Resources）提供了叛變或是加速內戰形成的動機，若是在戰事中獲勝而取得的資源對於交戰團體來說提供了一個很高的誘因。作者以合併羅吉特模型（Pooled Logit Model）檢視了1960-1999 年的數據後發現，在一組經濟因素中人均所得提高了發生內戰的風險，但在統計上並不顯著；經濟成長率抑制了內戰（1%的經濟成長率可以降低 2% 內戰發生的機率）；最後，自然資源占出口的比例也助長發動內戰的可能性。Anyanwu 除了鼓勵非洲國家發展經濟以外，也鼓勵國際社會提供援助加速發展，提高叛亂團體徵兵的難度；並建議非洲國家應該多元化發展經濟降低對自然資源的依賴，將從出口自然資源的所得應用在基礎建設上。至於 Collier and Hoeffler（2002）也發現類似的統計結果，但是人均所得與內戰發生的機率在統計相關性上為負向且顯著。作者們並發現在研究時間裡非洲發生內戰的機率上升，且主要都是跟經濟因素有關（Collier and Hoeffler, 2002, 25）。

Henderson（2000）主張過去受到殖民政府保護下的非洲在區域及國際情勢上相對穩定和平以及經濟發展相對落後的因素影響下，非洲國家欠缺以發展經濟擴大稅收基礎並充實軍備力量的動機。再者，經濟發展不振容易使人民將貧窮歸因於執政者，在預防叛亂的前提下執政者會將有限的經濟資源投注在軍事設備上預防或弭平叛亂，但這又增強了軍隊叛變的實力與動機。Henderson（2000）以人均能源消耗量衡量經濟發展以後發現經濟發展與內戰有統計上顯著且負向的關係，他並建議非洲國家應該強化自身國家的能力，克服發展與內戰的障礙。

的成本均不高的情形下，他們反而容易加入叛軍。

除了從大樣本（large-N）觀察經濟因素對內戰發生的影響以外，學者也從個案理解兩者之間的關係（Deininger, 2003; Guidolin and La Ferrara, 2007）。前者透過烏干達的家計單位資料發現，教育程度愈高的家庭與社區，種植咖啡比例較低（咖啡在文中被視為可以短期栽植而獲益的經濟作物），以及較容易使用到公共財者比較可能降低內戰的發生；至於 Guidolin and La Ferrara（2007）從安哥拉內戰的例子中討論從事鑽石開採的企業是否受益自停戰，但發現相反的結果。首先，內戰對這些公司提供了一個阻礙其他公司進入的障礙，對某些公司而言停戰才是政治穩定的訊號，因此原先在安哥拉投資的公司獲益可能受到影響。其次，內戰使得政府難以維持對鑽石礦產的獨占權，在戰時許多開採權都來自於控制鑽石產地的安哥拉全面獨立國家聯盟（UNITA, União Nacional para a Independência Total de Angola or National Union for the Total Independence of Angola）之間的尋租與合作關係，一旦停戰後這些公司可能要面臨國家威信的鞏固以及改變前述關係的風險。最後，內戰時欠缺透明化的自然資源管理使得投資鑽石開採的公司與政府官員之間有賄賂與貪汙的往來，這在戰後則有可能受到制度改革而減少，也降低了投資方的獲利空間。作者認為，因為這三個因素，現有的公司有可能因為受益內戰而影響他們運用政治與經濟壓力終止內戰的動機（Guidolin and La Ferrara, 2007, 1992）。

　　相較於以國家或是社區作為觀察單位，Buhaug and Rød（2006）以空間計量經濟學（Spatial Econometrics）的技巧，檢視每 100×100 公里的格狀資料觀察影響非洲內戰的起因。他們發現在與經濟因素中的自然資源距離對於分離主義或是推翻政府的內戰有不同的效果。總體來說與油井的距離在統計顯著性上對抑制或是促進內戰的效果不足，但是鑽石則不一：接近鑽石礦藏抑制了分

離主義的內戰，但促長了推翻政府的內戰。作者對前者的解釋是人民可能透過其他方式處理其對政府的不滿；至於後者則是作為較容易開採並直接轉換成現金的礦藏，這助長了他們持續發動攻勢的意願。

至於 Krause and Suzuki（2005）以多個變數檢驗了發生在漠南非洲與亞洲內戰的成因，並發現人均所得與貿易開放度同時影響了這兩個地區發生內戰的可能性，並且在統計顯著度均達到 99% 下，人均所得與貿易開放度各增加一個標準差時，漠南非洲發生內戰的機率分別下降 93.2% 與 81.8%，而非洲國家若是石油輸出國（石油占國家輸出商品比例達 33% 者），發生內戰的機率將比非輸出國增加 262.9%。作者最後對此建議必須謹慎處理非洲經濟發展與貿易開放問題，同時減少產油國對石油的依賴。

從上述的文獻中其實可以發現，內戰特別容易發生在經濟情勢不佳與（或是）自然資源豐富的國家裡。在其他地區是如此，在相當符合上述條件的非洲大陸中可能更是如此。如果我們以世界銀行（World Bank）的標準來看，非洲唯一符合所謂高所得定義的國家[8] 只有產油的赤道幾內亞（World Bank, 2019）；且如第壹節所述，非洲除了石油產量約占世界的十分之一以外，礦產是三分之一，鑽石甚至達到三分之二（*Economist*, 2015a），這似乎使得非洲具備發生內戰的客觀條件，也使得外國行為者在投資非洲大陸時必須特別審慎。然而，我們亦可發現，經濟發展不佳與自然資源豐富被許多學者視為非洲大陸內戰爆發的主要成因，但是他們是否就能夠被視為自變數直接連結與內戰爆發的關係，亦或者僅是因果關

---

[8] 這裡指稱的高所得經濟體是指根據世界銀行定義，在 2017 財政年度時人均國民總所得（Gross National Income, GNI）高於或等於 12,056 美元者。

係中的中介變數（Mediator Variable）或是干擾變數（Intervening Variable）——自變數與依變數之間的關係，係建立在某依變數的出現上〔黃國光（譯），2014，82-83〕——卻仍需要進一步釐清。因為就經濟情勢觀之，如果經濟不振直接解釋了非洲大陸內戰爆發的原因，則當地近年來快速的經濟發展（非洲自二十一世紀以來 14 年的經濟表現較其他地區都好。參見註釋 3），也沒有抑制日益增加的政治騷亂問題（如第壹節所述）。況且非洲的維持和平任務近年均為最多，派駐在非洲的維和部隊人員甚至比全球其他所有地區總和還多（Stockholm International Peace Research Institute, 2014, 2015, 8）。如果自然資源是當地情勢動盪且內戰頻仍的主因，則又無法同樣適用其他地區具備自然資源，但政治經濟情勢相對穩定的國家，[9]這使得以經濟表現或自然資源作為內戰爆發的成因可能不無疑問。[10]

參、如何評估投資非洲大陸的政治風險？公有財產的觀點

一、何謂公有財產？

因此，如何從經濟角度降低或規避在非洲投資時遭遇到內戰此

---

[9] 先進國家因為自然資源導致經濟情勢惡化的著名例子，就是「荷蘭病」（Dutch Disease）。1960 年代荷蘭在北海發現天然氣以後促使荷蘭盾走強，但卻影響非石油產品的國際競爭力（Ebrahim-Zadeh, 2003）。

[10] 針對自然資源與內戰之間的關係，Ross（2004, 338）也提出兩者之間可能存在虛假相關性（Spurious Correlations）：例如法治不彰或是財產權問題可能才是兩者關係的可能肇因，因為法治不彰的國家可能無法吸引到外資，因此加重他們對於自然資源的依賴。

類型的政治風險，不僅在學理上能提供較客觀的評估以外，也能有助投資者規劃其投資策略。本文認為，McDonald（2007, 2009, 2010）一系列針對公有財產如何影響國家財政自主性及其對國家對外軍事行為的討論，恰能夠延伸應用並評估非洲大陸發生內戰的可能性，並提供評估政治風險時的參考。

相較於私有財產，所謂的公有財產是指政府自身能夠掌握並運用的財產，這其中又以如國營企業（State-Owned Enterprises, SOEs）等以國家獨資或占有絕大部分資產比例的企業或資源為主。一般而言，國家財政需要從人民徵稅作為運作基礎，因此，國家與人民之間會形成一種契約關係：受限於國家運作所需的收益一般來自稅收，政府或是政治領導人通常會盡可能地從人民身上徵集國家運作所需要的資源，與此同時延伸自己的統治範圍並提供多樣性的公共財予人民，同時允諾人民避免這些資源被政治人物濫用，以便持續從人民身上徵集資源（Levi, 1988, 2-3, 61）。換言之，政府為了國家運作的需求而徵稅，必須先取得人民同意，同時承諾限制這些資源被使用的範圍與程度，這在 Levi（1988）的說法中降低了政府的相對議價權力（Relative Bargaining Power）：藉由同意放棄或是禮讓某些政府職能獲取收益，這使得政府行為受到人民監督或限制變得可能（Diamond and Mosbacher, 2013; Levi, 1988, 61-62），並降低了政府的財政自主性。[11]

---

11 行政權基於稅收的需求受到人民限制權力的運用最典型的例子，就是 1688 年英國的光榮革命（Glorious Revolution）。在光榮革命後頒布的「權利法案」明文限制行政權（指當時的英國王室）徵稅需要得到國會同意，否則非法。這樣的政治與經濟後果分別在於人民藉由議會這個管道獲得了保障，避免王室任意運用其資產。且國王僅能將稅收運用在國會同意的項目中；而經濟上受到政治分權發展的影響，促成了英國金融市場的開始成長

相對來說，如果政府能夠自主掌握國家運作所需的資源，政治人物就有避免人民制約的可能性，避免社會對政府施政產生壓力，這從政府自主掌握財政資源中體現。對於政治人物來說，他們愈能夠找到本身所需的政治與經濟資源，就愈能夠降低對人民的財政依賴，同時據此提高人民對於他們的依賴。因此，政治人物欲避免受到私人影響並提高自主性，最理想的狀態就是獨占所有經濟活動（McDonald, 2007, 571-572）：將所有的經濟活動國有化，否則就是盡可能降低私人經濟活動在經濟體系中的重要性。奠基在這樣的推論上，McDonald（2007, 2009）進一步將此論述延伸到政府的對外行為之中，並認為在對外關係上，財政自主性較高的國家，例如透過掌握國有企業營收或資源的形式，較可能採取冒進的政策（意指發動或是升級軍事行動）。這是因為政府財政來源受到人民限制的程度較低，使得政府相對於財政自主性高者較不需要思考政策的成敗；再者，政府自主性收益可以變成政治人物鞏固既有支持基礎並藉由收買政敵擴大該基礎的籌碼，因為他們有可供自行運用的資源，當發現社會中有反對勢力興起時，他們可以藉由分配部分資源降低反對勢力對既有政權的不滿。[12]

（何思因，2005，87-88）。

[12] McDonald（2007, 573）舉出的一個例子就是委內瑞拉。在控制委國國營石油公司 PDVSA（Petróleos de Venezuela, S.A.）以後，除了營收直接流向2013 年過世的前總統 Hugo Chavez 建立的祕密帳戶豐登（Fonden），並且不受國會節制以外〔*Economist*, 2015b; Ellsworth and Chinea, 2012；謝惟敏（譯），2014，168〕，他並得以利用該筆基金推動社會支出法案贏得占委國人口約八成的中下階層支持〔謝惟敏（譯），2014，126-127〕，並使得對哥倫比亞的軍事行為變得更具侵略性。例如在某個固定供 Chavez 發表政見的電視節目上，他直接下令「派遣十個坦克旅到委內瑞拉與哥倫比亞的邊界去」〔謝惟敏（譯），2014，158〕。在非洲的例子可以看

二、公有財產如何影響內戰的發生？

　　儘管 McDonald（2007, 2009）的論述係闡述公有資產與國家對外軍事行為之間的關係，並不妨害我們將其說法借用來觀察國家內部是否會發生動亂的基礎。首先，對於內戰是否會爆發而言，取決於這場內戰爆發以前的成本效益評估。在 Collier and Hoeffler（2004）；Fearon and Laitin（2003）的文章中已經證實，內戰的爆發相當程度取決於當戰事發生並獲勝以後，叛亂（或交戰）團體評估對軍事武裝的投資是否能夠得到應有的報償。如果衝突的成本高於所得，內戰的發生可能性就會較低，否則較高。

　　因此，財政自主性高的政府對於叛亂團體是否意味著效益高於成本？應該有一個較清楚的答案，意即財政自主性較高的非洲國家有可能爆發內戰。在財政自主性高的國家裡，政府掌控了多數的經濟活動及其收益，並能夠根據自己的意志運用這筆收入，這使得執政者有相當的空間享用並運用資源，也成了叛亂團體在發動戰事前認知可能在獲勝以後可以掌握相對高的效益。因此，若以國家的經濟型態來看，擁有較高財政自主性者對於叛亂團體而言，尋求改變或是顛覆政體，甚至僅僅是分離部分領土就有很高的誘因（de Soysa and Fjelde, 2010; de Soysa, 2012）。這是因為在此類經濟體中，掌握了政府就等於掌握了收益，政治人物因為公有財產的特性不僅可以規避人民的監督或制約，也能夠有運作財富的空間（例

到赤道幾內亞。該國總統自 1980 年上任以來的持續統治以及對石油的掌控，使得該國幾乎不存在反對勢力，而唯一的反對黨在國會兩院中僅各掌握一席，且政黨運作與競選仰賴政府資助。該國流亡海外的異議分子 Tutu Alicante 也提到：「任何一個政府認為實力夠強的團體都會馬上被收編。……一草一木不是被收編到（執政黨），否則就是被徹底破壞」（Allison, 2014）。

如創造租金收買政敵或鞏固支持者）。因此對於叛亂團體而言，如果可以推翻政府，他們就能夠掌握國家所擁有的公有財產，在理性計算下，發動內戰以便取得政府與公有財產控制權的所得應該是高於成本的。

相對來說，財政自主性受到徵稅限制因此較低的政府，這種誘因可能不高。第一，對於政治團體而言，為能持續執政，政黨或是政治人物上台以後，受到人民關切稅收流向，無法任意運用資源而必須專注於提供以公共財的方式持續鞏固人民支持，若更換執政者僅在更換提供公共財的提供者，則叛亂團體並沒有動機這樣做，因為叛亂的目的多數是為了取得私有資源；再者，對人民而言，徵稅儘管代表部分財富被統治者拿走，但在某種程度上這卻確保了他們的財產權以及經濟發展的機會，並賦予政府保護稅收來源的動機（Olson, 1993）。同時，因為政府在投資基礎建設或是人力資本時的資源挹注，替人民塑造藉由投入經濟活動獲益的良好環境，同時降低了人民發動戰事的意願，因為從事一般經濟活動對他們而言，可以獲取的利益更多。而經濟愈是發展，愈可能提高因為戰事中斷經濟活動的成本，因此在主客觀條件上，均無法滿足衝突發生的可能性。

在第參之一節與上一段的論述近來得到實證支持（*Economist*, 2015; Martin, 2014）。研究中發現，非洲國家從人民或企業課徵的平均稅率（約為 17%）普遍低於歐美先進國家（約為 40%），並導致人民對政府的課責性（Accountability）降低。在普遍稅收較低（意即財政自主性較高）的國家裡，人民對於被課徵的所得如何被政府分配顯得較不關心，因此政府是否能夠提供公共建設或是其他有助經濟社會發展的基礎條件，較無法受到人民節制。但是當稅率增高以後，人民會因為關切自己被課徵的所得流向而更注意政

府施政，並增加若政府在分配資源失當時懲罰政治人物的意願。Martin（2014）以實驗設計的方式發現在烏干達，這種懲罰動機總體提高人民懲罰政治人物的可能性達 12%；而最具繳稅經驗的團體，懲罰政治人物的可能性甚至提高了 30%。

我們若以握有自然資源的非洲國家為例，也可以獲致類似的推論。以奈及利亞此一個案為例，根據美國能源資訊署（U.S. Energy Information Administration）的數據顯示，奈及利亞除了是非洲最大的產油國且擁有非洲大陸最大的天然氣儲量以外，並且是液化天然氣的世界前五大出口國（U.S. Energy Information Administration 2015a, 1），目前該國經濟主要出口結構（約占 95%）與政府收益來源（約占 80%）都是石油（Tovrov, 2012）。在目前政府擁有石油與其他自然資源的所有權下，受到貪汙等影響，「石油契約給予總統的朋友或是政治盟友，環境清潔基金落到政治人物口袋之中」（Tovrov, 2012）。石油所有權集中在聯邦政府手中的結果，是石油產地人民必須承受高度汙染（如汙染或是伐林），但數百公里以外的聯邦政府與支持者得以享受石油帶來的財富。這除了是造成 1960 年代末期作為當時奈及利亞主要石油產地的 Biafra（比亞法拉共和國）爆發四年（1967-1970）內戰的部分原因以外，1990 年代以來在該國石油主要產地的尼日河三角洲（Niger Delta）中，以「尼日河三角洲解放運動」（Movement for the Emancipation of the Niger Delta, MEND）[13] 為主的分離武裝運動，除了部分訴求將油元的財富能夠更高比例地回饋給當地人民外，也期望改變聯邦政府獨占自然資源所有權的現象，使石油所有

---

[13] 「尼日河三角洲解放運動」實際上為一個傘翼組織，其下有多個武裝團體（*Economist*, 2008）。

權能夠在地化（*Economist*, 2008; Tovrov, 2012）。

當然，對於執政者而言，為了能夠持續執政，他們也有可能以犧牲部分收益的方式收買叛軍，維持自身的政治生命與執政利益。但對於叛軍而言，公有財產由自己完全享有，會比從政府手中接受部分收益來得更有吸引力。再者，在平思寧著作（2015，485-486）中作者也提到，政府或許有可能在面臨急迫的叛亂問題時以籠絡方式消弭，但長期來看，無法藉由其他方式改變長期資源配置不公的問題，將無法改變人民或叛亂團體興兵的動機。

根據上述的推論，我們可以理解為什麼公有財產才是非洲內戰爆發的主要解釋變數，並可以理解財政自主性較高的國家如何導致經濟表現不佳以及（或）在依賴自然資源下導致內戰的爆發，這也等同將第貳節中有關是否經濟表現不佳與自然資源導致了內戰做一個釐清。首先，政府機關的職能通常與徵稅的能力連動，徵稅的能力愈強意味著國家的能力愈強（張文揚，2014a；Herbst, 2000, 113-114），並且因為徵稅所需，政府必須盡可能地提供可以擴大稅基的公共財，如道路、橋梁、教育等，以便藉由促進經濟成長擴大可以徵稅的資源。在財政自主性高的國家中，政府因為仰賴自身的財政收入，對於是否要刺激經濟成長擴大稅基的意願可能不高，提供的範圍以及層級也不大，這進一步影響政府機關的職能發展與經濟發展（Moore, 2004），並因此在經濟情勢普遍不佳的情形下，參加或發動內戰與不參加或是不發動內戰的成本差異並不大，但是獲益可能相當高，因此有可能導致內戰。

其次，因為自然資源本身高收益的特性，亦使得國家或是政治人物傾向藉由持續讓自然資源部門的國有維持財政自主性。自然資源經常被視為是一種「天上掉下來的禮物」（Windfalls），政府

可以直接從藉由出售自然資源獲取收益，並使得自然資源收益取代了從其他經濟活動中徵稅的需求。[14] 復以政府能夠利用這些從自然資源之中產生的租金藉以維持政權穩定，政治人物更有意願維持自然資源的國有化，但也因此提供了叛軍發動攻擊政府的誘因（如前述的案例）。

▍肆、實證模型與結果

要證實上述的說法與推論，本文以計量經濟學的模型操作之。由於計量經濟學模型的建構必須涵蓋一組包含被解釋項（意即依變數）以及至少一個解釋項（自變數）以上的變數，因此如何選擇、界定與操作這些變數將會影響到統計結果，也成為研究設計初始最需要注意之處。準此，除了下面提及的自變數與依變數以外，在主要參考並依據 Collier and Hoeffler（2002, 2004）、Fearon and Laitin（2003）、Dixon（2009）等多篇文章綜合參考了影響內戰爆發的幾個因素以後，[15] 本文也加入了幾項控制變數，分析它們如何

---

14 依賴自然資源收益作爲國家主要財政收入者有一專有名詞，稱爲「租金國家」或「食租國家」（rentier state. Barma, 2014; Beblawi, 1987）。一個典型的例子就是高度依賴石油作爲國家經濟命脈的中東，從人民或是企業徵得的稅收僅約占政府收益的 6%（Whitaker, 2010）。部分中東國家如沙烏地阿拉伯、科威特或是巴林，個人甚至不需要繳納所得稅（Miller, Kim and Holmes, 2015）。租金通常會導致尋租行爲（Rent-seeking Behavior），使「政府運用權力在人民團體之間轉移財富」（Conybeare, 1982, 25）。

15 在量化研究中被應用討論如何影響內戰（爆發、持續性或是嚴重性）的現象與對應的變數不下 200 個（Dixon, 2009）。本文依據這幾篇廣泛受到內戰研究學者引用的文章裡應用的變數作爲控制變數，避免自行決定變數產生選擇偏差（Selection Bias），並專注研究設計，使哪些變數應該被涵蓋

影響非洲大陸內戰的發生。這些變數的名稱、操作方式與資料來源分述如下。

一、依變數：內戰的爆發

　　本文的依變數：非洲大陸 54 個國家內戰爆發（Onset）是來自「Uppsala 衝突數據計畫」（Uppsala Conflict Data Program, UCDP）項下的「UCDP 單邊衝突爆發與發生數據」（UCDP Monadic Conflict Onset and Incidence Dataset. Gleditsch et al., 2002; Pettersson and Wallensteen, 2015），涵蓋時間為經過與下列變數資料蒐集時間比較以後重疊的 1980-2014 年。在「國家一年」（Country-Year）的數據結構下，本文將非洲某一國若在某一年爆發內戰編碼為 1，否則為 0。而爆發內戰是指境內武裝團體與政府軍之間當年有武裝交火，但不論發生了幾場，都只編為 1。內戰開始後縱使延續了好幾年，也都以開始當年為統計標準。最後，根據數據庫的定義，所謂的一場「衝突」是指死亡人數高於且不含 25 人以上的國內武裝衝突。

二、自變數：公有財產

　　本文最主要的挑戰是如何測量公有財產此一變數。儘管公有財產的意義在於政府掌握某些經濟部門或是活動，但是如何衡量政府在經濟活動中占有的角色，並不容易。對此，本文嘗試採取和 McDonald（2007, 2009）以及其他學者一致的方式，以所謂的「非

的爭辯可以減至最低，也不會有遺漏變數偏差（Omitted Variable bias）的問題（Clarke, 2005, 2012）。

稅收收益」（Non-tax Revenue）占國民生產毛額的比例（%）衡量。

　　根據多個定義綜合判讀（*Economic Times*, 2015; World Bank, 2019），所謂的非稅收收益是指政府持續從有別於稅收管道徵及到的所得，通常包含「社會貢獻和其他收入（例如：罰款、租賃、源自財產或銷售的收入）的現金。」[16] 應用非稅收收益可以較為準確地掌握所謂公有財產延伸出的財政自主性精髓，公有財產因為掌握在政府手中，資源的配置可以避免來自人民的壓力。在 Morrison（2011）對非稅收收益與社會支出的研究裡，他比較了墨西哥與肯亞在非稅收收益變動時，是否以及如何影響社會支出的改變。在多族群為特徵的肯亞，非稅收收益最主要來源的外援（Foreign Aid）被政治人物應用在鞏固自己的族群基礎上（Morrison, 2011）。這相當程度顯現非稅收收益受到政治人物自由支配的特性，與財政自主性有相當程度的一致。

　　再者，如同在第參節所述，政府與人民之間的關係受到徵稅制約。如果政府運作的基礎較多來自稅收，則勢必要受到人民較大的限制，以免自己繳納的稅金在分配上被錯置。相對而言，高度的政府財政自主性避免了這種限制。這使得在界定公有財產時有很大的方便性，亦即藉由政府收益來源中的非稅收收益，評價政府財政自主性。

　　最後，在綜合比較各個資料庫資料的完整性後，本文以國際稅務與發展中心（International Centre for Tax and Development,

---

[16] 本文變數係來自世界發展指數者，其中文名稱與定義均以中文官方網頁者為準：http://data.worldbank.org.cn/indicator。

ICTD)「政府收益數據」（Government Revenue Dataset, GRD）裡的非稅收收益為變數來源（Prichard, Cobham and Goodall, 2014），資料蒐集時間為 1980-2014 年。

三、控制變數

　　本文的控制變數將分別以經濟、政治與社會等多個組別呈現。首先，誠本文前幾節所述，經濟變數持續影響非洲國家的穩定性，並為本文的研究要旨之一。因此在經濟這組變數中分別包含了「國內生產毛額年成長率」（Gross Domestic Product, GDP, annual %）、人均國內生產總值（2005 年不變價美元）（GDP per capita, constant 2005 US$）以及「自然資源租金總額占 GDP 的百分比」（Total natural resources rents, % of GDP）。這三個變數的數值均來自世界銀行的「世界發展指數」（World Development Indicators, WDI. World Bank, 2019）。第二，人均國內生產總值以對數（log）操作。第三，根據「自然資源詛咒」（Resource Curse, Diamond and Mosbacher, 2013; Ross, 2004, 2006）理論，豐富的自然資源確實有可能影響到內戰的發生。因此，本文以世界發展指數中的「自然資源租金總額占 GDP 的百分比」（Total natural resources rents, % of GDP）此一變數操作。根據定義，所謂自然資源租金總額是指石油、天然氣、煤炭、礦產和森林租金之總和。本文並預期年成長率與人均 GDP 愈高的非洲國家發生內戰的機率愈低，至於自然資源租金占 GDP 百分比則會呈現相反的效果。

　　政治與社會這一組別的變數包含了兩個。首先是政治制度表現，資料來自經常受到學者引用，評價 1800 年以來人口規模至少在 500,000 以上各國政治體制表現的政體四（Polity IV. Marshall,

Gurr and Jaggers, 2014）資料庫。[17] 在該資料庫中，一國的政治體制表現分別根據威權以及民主的面向評估，各個面向的分數為一個 0 到 10 分的量尺，0 分分別代表最不威權（或民主），10 分則是最威權（或民主）。在操作上，本文以威權分數減去民主分數以後，得到一個介於 ±10 之間共 21 分的量尺，-10 為最不民主，+10 為最民主（Marshall, Gurr and Jaggers, 2014, 14-17）。如同目前部分研究顯示（Gleditsch and Ruggeri, 2010; Getmansky, 2013; Hegre, 2014），本文亦預期愈民主的非洲政治實體經歷內戰爆發的可能性愈低。

至於在社會變數上，本文主要檢視人口年成長率（annual %）對非洲內戰爆發的影響，非洲大陸急劇增長的人口對當地環境造成不小的壓力，在資源相對稀少的情形下，或有可能因此爆發武裝衝突爭奪生存必須的資源（張文揚，2014a）。人口年成長率的數據同樣來自世界發展指數。

四、計量經濟學模型

由於探討的對象為非洲大陸 54 個國家 1980-2014 年公有財產與內戰爆發之間的關係，因此「國家－年」的數據結構與計量經濟學中的時間序列式橫斷面（Time-series Cross-sectional）模型一致。本文採用了此類計量經濟方法中由 Liang and Zeger（1986）、Zeger and Liang（1986）發展的通則化估計等式（Generalized

---

[17] 因此，聖多美普林西比與塞席爾因國家人口數不足 500,000 而沒有被涵蓋在政體四中，這使得本文在不考量遺漏值下，進行實證模型檢驗前的非洲國家總數為 52 國。

Estimating Equation, GEE）檢視由上述變數構成的研究設計。[18]並且所有自變數與控制變數的時間均比依變數早一年，用以避免逆因果（Reverse Causality）關係的可能：以同一年的數據檢視時有依變數也可能會影響自變數與控制變數。最後，本文的統計結果與檢測以 Stata 14 執行（StataCorp, 2015）。

五、統計結果分析及討論

本文的統計結果請參考表 3.1，敘述統計部分則請參考附錄中的表 3.2。在表 3.1 中又有兩個模型，其中模型一為所有經濟變數對非洲大陸內戰爆發的影響，模型二則是加入了社會政治變數以後的完整模型。

首先，針對本文的主變數：以非稅收收益占國家 GDP 比例代理的公有財產來看，它與內戰爆發之間呈現正相關，並且在兩個模型中均達到統計上的顯著度（90%），這符合本文在第參節中的因果推論以及衍生的假設，亦即國家的財政自主性愈高，內部經歷內亂的機率就愈高。由於公有財產是本文的主要解釋變數與研究對象，因此從這個統計結果衍生出來對非洲大陸的觀察與建議討論，將緊接著在第伍節中進一步呈現。至於其他的控制變數，因為並非本文探討之重點，為了節省篇幅將不一一討論，但是若單以係數判讀，則係數（Coefficient）為正者則代表發生內部衝突的機率愈高，反之則愈低。至於係數有星號者，代表該變數在統計上影響依變數（本文為內戰爆發），反之則否。

---

[18] 國內衝突研究應用通則化估計等式的作品，可以參考張文揚（2014b）；薛健吾（2015）；平思寧（2015）。

表 3.1 非洲大陸公有財產與內戰爆發之間的關係，1980-2014 年

	模型一	模型二	
非稅收收益	3.095* (1.68)	3.191* (1.72)	
GDP 年成長率	0.00485 (0.45)	0.00461 (0.41)	
人均 GDP (logged)	-0.613*** (-3.60)	-0.619*** (-3.56)	
自然資源租金總額	0.0179* (1.93)	0.0180* (1.93)	
政治制度表現		0.0111 (0.51)	
人口年成長率		-0.00842 (-0.08)	
常數	0.603 (0.58)	0.667 (0.59)	
樣本數	1,411	1,410	
國家數	50	50	

括弧內為 t 檢定
*p < 0:10, **p < 0:05, ***p < 0:01

伍、中國大陸在非洲大陸的投資穩定嗎？

　　承前所述，中國大陸在非洲已經是最大的貿易夥伴，且其投資金額逐年攀升。然而，面臨「新殖民主義」的質疑以及非洲當前內部情勢的問題，這無疑將會使得中國的投資充滿許多不確定的變數。儘管中國本身提到對非洲大陸的投資並沒有任何附加條件，例如干預政治體制等（BBC 中文網，2015；中央社，2015b），但是現行非洲國家的經濟體制，卻有可能引發上述的內戰風險。再

者，經濟體制中的公有財產成分高，就有可能引發內戰，在內戰過程中縱使中國大陸並不選邊站或是不挹注任何一方，他們也必須面對若叛亂團體成功上台以後，將會推翻過去政府與中國大陸制訂契約的可能性。

然而，中國大陸的投資並非一定會遭遇到內戰風險，這端視非洲國家是否進行經濟改革而定。非洲大陸近年來因為高速經濟成長，也引發了部分國家思考如何改革經濟體制。例如烏干達在 2006 年發現石油後，其本身在開採石油上的潛力吸引了許多外資進入，但烏干達政府與學者們亦憂心豐富的石油礦產會削弱政府徵稅的必要性並引發內戰，特別是目前烏干達產油區，與先前的叛亂團體——聖主反抗軍（Lord's Resistance Army, LRA），及 1990 年代開始，持續到目前仍相當活躍的民主同盟軍（Allied Democratic Forces, ADF）根據地均相當接近（Kathman and Shannon, 2011; Veit, Excell and Zomer, 2011, 2-3）。

因此，觀察者認為，烏干達可以採取多項措施預防公有財產帶來的負面影響，「透明對於減輕來自石油開採的潛在國內動盪相當關鍵」（Kathman and Shannon, 2011, 23）。因此，相較於其他非洲國家，烏干達在政府資訊公開度上依然相對透明。根據 Veit, Excell and Zomer（2011）的報告顯示，除了憲法保障人民的知情權以外，烏干達同時也是非洲少數幾個有《資訊索取法》（Access to Information Act, ATI），規範政府資訊應該向公民公開的國家，在 2008 年烏干達新發布替代《能源政策》（Energy Policy）的《國家石油與天然氣政策》（National Oil and Gas Policy）中，也針對了自然資源開採保證「資訊的公開與索取對於在活動中有可能正面或負面地影響個人、社區與各省來說是基本權利……政策因此應該在授權、採購、鑽探、發展與生產營運，以及對來自石油與

天然氣的收益管理上，促進高透明與問責標準。政策也將以簡單且易懂的原則……支持來自石油與天然氣的支付與收益之揭露」（Veit, Excell and Zomer, 2011, 4）。上述的規定也得到烏干達總統 Yoweri Museveni 的支持，使得政策的推行同時具備法律基礎與行政支持。

再者，是否能夠將自然資源民營化，或許也是一個可以考量的方向（Luong and Weinthal, 2006; Weinthal and Luong, 2006）。不可否認的，公有財產對於一國政府的財政收益而言，無疑是相當具備吸引力，這使得如 Weinthal and Luong（2006, 42-46）主張民營化公有財產顯得難度較高，但是並非沒有可能。這樣的論點在於經由民營化，國家得以專注在健全金融與財政政策，同時因為國家財政轉為依賴民營部門，必須在促進經濟增長上更大程度地投入基礎建設，因此反而可以使人民因為經濟情勢改變而降低內部軍事衝突的可能。例如在波札那，波札那目前是非洲大陸最大的鑽石生產國，並且在全世界排名第二，僅次於俄羅斯（U.S. Geological Survey, 2015, 62）。儘管波札那高度依賴鑽石帶來的收益，該國的經濟發展並未受到資源詛咒的影響。相反的，1966 年獨立以後的波札那經濟增長速度驚人。學者與國際組織的報告普遍指出，波札那政府在鑽石所有權部分並不強調國有化，而是與最大的鑽石製造商 De Beers 達成協議，就該公司於境內開採的鑽石收取部分收益。這使得鑽石商免於擔心在非洲大陸獨立潮以後，經濟民族主義影響了該公司在當地的資產受到徵用，而當地國家則可因為公司先進的技術開採境內資源，復以該國有效的財政政策與公開透明制訂中程國家發展計畫（Medium-term National Development Plans, NDPs）管理鑽石收益，國家得以在經濟與政治穩定的環境下持續發展，並成為非洲大陸經濟表現相對良好，且政治發展相對民主

溫和的國家（Dunning, 2005; International Monetary Fund, 2007, 32-33）。

然而，正因為中國在非洲投資時並不附加任何政治或經濟改革的條件，或許有可能使中國及其企業比其他國家與企業面臨到更高的風險。更何況目前非洲有部分政治人物（如本文開頭的引言）質疑，中國大陸在非洲的投資是一種「新殖民主義」，這相當有可能使得中國大陸的企業在非洲，必須面臨到因為內戰或是以新殖民主義為藉口終止契約而面臨的損失。

陸、結論

本文的研究主旨是在判斷中國在非洲的投資可能面臨的政治風險，並以最嚴重的一種政治風險：內戰為例，從公有財產的角度觀察並解釋該風險在非洲大陸 54 個國家內部爆發的可能性。奠基在 McDonald（2007, 2009, 2010）一系列公有財產與對外政策與行為關係的討論上，本文首次將其論述延伸至國內衝突。在因果推論中，本文認為國家掌握的公有財產比例愈高，愈能夠取得經濟活動的財政自主性。這樣的結果在於國家避免徵稅帶來的人民壓力與限制，但也促使國內叛亂團體有發動衝突訴求改變政府的動機。

實證結果則解釋了在以非稅收收益代理的公有財產占 GDP 比例愈高，非洲國家發生內部衝突的可能性就愈大。對於這個研究發現，作者已經在第伍節中提出了對應的避險觀察指標。實際上，這些觀察指標不僅及於中國大陸，也可能適用其他欲前往非洲投資的國家與企業。然而本文也認為，相較於過去被抨擊的新殖民主義必須是由中國大陸本身在投資過程中化解當地人民的疑慮，非洲大陸本身的內戰則需要透過當地國家自己的經濟改革為之，這是兩種風

險最大的不同之處。不過不可否認的，中國大陸面臨到內戰與新殖民主義的壓力，將會使其在非洲投資的政治風險居高不下，也使得投資獲益增添了更多的不確定因素。本文的研究僅提出了一個相當初步的觀察，對於如何進一步全面性了解在非洲投資時可能面臨的問題，則仍需要後續的進一步努力。

▌附錄

說明：本文中的依變數性質屬質性或類別變數，因此敘述統計部分計算各類別內結果的發生（編碼 = 1）或不發生（編碼 = 0）的頻率（次數）。其餘變數多為量性變數，因此敘述統計中包含較常使用的平均數、標準差以及最小與最大值。變數資料來源為 Gleditsch et al.（2002）、Marshall, Gurr and Jaggers（2014）、Prichard, Cobham and Goodall（2014）、Pettersson and Wallensteen（2015）、World Bank（2019）。

表 3.2　敘述統計表

變數	發生	未發生			樣本數
內戰爆發	128	2,429			2,557
變數	平均數	標準差	最小值	最大值	樣本數
非稅收收益	0.064	0.094	-0.001	0.711	1,513
GDP 年成長率	4.033	8.007	-62.076	149.973	2,419
人均 GDP (logged)	6.583	1.021	4.228	9.654	2,431
自然資源租金總額	12.83	14.419	0	86.168	2,095
政治制度表現	-2.43	5.877	-10	10	2,582
人口年成長率	2.53	1.161	-6.343	11.034	2,969

參考書目

中文部分

「中非合作論壇：中國向非洲國家送大禮的『債務陷阱』？」，BBC中文網，〈https://www.bbc.com/zhongwen/trad/world-45587336〉（2018年9月3日）。

「中國與非洲的經貿合作（2013）白皮書」，中華人民共和國國務院新聞辦公室，〈http://www.scio.gov.cn/zfbps/ndhf/2013/Document/1344913/1344913.htm〉（2013）。

「中國鐵建員工　馬利洽談馬塞鐵路遇難」，中央社，〈http://www.cna.com.tw/news/acn/201511210246-1.aspx〉（2015年11月21日）。

平思寧，「自然資源與國內衝突：權力轉移理論的應用」，人文及社會科學集刊，第27期第3卷（2014），頁471-506。

何思因，「金融制度與國際競爭」，問題與研究，第44期第6卷（2005），頁79-101。

張文揚，「檢視政治能力與總生育率的關係：以漠南非洲1980到2011年為例」，政治科學論叢，第62期（2014），頁1-34。

張文揚，「民主和平論與非民主和平論之經驗檢證：政治制度相似性的關鍵作用」，人文及社會科學集刊，第26期第1卷（2014），頁1-39。

「陸投資非洲經濟學人：影響力被誇大」，中央社，〈http://www.cna.com.tw/news/acn/201511210300-1.aspx〉（2015年11月21日）。

「國家與地區：非洲地區」，中華民國外交部，〈http://www.mofa.gov.tw/CountryAreaInfo.aspx?CASN=D33B55D537402BAA&n=1C6028CA080A27B3&sms=26470E539B6FA395〉（2015）。

黃國光（譯），研究方法：入門與實務，第三版（台北：雙葉書廊，

2014）。

趙先進，「中國跨國企業如何防範東道國政治風險」，上海企業，2011年第 5 期（2011），頁 82-85。

鄧中堅，「新世紀中國大陸與非洲關係展望：新殖民主義與新自由主義之爭」，全球政治評論，第 47 期（2011），頁 35-58。

謝惟敏（譯），獨裁者的進化：收編、分化、假民主（新北市新店區：左岸文化，2014）。

薛健吾，「支持開放的國內政治聯盟對政治領袖的影響力：「貿易互賴」與「國際衝突」關係中的關鍵調節變數」，台灣政治學刊，第 19 期第 1 卷（2015），頁 147-240。

外文部分

"Africa and China: More than Minerals." *The Economist*, <http://www.economist.com/news/middle-east-and-africa/21574012-chinese-trade-africa-keeps-growing-fears-neocolonialism-are-overdone-more> (2013b).

Allison, Simon., "Equatorial Guinea: One Man's Fight against Dictatorship." *TheGuardian*, <http://www.theguardian.com/world/2014/jul/11/equatorial-guinea-human-rights-africa-dictatorship-tutu-alicante> (July 11, 2014).

Anyanwu, John C., "Economic and Political Causes of Civil War in Africa," *African Development Bank Economic Research Papers, No. 73*, <https://www.afdb.org/fileadmin/uploads/afdb/Documents/Publications/00157680-FR-ERP-73.PDF> (2002).

Armed Conflict Location & Event Data (ALCED) Project, *"Africa."* ACLED Project, <https://www.acleddata.com/data/> (2019).

Barma, Naazneen H, "The Rentier State at Work: Comparative Experiences of the Resource Curse in East Asia and the Pacific." *Asia and the Pacific Policy Studies*, Vol. 1, No. 2(2014), pp. 257-272.

Beblawi, Hazem, "The Rentier State in the Arab World." *Arab Studies Quarterly*, Vol. 9, No. 4(1987), pp. 383-398.

British Petroleum, *BP Statistical Review of World Energy June 2018* (Technical report London, UK: British Petroleum, 2014).

Buhaug, Halvard and Jan Ketil Rød, "Local Determinants of African Civil Wars, 1970-2001." *Political Geography* Vol. 25, No. 3(2006), pp. 315-335.

Clarke, Kevin A,"The Phantom Menace: Omitted Variable Bias in Econometric Research." *Conflict Management and Peace Science* Vol. 22, No. 4(2005), pp. 341-352.

Clarke, Kevin A, "More Phantom Than Menace." *Conflict Management and Peace Science*, Vol. 29, No. 2(2012), pp. 239-241.

Collier, Paul and Anke Hoeffler, "On the Incidence of Civil War in Africa." *Journal of Conflict Resolution*, Vol. 46, No. 1(2002), pp. 13-28.

Collier, Paul and Anke Hoeffler, "Greed and Grievance in Civil War." *Oxford Economic Papers* ,Vol. 56, No. 4(2004), pp. 563-595.

"Commodities in Africa: How Natural Resources Breed Violence." *The Economist*,<http://www.economist.com/blogs/freeexchange/2015/08/commodities-africa> (2015).

Conybeare, John A. C, "The Rent-Seeking State and Revenue Diversification." *World Politics* Vol. 35, No. 1(1982), pp. 25-42.

Cowen, Tyler, "Public Goods." *The Concise Encyclopedia of Economics, Library of Economics and Liberty*, <http://www.econlib.org/ library/Enc/PublicGoods.html> (2008).

"Countries in Trouble." *The Economist* (1986), pp. 25-28.

de Soysa, Indra, The Capitalist Civil Peace: Some Theory and Empirical Evidence. In *High-Value Natural Resources and Peacebuilding*, ed. Päivi

Lujala and Siri Aas Rustad. (London, UK: Earthscan, 2012), pp. 437-459.

de Soysa, Indra and Hanne Fjelde,"Is the Hidden Hand an Iron Fist? Capitalism and Civil Peace, 1970-2005." *Journal of Peace Research* Vol. 47, No. 3(2010), pp. 287-298.

"Definition of 'Non-tax Revenue'." *Economic Times,* <http://economictimes. indiatimes.com/definition/non-tax-revenue> (2015).

Deininger, Klaus,"Causes and Consequences of Civil Strife: Microlevel Evidence from Uganda." *Oxford Economic Papers*, Vol. 55, No. 4(2003), pp. 579-606.

Diamond, Larry and Jack Mosbacher, "Petroleum to the People: Africa's Coming Resource Curse-and How to Avoid It." *Foreign Affairs*, Vol. 92, No. 5(2013), pp. 86-98.

Dixon, Jeffrey, "What Causes Civil Wars? Integrating Quantitative Research Findings." *International Studies Review* Vol. 11, No. 4(2009), pp. 707-735.

Dunning, Thad, "Resource Dependence, Economic Performance, and Political Stability." *Journal of Conflict Resolution*, Vol. 49, No. 4(2005), pp. 451-482.

Ebrahim-Zadeh, Christine. 2003. "When Countries Get Too Much of a Good Thing." *Finance & Development*, Vol. 40, No. 1, <http://www.imf.org/external/pubs/ft/fandd/2003/03/ebra.htm>(2003).

Economist Intelligence Unit, *Playing the Long Game: China's Investment in Africa*. Technical report. <http://www.economistinsights.com/energy/analysis/playing-long-game> (2014).

Elbadawi, Ibrahim and Nicholas Sambanis, "Why Are There So Many Civil Wars in Africa? Understanding and Preventing Violent Conflict." *Journal of African Economies*, Vol. 9, No. 3(2000), pp. 244-269.

Ellsworth, Brian and Eyanir Chinea,"Special Report: Chavez's Oil-fed Fund Obscures Venezuela Money Trail." *Reuters*, September 26, 2012, <http://www.reuters.com/article/2012/09/26/us-venezuela-chavez-fund-idUSBRE88P0N020120926> (2012).

Fearon, James D. and David D. Laitin. 2003. "Ethnicity, Insurgency, and Civil War." *American Political Science Review*, Vol. 97, No. 1(2003), pp. 75-90.

Fingar, Courtney, "Oil in Latin America: The Good Oil Boys Club." *Financial Times*, May 19, 2015, <http://www.ft.com/cms/s/0/79ee41b6-fd84-11e4-b824-00144feabdc0.html#axzz3pp0IpG45> (2015).

Getmansky, Anna, "You Can't Win If You Don't Fight: The Role of Regime Type in Counterinsurgency Outbreaks and Outcomes." *Journal of Conflict Resolution*, Vol. 57, No. 4(2013), pp. 709-734.

Gleditsch, Kristian Skrede and Andrea Ruggeri. 2010. "Political Opportunity Structures, Democracy, and Civil War." *Journal of Peace Research*, Vol. 47, No. 3(2010), pp. 299-310.

Gleditsch, Nils Petter, PeterWallensteen, Mikael Eriksson, Margareta Sollenberg and Håvard Strand,"Armed Conflict 1946-2001: A New Dataset." *Journal of Peace Research*, Vol. 39, No. 5(2002), pp. 615-637.

Guidolin, Massimo and Eliana La Ferrara, "Diamonds Are Forever, Wars Are Not: Is Conflict Bad for Private Firms?" *American Economic Review*, Vol. 97, No. 5(2007), pp. 1978-1993.

Hegre, Håvard,"Democracy and Armed Conflict." *Journal of Peace Research*, Vol. 51, No. 2(2014), pp. 159-172.

Henderson, Errol A,"When States Implode: The Correlates of Africa's Civil Wars, 1950-92." *Studies in Comparative International Development*, Vol. 35, No. 2(2000), pp. 28-47.

Herbst, Jeffrey, *States and Power in Africa: Comparative Lessons in Authority and Control*. (Princeton, NJ: Princeton University Press, 2000).

International Monetary Fund, *Guide on Resource Revenue Transparency*. (Washington, D.C.: Fiscal Affairs Department, International Monetary Fund, 2007).

Kathman, Jacob Kathman and Megan Shannon,"Oil Extraction and the Potential for Instability in Uganda." *African Studies Quarterly*, Vol. 12, No. 3(2011), pp. 23-45.

Krause, Volker and Susumu Suzuki,"Causes of Civil War in Asia and Sub-Saharan Africa: A Comparison." *Social Science Quarterly*, Vol. 86, No. 1(2005), pp. 160-177.

Levi, Margaret, *Of Rule and Revenue*. (Berkeley, CA: University of California Press,1988).

Liang, Kung-Yee and Scott L. Zeger. 1986. "Longitudinal Data Analysis Using Generalized Linear Models." *Biometrika*, Vol. 73, No. 1(1986), pp. 13-22.

Luong, Pauline Jones and Erika Weinthal,"Rethinking the Resource Curse: Ownership Structure, Institutional Capacity, and Domestic Constraints." *Annual Review of Political Science*, Vol. 9(2006), pp. 241-263.

Marshall, Monty G., Ted Robert Gurr and Keith Jaggers, *Political Regime Characteristics and Transitions, 1800-2013: Dataset Users' Manual* (2014).

Martin, Lucy. 2014. "Taxation, Loss Aversion, and Accountability: Theory and Experimental Evidence for Taxation's Effect on Citizen Behavior", <http://sites.duke.edu/2014.mp/_les/2014/10/MartinTaxAcc.pdf> (2014).

McDonald, Patrick J, "The Purse Strings of Peace." *American Journal of Political Science*, Vol. 51, No. 3(2007), pp. 569-582.

McDonald, Patrick J, *The Invisible Hand of Peace: Capitalism, the War Machine, and International Relations Theory*. (New York: Cambridge University Press, 2009).

McDonald, Patrick J. 2010. "Capitalism, Commitment, and Peace." *International Interactions*, Vol. 36, No. 2(2010), pp. 146-168.

Miller, Terry, Anthony B. Kim and Kim R. Holmes, *2015 Index of Economic Freedom*. (Washington, DC and New York: The Heritage Foundation & The Wall Street Journal, 2015).

Moore, Mick. 2004. "Revenues, State Formation, and the Quality of Governance in Developing Countries." *International Political Science Review*, Vol. 5, No. 3, pp. 297-319.

Morrison, Kevin M,"Nontax Revenue, Social Cleavages, and Authoritarian Stability in Mexico and Kenya: 'Internationalization, Institutions, and Political Change' Revisited." *Comparative Political Studies*, Vol. 44, No. 6(2011), pp. 719-746.

"No Representation without Taxation." *The Economist,* <http://www.economist.com/news/_nance-and-economics/21642199-behavioural-argument-higher-taxes-no-representation-without-taxation> (2015).

Nossiter, Adam, "China Finds Resistance to Oil Deals in Africa." *New York Times*, September 18, 2013, <http://cn.nytimes.com/ world/20130918/c18africaoil/en-us/> (2013).

OECD Environmental Outlook to 2050: The Consequences of Inaction. (Paris, France: OECD Publishing, 2012).

"Oil in Latin America: The Good Oil Boys Club." *The Economist*, <http://www.economist.com/news/business/21657827-latin-americas-oil-_rms-need-more-foreign-capital-historic-auction-mexico-shows> (2015).

Olson, Mancur, "Dictatorship, Democracy, and Development." *American*

Political Science Review, Vol. 87, No. 3(1993), pp. 567-576.

Pettersson, Therése and Peter Wallensteen, "Armed Conflicts, 1946-2014." *Journal of Peace Research*, Vol. 52, No. 4, pp. 536-550.

Prichard, Wilson, Alex Cobham and Andrew Goodall. 2014. *The ICTD Government Revenue Dataset*. Technical Report 19, (Brighton, UK: International Centre for Tax and Development, 2014), <http://www.ictd.ac/sites/default/_les/ICTD%20WP19.pdf>.

"Risky toughness." *The Economist,* <http://www.economist.com/node/12267373> (2008).

Ross, Michael,"A Closer Look at Oil, Diamonds, and Civil War." *Annual Review of Political Science*, Vol. 9, No. 1(2006), pp. 265-300.

Ross, Michael L,"What Do We Know about Natural Resources and Civil War?" *Journal of Peace Research*, Vol. 41, No. 3(2004), pp. 337-356.

Sanusi, Lamido, "Africa Must Get Real about Chinese Ties." *Financial Times*, <http://www.ft.com/cms/s/0/562692b0-898c-11e2-ad3f-00144feabdc0.html#axzz3QvQ7uriL> (2013).

Sen, Amartya, *On Economic Inequality*, (New York: Oxford University Press, 1973) "Special Report: Emerging Africa." *The Economist*, 406(8825), pp. 1-16, <http://www.economist.com/blogs/baobab/2013/02/special-report-emerging-africa> (2013a).

StataCorp, *Stata Statistical Software: Release 14*. (College Station, TX: StataCorp LP, 2015).

Stockholm International Peace Research Institute, *SIPRI Yearbook 2014: Armaments, Disarmament and International Security, Summary*. Technical report. Solna, Sweden: Stockholm International Peace Research Institute. <http://www.sipri.org/yearbook/2015/downloadable-files/sipri-yearbook-2015-summary-pdf> (2014).

Stockholm International Peace Research Institute,*SIPRI Yearbook 2015: Armaments, Disarmament and International Security, Summary*. Technical report. Solna, Sweden: Stockholm International Peace Research Institute. <http://www.sipri.org/yearbook/2015/downloadable-files/sipri-yearbook-2015-summary-pdf> (2015).

Sun, Yun, *Africa in China's Foreign Policy*. Technical Report. (Washington, DC: John L. Thornton China Center and Africa Growth Initiative, Brookings Institution, 2014).

Tovrov, Daniel. 2012. "Nigeria: Oil, Poverty, and an 'Ungodly Mess'." *International Business Times*, February 12, 2012, <http://www. ibtimes. com/nigeria-oil-poverty-ungodly-mess-214039> (2012).

UNHCR. 2015. "Middle East and North Africa." United Nations High Commissioner for Refugees, <http://www.unhcr. org/pages/4a02d b416. html> (2015).

U.S. Energy Information Administration, "Country Analysis Brief: Nigeria (Last Updated: February 27, 2015)." U.S. Energy Information Administration, <http://www.eia.gov/beta/international/ analysis_includes/ countries long/Nigeria/nigeria.pdf> (2015).

U.S. Energy Information Administration. 2015b. "Middle East & North Africa." U.S. Energy Information Administration, <http://www.eia.gov/ countries/mena/> (2015).

U.S. Geological Survey, *Mineral Commodity Summaries 2015*. (Reston, VA: U.S. Geological Survey, 2015).

Veit, Peter, Carole Excell and Alisa Zomer, *Avoiding the Resource Curse: Spotlight on Oil in Uganda*, Technical Report Working Paper (Washington, DC: World Resources Institute, 2011) <http://www.wri.org/ publication/ avoiding-resource-curse>.

Weinthal, Erika and Pauline Jones Luong,"Combating the Resource Curse: An Alternative Solution to Managing Mineral Wealth." *Perspectives on Politics*, Vol. 4, No. 1(2006), pp. 35-53.

Whitaker, Brian. 2010. "Why Taxes Are Low in the Middle East." *The Guardian*, August 23, 2010, <http://www.theguardian.com/commentisfree/2010/aug/23/why-axes-low-arab-world> (2010).

World Bank, "World Development Indicators." *The World Bank,* <http://databank.worldbank.org/data/reports.aspx?source=world-development-indicators> (2019).

World Bank, "Country and Lending Groups." *The World Bank*, <http://data.worldbank.org/about/country-and-lending-groups> (2015).

World Bank, "Middle East and North Africa." *The World Bank*, <http://www.worldbank.org/en/region/mena> (2015).

Zeger, Scott L. and Kung-Yee Liang, "Longitudinal Data Analysis for Discrete and Continuous Outcomes." *Biometrics*, Vol. 42, No. 1(1986), pp. 121-130.

4 變化中的中拉經濟關係：多元化及其前景

郭潔

北京大學國際關係學院副教授

二十一世紀以來，全球化與市場的力量，將一在天之涯、一在地之角的中國和拉丁美洲與加勒比地區（以下簡稱拉美）愈益緊密地聯繫在了一起。雙方在經濟上的相互依存與合作達到了前所未有的高度，中國一躍成為拉美在亞洲最重要的交易夥伴以及主要的投資和融資來源國。近幾年，中拉雙方亦積極努力，共同推進中國政府「一帶一路」倡議與拉美地區整合進程的融合與對接，為雙邊關係未來注入更為持久的動力。

關鍵字：
中拉關係、「一帶一路」、中拉貿易、經濟合作

壹、中拉貿易：增長奇蹟與結構問題

中國改革開放 40 年間，中拉經濟交往日益增多。2001 年中國加入世界貿易組織，為雙方經貿領域的合作打開了機會之窗，此後雙邊貿易額增速迅猛，從 2000 年至 2018 年，增長約 24 倍（參見圖 4.1）。拉美一躍成為全球對中國出口增速最快的地區，而中國則晉升為拉美第二大交易夥伴國。聯合國拉丁美洲和加勒比經濟委員會（Comisión Económica para América Latina y el Caribe，以下簡稱拉美經委會）2018 年 12 月發布報告稱，中國是該地區最具活力的交易夥伴。[1] 目前，中國是巴西、智利、秘魯、烏拉圭等國的第一大交易夥伴，哥倫比亞、委內瑞拉、阿根廷、古巴等國的第二大交易夥伴。巴西是拉美最大的經濟體，據巴西發展、工業和外貿部（Ministério do Desenvolvimento, Indústria e Comércio Exterior）提供的資料，2019 年 1-11 月，中巴貿易額約占其同期對外貿易總額的四分之一（902.83 億美元）。[2] 考慮到中巴貿易歷年數值亦約占中國同拉美貿易總額的三分之一強，雙方貿易關係的進一步增強對整個地區的意義不可小覷。

---

[1] Economic Commission for Latin America and the Caribbean (ECLAC), *International Trade Outlook for Latin America and the Caribbean, 2018* (LC/PUB.2018/20-P), Santiago, 2018.

[2] 巴西發展、工業和外貿部網站對外貿易資料庫，〈http://www.mdic.gov.br/index.php/comercio-exterior/estatisticas-de-comercio-exterior/balanca-comercial-brasileira-acumulado-do-ano〉。

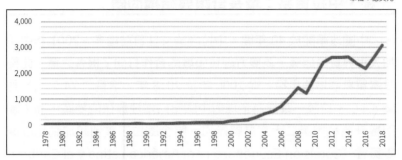

圖 4.1　1978-2018 年中拉貿易額變化

資料來源：《中國對外經貿年鑒》、《中國海關統計年鑒》等統計資料（相關年份版）。

注：1979 年以前為外貿業務統計資料，1980 年以後為海關進出口統計資料。

　　不過，眾所周知，在這些樂觀數字的背後，肉眼可見的貿易結構失衡的問題也一直存在：拉美出口至中國的產品，種類較少，以自然資源為主；而中國出口至拉美的產品，品種多元，以資本貨物居多。該地區目前對中國出口最多的國家主要集中在南美洲，其次是墨西哥和中美洲；主要交易夥伴對中國的出口亦集中於一些中國需求旺盛的初級產品上。其中，礦產資源異常豐富的安地斯國家秘魯、智利、玻利維亞是中國銅、鐵、鉛、鋅、金等金屬礦產的主要進口來源國，相關礦產品的出口構成其對中國出口額的主要部分。秘魯在此方面尤為典型，根據該國各年度發布的《秘中雙邊貿易報告》，在過去十幾年間，秘魯對中國出口的傳統產品（即主要礦產品以及少量如魚粉、魚油等漁業產品）所占比重始終居高不下。以 2018 年為例，占比達到 96% 以上，其中，又以銅占比最大，為 72.2%；其次為魚粉，占比 9.5%；位列其後的鋅、鉛、鐵等占比略小，分別為 4.8%、4.8% 和 3.5%。秘魯政府多年來雖力推非傳統產品的出口，但就數額來看，效果尚不顯著（參見圖4.2）。

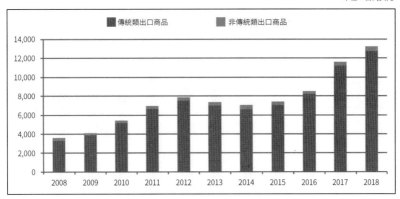

圖 4.2　2008-2018 年秘魯對中國出口商品數額及構成

資料來源：Ministerio de Comercio Exterior y Turismo, Viceministerio de Comercio Exterior, Dirección General de Investigación y Estudios sobre Comercio Exterior, "Reporte Comercio Bilateral (RCB) Perú-China: Anual 2018," p. 2.

　　相比之下，中國出口秘魯的產品則較為多樣，目前占比最高的為手機及其零組件（10.7%），其次為鋼鐵、自動資料處理器、紡織品、鞋類、電視、電信設備等。以原材料、日用消費品、資本品三大類來看，在相應年份基本呈均衡增長態勢（參見圖 4.3）。

　　大致相仿的圖景同樣出現在中國與巴西、阿根廷等大西洋沿岸南美國家的貿易關係中。據巴西外貿秘書處統計，植物產品、礦產品、纖維素漿和紙張為 2018 年巴西對中國出口的三大類主力產品，出口額分別為 274.3 億美元、262.4 億美元和 35.9 億美元。整體看來，初級產品占比在八成以上（其中又以大豆和鐵礦石最為集中），工業製成品和半工業製成品占比依舊在低位徘徊。對比之下，2018 年中國對巴西的出口貿易中，勞動密集型產品繼續保持優勢，機電產品、化工產品和運輸設備三類產品合計占中國對巴西出口總額的近七成（68.8%）。此外，紡織品及原料、卑金屬及製

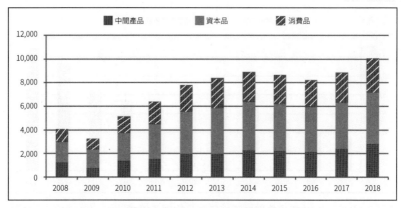

圖 4.3　2008-2018 年秘魯從中國進口商品數額及構成

資料來源："Reporte Comercio Bilateral (RCB) Perú-China: Anual 2018," p. 3.

品等亦在巴西自中國進口的大類商品之列。[3]

　　阿根廷的情況也頗類似，從對中國出口產品種類看，大宗農產品所占比重更為突出。據阿根廷國家統計局公布的 2018 年度外貿資料，阿根廷對中國出口總值為 42.1 億美元，較 2017 年下降 2.6%。動物產品躍升為阿根廷對中國出口的第一大類商品，以油籽為主的植物產品滑居次位，動植物油脂為第三大類出口商品，以上三者合併占比達七成以上。同期，中國對阿出口總值 120.7 億美元，同巴西相似，機電產品是第一大類商品，占比 51.4%；其次為化工產品，占比 12.6%；運輸設備、紡織品及原料和傢俱、玩具等

3　商務部綜合司、商務部國際貿易經濟合作研究院，**國別貿易報告：巴西**，第 1 期（2019 年），〈https://countryreport.mofcom.gov.cn/record/qikan110209.asp?id=10783〉。

主要進口品合計占阿根廷自中國進口總額的 18.7%。[4]

　　很多年來，這樣一種中拉貿易關聯式結構，從某種意義上講，一方面體現了靜態比較優勢，另一方面確實也意味著拉美國家潛在的貿易收益僅局限在少數幾個優勢領域。此外，由於中國需求強勁，對中國貿易可能加劇拉美國家在這些領域的專業化，自然就產生出未來發展是否具有可持續性的擔憂。同樣，對中國來說，某些特定大宗商品的供給來源地過於集中，長期看也是一種風險。事實上，考慮到次區域間的差異以及各國的國際專業化程度不同，對於那些同是大宗商品和中低端技術商品出口國且有著貿易保護主義傳統的國家（如巴西、阿根廷），以及那些以勞動密集型商品出口為主並輔以自然資源出口（如墨西哥）或自然資源較為匱乏的國家（如中美洲和加勒比眾多經濟體）來說，中國這個交易夥伴所帶來的顯然並非全然是福，特別對後者而言，事實可能恰恰相反，來自中國的競爭使其所受約束最大。這種緊張也在一定程度上解釋了，為何拉美國家對中國出口產品發起貿易救濟調查案件持續多年居高不下。根據世界貿易組織提供的資料，1995 年至 2018 年，僅巴西、阿根廷、墨西哥、哥倫比亞、秘魯五國對中國發起的案件數之和即占到同期全球對中國反傾銷調查案件總數四分之一以上。[5]

4　商務部綜合司、商務部國際貿易經濟合作研究院，**國別貿易報告：阿根廷**，第 1 期（2019 年）。〈https://countryreport.mofcom.gov.cn/record/qikan110209.asp?id=10914〉。

5　具體數據資料參閱 "Anti-dumping Initiations: Reporting Member vs Exporting Country 01/01/1995-31/12/2018," *World Trade Organization*, <https://www.wto.org/english/tratop_e/adp_e/AD_InitiationsRepMemVsExpCty.pdf> (August 1, 2019)。

中拉貿易關係中諸如此類的結構性問題並非新鮮話題，雙方都已清楚意識到，相比貿易額的單純飆升，如何優化貿易結構、拓展貿易新領域、增強彼此貿易安全感，對推進雙邊關係健康和可持續發展具有更為深遠的意義。

貳、投資之旅：資源尋求的驅動與局限

中國商務部新近發布的資料顯示，截至 2018 年底，中國對拉美地區非金融類直接投資累計達 4,067.7 億美元。除去英屬維京群島、開曼群島等離岸金融中心外，資金主要流向了巴西、委內瑞拉、阿根廷、秘魯、墨西哥、厄瓜多等國。[6] 最近十幾年間，中國企業對拉投資呈現快速增長之勢，引發了國際社會廣泛關注。不過，這一熱話題其實並非如同人們想像的那樣新鮮，因為中國較大規模的投資進入拉美絕非新近之事，而是大致可追溯至 27 年前，即北京首都鋼鐵總公司（以下簡稱首鋼）進入秘魯之時，換言之，大大早於我們今天耳熟能詳的「走出去」戰略的正式提出。

就像中國改革開放進程中許多大膽的嘗試一樣，這第一步的邁出，今天看來，雖頗有戰略遠見，但在當時，卻多少有點機緣巧合，當然，亦離不開特定的政治經濟背景。1990 年，藤森就任秘魯總統，此後為扭轉宏觀經濟形勢，著手推進新自由主義經濟改革方案，國有秘魯鐵礦公司成為首個被列入私有化日程的大型國企。上世紀 90 年代初的首鋼，也正在有意識地追蹤國際礦業訊息，尋求為其即將擴大的生產能力——特別是擬在山東濟寧籌建

6　商務部、國家統計局和國家外匯管理局，2018 年度中國對外直接投資統計公報（北京：中國商務出版社，2019），頁 60-61。

的年產能計畫達至 500 至 1,000 萬噸的齊魯鋼鐵廠——找到長期而穩定的原材料來源。1992 年，秘魯政府啟動了對秘魯鐵礦公司的國際招標，而同年，在中國領導人的直接推動下，國務院發文進一步擴大首鋼自主權改革試點，首鋼由此擁有了更大的投資立項權、對外經貿與外事權以及資金融通權。在對秘魯局勢及秘鐵情況做了一定調研後，首鋼決定參與競標，並於 1992 年 11 月 5 日以 1.18 億美元的出價（遠高於拍賣底價五倍的價格）贏得此標，收購了秘魯鐵礦公司 98.4% 的股權，相應獲得其所屬 670 平方公里瑪律科納（Marcona）礦區內礦產資源的永久勘探、開採與經營權及其他連帶資產。[7]

此後，伴隨國內對銅、鐵、金、鋁土等戰略性礦產的需求不斷增長，差不多在首鋼進入秘魯的 15 年後，愈來愈多從事金屬礦勘探、開採、冶煉、加工以及貿易的企業，陸續踏上這塊神奇的「新大陸」，開始了他們的投資之旅。不難理解，與稟賦條件相適應，所有較大規模的專案基本均集中於金屬礦儲量豐富的安地斯國家。其中，秘魯因位處成礦帶中部、礦藏種類繁多、法律法規較完善、投資政策較連貫、相關服務產業也較發達，特別是投資回報率總體較高等原因，吸引了最大量的中國礦業投資。目前涉及數額較大的專案，除以上提到的首鋼秘魯鐵礦瑪律科納及其擴建工程外，特別值得一提的，還有中國五礦集團公司以 58.5 億美元交易對價從嘉能可－斯特拉塔（Glencore Xstrata）手中收購的拉斯邦巴斯（Las Bambas）銅礦，以及中國鋁業公司以 8.6 億美元從加拿大秘魯銅業公司（Peru Copper Inc.）購得的特洛莫

7　相關案例研究參閱郭潔，「首鋼秘魯鐵礦項目的歷史與變遷」，**國際政治研究**，第 1 期（2015），頁 51-73。

喬（Toromocho）銅礦。比較來看，首鋼秘魯鐵礦屬已實施熟礦，五礦拉斯邦巴斯和中鋁特洛莫喬兩個項目則系建成新礦，興建過程中均斥鉅資實施了相應的新城建設和礦區居民搬遷工程。除上述三個較大規模的礦業項目外，其餘在秘中資企業投資的多為區塊，包括中國五礦與江西銅業公司共同出資收購的加拿大北秘魯（Lumina）銅業股份有限公司位於卡哈馬卡大區的格蘭諾（Galeno）銅金礦項目、廈門紫金銅冠投資發展有限公司在秘魯的白河（Rio Blanco）銅鉬及周邊區域的礦業開發專案、南金兆集團在阿雷基帕省卡拉韋利地區的邦溝（Pampa de Pongo）鐵礦專案、莊勝礦業集團公司在阿雷基帕省雅拉班巴區的薩卡納（Cercana）斑岩型銅礦項目等。

在拉美，與以上煉企、礦企差不多同一時段體會著相似煩惱與成長感悟的，還有中國的石油企業。對後者來說，當年決定踏出國門，與首鋼亦有幾分相似，更多由現實需求所推動，或亦輔以一定程度還不是特別清晰的布局意識。中國改革開放以來，伴隨著社會經濟的穩步發展，石油消費量一直呈穩步增長態勢，1993 年產需首次出現缺口，中國亦由石油淨出口國變成淨進口國。正是在這樣的背景下，中國油企開始「走出去」。這一年，專門從事陸上石油勘探與開採的中國石油天然氣總公司（以下簡稱中石油）率先邁開第一步。有意思的是，該公司首個油田開發專案同樣落地秘魯。

1993 年 10 月，中石油所屬中美石油開發公司中標獲得秘魯西北部塔拉拉油田第七區塊開發權益，次年底又競得相鄰的第六區塊的開發作業權。按中石油自己的說法，以上秘魯兩個區塊專案開創了中國的石油企業走向國際市場、參與國際油氣勘探開發活動的先

河。[8] 此後 10 年間，作為唯一在拉美有油氣投資業務的大型石油央企，中石油的投資開發重點主要集中於三個國家，一個是被其視為大本營的秘魯，另一個是秘魯北部鄰國厄瓜多，再一個則是擁有全球最大原油儲備資源的委內瑞拉，而進入後兩個國家的方式與秘魯相似，亦是從接管老油田開始。2003 年底，從中國最大外貿公司中國化工進出口公司改制而來的中化集團公司，收購了美國康菲公司（ConocoPhillips）厄瓜多全資子公司 CRS，開啟了在拉美的投資。2005 年 9 月，主營煉油生產與經營等下游業務的中國石油化工集團（以下簡稱中石化）聯手中石油，通過收購國際同行資產方式，擁有了在拉美的第一個專案份額。2008 年 10 月，主要從事近海石油勘探的中國海洋石油公司（以下簡稱中海油），亦循著相似路徑，與中石化合作以 3.2 億美元購入加拿大塔利斯曼能源公司（Talisman Energy Inc.）在千里達和托巴哥的油氣資產，進入拉美。

2009 年對於中國在拉美的化石能源投資來說，是頗有分水嶺意義的年份。自此之後，中國在拉美的能源投資表現出兩個不同的特點：其一，投資方式日漸呈現某種偏好。此前，相關專案的取得多是通過招投標、與所在國石油公司合資勘探開發或合作經營、從私人公司手中購買區塊權益等途徑，僅有少量通過跨國併購，而自 2009 年之後，除個別項目外（如 2010 年中化集團公司對秘魯馬拉農盆地和烏卡亞利盆地的五區塊應標專案），後一種方式，

8　中國石油天然氣集團公司，中國石油在拉美（北京：中國石油天然氣集團公司，2013），頁 5。〈https://www.cnpc.com.cn/cnpc/cnpczqq/201404/022 2d7bfe7e043c78d266f7c4c0a6150/files/75c79a048aea444b8b25042bbfd6e744. pdf〉（2019 年 9 月 15 日）。

特別是從那些在拉專案運作成熟，但受金融危機影響而資金困難的歐美跨國公司手中收購戰略資產，明顯成為主流。其二，投資金額激增，地域進一步拓展。在 2009 年之後特別是自 2010 年開始，在拉美的數項油氣資源收購項目投入金額多在十億或幾十億美元以上，直接推動中國對拉美非金融類直接投資流量連續兩年超過百億美元；從分布上看，差不多覆蓋了拉美範圍內幾乎所有石油主產國。表 4.1 列出了 1993 年以來中國油企在拉美的投資專案。

表 4.1　中國企業在拉美的石油投資項目

時間	投資主體	項目描述
1993 年 10 月	中石油	秘魯塔拉拉七區塊油田項目。
1995 年 7 月	中石油	秘魯塔拉拉六區塊油田項目。
1997 年 6 月	中石油	委內瑞拉卡拉高萊斯（Caracoles）油田和英特甘博（Intercampo）油田項目（即陸湖項目）。
2001 年 6 月	中石油	與委內瑞拉國家石油公司合資的奧里乳化油項目。
2003 年 8 月	中石油	厄瓜多亞馬遜 11 區塊油田項目。
2003 年 11 月	中石油	收購阿根廷伯樂士石油公司（Pluspetrol）在秘魯亞馬遜地區操作的 1AB/8 區塊 45% 的權益。
2003 年 12 月	中化集團	收購美國康菲公司（ConocoPhillips）全資子公司 CRS 資源（厄瓜多）公司，獲得其在厄瓜多 16 區塊 14% 的權益。
2005 年 8 月	中石油中石化	收購加拿大能源公司（EnCana）厄瓜多五個區塊油氣資產。
2005 年 12 月	中石油	秘魯 111/113 區塊風險勘探專案。
2006 年 8 月	中石油	與委內瑞拉國家石油公司合資開發蘇馬諾（Zumano）油田專案。
2006 年 9 月	中石化	聯合印度石油與天然氣公司分別購得美資企業哥倫比亞奧米麥克斯（Omimex）石油公司 25% 的股份。

（續表 4.1）

時間	投資主體	項目描述
2007 年 3 月	中石油	與委內瑞拉國家石油公司合作擴大奧里諾科重油帶合作專案。
2007 年 3 月	中石化	購得委內瑞拉 POSA 海上油田項目 80% 的權益。
2009 年 5 月	中石化 中海油	收購塔利斯曼能源公司在千里達和托巴哥擁有的全部油氣資產。
2009 年 10 月	中化集團	收購英國艾默儒德能源公司（Emerald Energy PLC）100% 的股權，獲得哥倫比亞 8 個區塊 50%～100% 的權益以及秘魯 163 區塊 100% 的權益。
2010 年 3 月	中海油	與阿根廷布里達斯能源公司（Bridas Energy Holdings）將其子公司布里達斯公司改組為各方持股 50% 的合資公司，並由此獲得相應資產權益。
2010 年 5 月	中化集團	收購挪威國家石油公司擁有的巴西佩雷格里諾（Peregrino）油田項目 40% 的權益。
2010 年 10 月	中化集團	中標秘魯馬拉農（Maranon）盆地的 178、185、165 和烏卡亞利（Ucayali）盆地 173、175 共 5 個勘探區塊。
2010 年 10 月	中石化	收購西班牙石油公司雷普索爾巴西資產 40% 的權益。
2010 年 12 月	中石化	收購美國西方石油公司阿根廷子公司全部資產。
2010 年 12 月	中石油	與委內瑞拉國家石油公司合資經營奧里諾科重油帶胡寧 4 區塊項目。
2011 年 2 月	中海油	持股的阿根廷泛美能源公司收購美國埃克森美孚公司在阿根廷、巴拉圭、烏拉圭的部分資產。
2012 年 1 月	中化集團	購入法國佩朗科（Perenco）石油天然氣巴西有限公司擁有的巴西聖埃斯皮里圖（Espirito Santo）盆地 5 個勘探區塊 10% 的權益。
2012 年 2 月	中化集團	全資收購道達爾荷蘭 TEPMA B.V. 公司，獲得哥倫比亞庫西亞納（Cusiana）油田資產權益以及 OAM、ODC 管線管理權益。
2012 年 3 月	中石化	注入資金 51.56 億美元，以認購增發股份和債權置換的方式，獲得葡萄牙高浦能源公司（Galp）巴西公司及對應的荷蘭服務公司 30% 的股權。

（續表 4.1）

時間	投資主體	項目描述
2013 年 8 月	中化集團	與巴西國家石油公司簽署資產收購協議，以 15.43 億美元購買後者所持有的 BC-10 區塊 35% 權益。
2013 年 10 月	中石油 中海油	與多家石油企業組成的聯合體中標巴西里貝拉（Libra）鹽下石油區塊勘探和開採權（中石油和中海油各分得 10% 股權）。
2013 年 11 月	中石油	收購巴西國家石油公司所屬的巴西能源秘魯公司全部股份。
2016 年 12 月	中海油	中標墨西哥兩個深水石油區塊。
2017 年 9 月	中海油	中標巴西聖埃斯皮里圖盆地 ES-M-592 區塊 100% 權益。
2017 年 9 月	中海油	中海油持股 50% 的阿根廷布里達斯公司與英國石油公司簽署協議，成立泛美能源集團，中海油也因此在阿根廷四個主要盆地和在頁岩油開採潛力巨大的 Vaca Muerta 地區擁有油氣生產區塊。
2017 年 10 月	中石化 中石油 中海油	巴西政府對桑托斯盆地鹽下層區塊進行招標，中石化入股的萊普索爾中石化巴西公司參與的聯合體中標薩皮諾阿邊際區塊，萊普索爾中石化占 25% 股權，中石化參股的葡萄牙石油公司中標北卡爾卡拉區塊，股權占比為 20%；中石油參與的聯合體中標佩羅巴區塊，中石油占聯合體 20% 股權；中海油參與的聯合體中標西卡布弗里烏高地區塊，中海油占 20% 股權。
2019 年 11 月	中石油 中海油	在巴西第六輪鹽下層石油區塊招標中，中石油、中海油與巴西石油公司組成的聯合體中標布濟烏斯（Buzios）區塊。其中，巴西石油公司在聯合體中占股 90%，中石油與中海油各占 5%。

資料來源：作者整理自企業官網及國務院相關部門或機構（如國有資產監督管理委員會、原國土資源部、商務部等）發布的資訊及報告等。

　　大約在 2013 至 2014 年之前，由於資源類產品國內產需缺口大，加之國際價格持續高位運行、投資回報率相對較高等因素，中國在拉投資的資源尋求特徵仍較明顯，投資占比高達 80% 以上。

此後，受國際市場價格波動、國內產業結構調整以及所在國政局變動等影響，此類投資項目不同程度地陷入了某種困難境地。

參、走向多元：探尋共同發展之路

　　從現有發展和未來趨勢來看，不可否認，多元化確是推進中拉貿易與投資實現可持續發展的理想路徑。近些年來，伴隨著中國經濟減速，對資源類產品需求減少、能礦類大宗商品價格下滑以及拉美特別是南美主要經濟體經濟衰退，中拉貿易額自 2014 年出現了連續兩年的下滑。2017 年以來，受部分大宗商品價格回升的影響，貿易額出現恢復性增長（參見圖 4.4）。在總體貿易額增速放緩的同時，令人欣慰的是，拉美國家對中國出口出現了某些積極的和潛在的變化，主要表現在兩個方面：一是農產品出口快速增長並呈多元發展態勢，二是服務貿易出口表現出一定潛力。

　　根據拉美經委會資料，2000 年到 2013 年，該地區對中國農產品出口數量從占對世界農產品出口總量的 2.5% 上升至 13.2%，對中國農產品出口金額年均增速高達27%左右。[9] 2018 年，中國全年進口農產品中約有 31.8% 來自拉美地區，進口金額較 2015 年增長近一倍。其中，除傳統大宗農產品如大豆、豆油、魚粉、棉花等外，更多的非傳統農產品進入中國市場。[10]

---

[9] Economic Commission for Latin America and the Caribbean (ECLAC), *Latin America and the Caribbean and China: Towards a New Era in Economic Cooperation*, Santiago, 2015, p. 51.

[10] 中華人民共和國商務部對外貿易司，**中國進出口月度統計報告：農產品**（2018 年 12 月）。

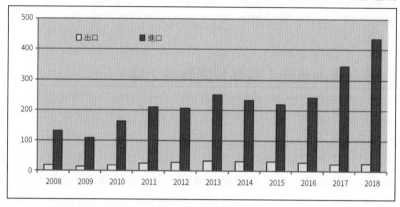

單位：億美元

圖 4.4　2008-2018 年中國對拉丁美洲農產品貿易

資料來源：商務部外貿司農業貿易資料庫（http://wms.mofcom.gov.cn/）。

　　巴西對中國的農產品出口自二十一世紀以來增長迅猛。作為巴西對中國出口的第一大商品，大豆在 2018 年巴西對中國商品出口總額的占比升至 42.6%，中國目前是巴西大豆的第一大出口目的地，巴西則是中國進口大豆的第一大來源國。2018 年，受中美貿易戰的影響，中國自巴西進口大豆增幅顯著（高達 37.8%），占 2018 年度自巴西貨物進口總額的 75.8%，同期從美國進口大豆總額則較上年下降了 49.4%。[11] 除大豆之外，目前巴西還是中國進口牛肉、雞肉、紙漿、豆油、皮革、蔗糖等農產品的第一大來源國。同時，棉花、玉米、豬肉、橙汁、鮮果及乾果、咖啡、菸草、橡膠及製品、漁產品等，對中國出口近年來也呈現出明顯增長之勢。

---

[11] 商務部，國別貿易報告：巴西，第 1 期（2019）；商務部對外貿易司，中國進出口月度統計報告：農產品（2018 年 12 月）。

阿根廷是世界上主要的農產品出口國之一，也是中國在拉美的第二大農產品交易夥伴。阿根廷國家統計局 2018 年的外貿資料顯示，阿根廷全年對中國出口 42.1 億美元，較上年下滑 2.6%。主要原因是受乾旱影響，原第一大類出口產品——以油籽為主的植物產品（如大豆、豆油等）——產量急劇減少，2018 年對中國出口額較 2017 年下降了 45.5%。阿根廷作為中國進口大豆第三大來源國和豆油第一大來源國的地位分別為加拿大和巴西取代。[12] 不過同時，動物產品（肉及食用雜碎、漁產品、動物油脂、皮革、羊毛、乳、蛋等）對中國出口表現突出，相較上年激增 80.6%，占到 2018 年阿根廷對中國出口總額的 35%。此外，棉花、橡膠及其製品對中國出口亦出現急劇增長。[13]

　　最近幾年，隨著中國農產品進口需求的增長，烏拉圭對中國出口呈現出前所未有的發展態勢。2018 年烏拉圭對中國出口總額為 23.28 億美元，占該國對全球出口總額的 26%。其中，牛肉為第一大出口產品，占比 31%；其次為纖維素和紙漿，份額躍升至 25%。與阿根廷情況相似，因乾旱導致的大豆歉收造成了 2018 年

---

[12] 根據 2019 年上半年貿易統計數據，上述情況已有逆轉，目前阿根廷大豆、豆油對中國出口額已呈現恢復與增長。參閱 Instituto Nacional de Estadística y Censos de la República Argentina (INDEC), "Argentine Foreign Trade Statistics: Preliminary data for the first six months of 2019," *Informes Técnicos*, Vol. 3, nº 140, <https://www.indec.gob.ar/uploads/informesdeprensa/i_argent_08_1974AD27413D.pdf> (August 2019)。

[13] 商務部綜合司、商務部國際貿易經濟合作研究院，**國別貿易報告：阿根廷**，第 1 期（2019），〈https://countryreport.mofcom.gov.cn/record/qikan110209.asp?id=10914〉；商務部對外貿易司，中國進出口月度統計報告：農產品（2018 年 12 月）。

對中國大豆出口的減少，降幅達 53%。其他輸往中國農產品還包括羊肉及其副產品、羊毛及其織物、乳製品、濃縮飲料、皮革及其製品等。[14]2018 年，烏拉圭是中國牛肉及其副產品第三大進口來源國、羊肉及其副產品第三大進口來源國以及毛條第一大進口來源國。[15]

很多年來，巴西、阿根廷、烏拉圭為中國在拉美前幾大農產品進口國，在其背後，大豆這個大宗商品扮演了重要的角色。相比這三個國家，近年對中國農產品出口方面有突出表現的如智利（2015 年已超過烏拉圭成為拉美第三大對中國農產品出口國）、秘魯等，與中國之間並不存在特別的大宗商品供需關係，這些國家近年對中國農產品出口的增長基本上得益於另一個特殊的有利條件：雙邊自由貿易協定（Free Trade Agreement, FTA）的簽署。

論農業生產的自然條件，智利遠不及以上南方共同市場三國。然而，狹長的地形加之多樣的氣候，亦使得智利農業呈現出自身鮮明的特色，區域優勢得到了較為充分的展現。得益於 2005 年中智自由貿易協定的簽署，最近十幾年間，智利在推動農產品對中國出口方面表現甚為突出。智利農業部農業政策研究辦公室（Oficina de Estudios y Políticas Agrarias, ODEPA）統計資料顯示，智利對中國農產品出口額在其農產品出口總額中所占份額從 2006 年的 1.2% 提高到 2018 年的 24.3%。2018 年，智利對中國農產品出口總額為 43.09 億美元，較上年增長 41.6%，其中，水果出口增

---

14 Uruguay XXI, *Informe Anual de Comercio Exterior 2018*, <https://www.uruguayxxi.gub.uy/es/centro-informacion/articulo/informe-de-comercio-exterior-de-uruguay-2018/?download=es>(September 15, 2019).

15 商務部對外貿易司，中國進出口月度統計報告：農產品（2018 年 12 月）。

長 33%。目前，在中國進口水果市場上，98% 的藍莓、80% 的櫻桃、一半的鮮食葡萄和蘋果都來自智利，奇異果、李子、酪梨等也占有一定份額。[16] 此外，智利還是中國第二大瓶裝葡萄酒進口國、進口魚粉第三大來源國以及橄欖油的新興進口來源國。

同智利一樣，秘魯與中國之間的貨物貿易自 2010 年雙邊自由貿易協定生效後獲得快速發展。秘魯農業部長密爾頓・馮・赫賽（Milton Von Hesse）2013 年 6 月在第一屆中拉農業部長論壇發言中稱，2010 年至 2013 年秘魯對中國農產品出口額增長了 8.7 倍。[17] 秘魯目前對中國出口的非傳統產品中，70% 以上為農畜產品和其他漁產品，2018 年較上年出口增長 24%。其中，酪梨和鮮食葡萄增幅最為顯著，分別較 2017 年出口增長 118% 和 31%。除此之外，一些特色農產品如羊駝毛、大玉米、瑪卡粉以及芒果、柑橘（葡萄柚、桔、橙、檸檬）等新鮮水果，也愈來愈多地進入中國市場。[18]

除以上五個國家外，另有一些國家在推動對中國農產品出口方面也取得了顯著進展，墨西哥是其中較為突出的一個。雖然很長時間以來，中墨貿易關係總體不盡如人意，雙邊貿易數額的增長相較

[16] Julybeth Márquez Molina, "China: oportunidades y desafíos para el sector agrícola chileno," *Ofician de Estudios y Políticas Agrarias*, <https://www.odepa.gob.cl/publicaciones/articulos/china-oportunidades-y-desafios-para-el-sector-agricola-chileno-julio-de-2019> (julio 2019).

[17] "Peru's agro-exports to China grew 8.7 times in post-FTA period," *Andina*, <http://www.andina.com.pe/Ingles/noticia-perus-agroexports-to-china-grew-87-times-in-postfta-period-461881.aspx > (June 9, 2013).

[18] "Reporte Comercio Bilateral (RCB) Perú-China: Anual 2018," *Course Hero*, <https://www.coursehero.com/file/42892358/RCB-Perú-China-2018pdf/ >.

中國同南美國家相去甚遠，不過，最近這些年，墨西哥在對中國農產品出口方面，取得了不少突破。目前墨西哥輸往中國農產品種類多樣，除傳統出口產品棉花、咖啡、魚粉、動物原皮等之外，還包括酪梨、葡萄、黑莓、樹莓等鮮果，草莓、木莓等凍果，香菇、青蒜等新鮮或冷藏蔬菜，以及墨西哥國酒龍舌蘭酒、啤酒、橙汁、豬肉、冷凍魚、蝦、魷魚等，其中部分產品具有較高附加值。此外，厄瓜多、哥倫比亞以及哥斯大黎加、巴拿馬、薩爾瓦多、多明尼加共和國、瓜地馬拉、尼加拉瓜、宏都拉斯等中美洲及加勒比國家的一些主要出口農產品，如香蕉、白蝦、咖啡、鮮花、可可豆等，在中國市場上也占有一定份額。

近年來拉美國家與中國的服務貿易有所增長。眾所周知，中國的服務貿易常年逆差，出境旅遊是其主要來源。2012 年，中國成為國際旅遊支出最多的國家，此後至今便一直高居榜首。根據國家旅遊局和商務部的資料，2018 年，中國出境旅遊人數 14,972 萬人次，比上年同期增長 14.7%，出境旅遊支出達 2,768.3 億美元，占全年服務貿易進口總額的一半以上（52.8%）。[19] 拉美在全球服務出口中所占的份額雖然相當有限，但在旅遊這一傳統服務出口項上一直有著不俗的成績，幾乎占其服務出口的一半。[20] 這些年，為了吸引更多的中國遊客前去，不少拉美國家紛紛修訂了針對中國

[19] 中華人民共和國文化和旅遊部，2018 年文化和旅遊發展統計公報，〈http://zwgk.mct.gov.cn/auto255/201905/t20190530_844003.html〉（2019年 5 月）；商務部服務貿易數據庫，〈http://data.mofcom.gov.cn/fwmy/classificationannual.shtml〉。

[20] Economic Commission for Latin America and the Caribbean (ECLAC), *International Trade Outlook for Latin America and the Caribbean, 2017* (LC/PUB. 2017/22-P), Santiago, 2017, pp. 18, 81.

公民的旅遊簽證政策，相應實施了免簽（如厄瓜多）、落地簽（如玻利維亞）、有條件免簽（如智利、秘魯、阿根廷等）、放寬簽證時效與往返次數（如巴西）、簡化簽證手續等優惠政策。諸如太平洋聯盟等區域一體化組織成員國還策劃推出聯合旅遊項目以吸引中國遊客。目前，中國公民出境旅遊的目的地主要仍是亞洲和歐美國家，拉美無疑是一個有吸引力的新興市場，對中國旅客來說，障礙和不便因素主要在於旅行成本、語言以及治安等方面。旅遊之外，拉美對中國服務貿易出口還有其他一些潛力有待進一步開發的領域，比如跨境電子商務。互聯網和其他數位平台的普及大大降低了包括通信、協調和運輸在內的國際交易成本，從而促使買方和賣方更加緊密地聯繫在一起。跨境電子商務在拉美剛剛起步，但近年來發展迅速。據拉美經委會預測，到 2020 年，該地區在全球跨境電子商務（企業對消費者）中的份額將上升到 5.3% 左右。[21] 伴隨著未來貿易與融資的數位化、海關和郵政服務的現代化以及跨境線上支付成本的降低，拉美國家對中國出口有望進一步擴大和多元化。

關於對拉美的直接投資，這些年來，隨著政府層面鼓勵引導政策跟進式調整及完善、拉美各國吸引中國投資的意願和力度的日益增強，加之企業海外生存經驗的不斷積累以及相關產業國內轉型升級壓力劇增等諸種因素的共同影響，一種投資領域和主體更趨多樣、地域分布亦更顯發散的格局也在悄然形成。從投資目的看，除緩解國內資源約束類的投資外，其他諸如尋求海外市場、降低生產和物流成本、轉移產能、提高競爭力以及甚至帶動技術研發類投資

---

[21] Economic Commission for Latin America and the Caribbean (ECLAC), *International Trade Outlook for Latin America and the Caribbean, 2018* (LC/PUB. 2018/20-P), 2018, p. 133.

日漸活躍；從行業看，除金屬礦、化石能源等資源類產業外，資金亦廣泛流入了製造業、農業、電力、電子、資訊技術和軟體、金融、批零商業、清潔能源、基礎設施、交通運輸、倉儲、餐飲、航空、醫藥、旅遊等領域。

目前，多數領域在拉美的投資幾乎都可舉出至少一到兩個較為受人關注的案例。例如：業務已遍布該地區許多國家的電信設備製造商深圳華為公司，海外布局經驗豐富，國際化運營模式在所在國受到廣泛認可。而其國內同行中興通訊公司，在拉美同樣擁有可觀的市場份額。奇虎、百度等互聯網公司也紛紛進入拉美市場開拓運營。個人電腦製造商聯想公司，汽車廠家奇瑞、比亞迪公司，家電製造商格力電器、美的電器，主營彩電業務的創維、康佳、TCL 等公司，設備生產商三一重工、中聯重科、徐工機械等，均已在諸如巴西、墨西哥這樣經濟規模較大、擁有不斷增長的消費市場、享有獨特地緣優勢（或毗鄰北美市場或與地區多國相鄰具有平台輻射力）、營商環境相對較好或市場准入條件處於良性改善中的國家中投資設立生產基地或長久發展平台。2007 年之後，在國際糧價大幅上漲的背景下，中國一些國有糧企、民營資本亦將眼光投向拉美農業資源豐富的巴西、阿根廷、玻利維亞、智利等國，通過購置或租賃土地（如重慶糧食集團在巴西和阿根廷、浙江福地農業有限公司在巴西、上海鵬欣集團在玻利維亞），或收購當地農業資產（如中國成套設備進出口集團有限公司收購牙買加糖廠），或控股與參股當地農場（如聯想控股旗下的佳沃集團在智利），或興建海外農產品加工基地（如安徽豐原集團在巴西）等方式，開始了在拉美的農業投資。中糧集團在該地區以海外併購的方式展開農業投資大致始於 2010 年。當年 9 月，為適應旗下長城葡萄酒業務的不斷增長，中糧集團以 1,800 萬美元收購了智利彼斯克提

（Bisquertt）家族位於該國中央山谷傳統葡萄酒產區南部空加瓜谷（Valle de Colchagua）的酒廠及周圍 350 公頃的葡萄園，而後在當地設立了「聖安德列葡萄酒有限公司」（Viña Santa Andrea Limitada）。接下來的幾年，中糧集團在拉美並沒有進一步的動作，直到 2014 年發起了兩起大宗收購——先後收購了荷蘭農產品貿易集團尼德拉（Nidera Handels Compagnie B.V.）和香港來寶集團（Noble Group）旗下來寶農業各 51% 的股權，才在一定程度上明確了該集團在拉美投資布局的總體取向。兩年後，中糧集團又將剩餘 49% 的股權予以收購並完成交割，獲得了對尼德拉和來寶農業 100% 的控股權。借助兩大集團在拉美已有的平台，中糧以最直接和快速的方式將業務拓展到了拉美相關國家。

此外，順應拉美經濟發展帶來的電力需求不斷增長的現實，近些年來，國家電網有限公司、國家電力投資集團、國家能建旗下葛洲壩集團、中國電力建設集團、長江三峽集團公司、國家核電技術公司、東方電氣集團等大型電力並基建類央企也愈來愈多地涉足拉美市場，在如巴西、阿根廷、厄瓜多等國藉由併購歐洲企業輸電資產、合作融資承建大型水電、核電專案等方式，參與到相關領域的投資建設與經營之中。與此同時，華銳風電、金風科技、天華陽光等從事風能、太陽能等其他清潔能源項目的民營企業，也通過各自在智利、古巴及中美洲相關國家的可再生能源專案，繼續尋求在地區範圍內延伸業務、擴大投資。活躍在工程建設領域的有中國交通建設集團、中國中鐵股份有限公司、中國鐵建股份有限公司等企業。

另外，特別值得一提的是中國的銀行界。自 2009 年中國正式加入美洲開發銀行以來，為支援中拉貿易並向中資企業以及拉美當地企業提供配套金融服務，國內各主要金融機構近年來紛紛布局

拉美。目前，國家開發銀行已在多個國家設有工作組。中國銀行繼 2009 年在巴西設立了首家經營性分支機構中行巴西有限公司後，又先後在秘魯、智利、墨西哥三國開設了「中國業務櫃檯」。中國工商銀行也明顯加快了在拉美布設網點的步速。2012 年，正式收購南非標準銀行旗下阿根廷標準銀行及其關聯公司 80% 的股份，成立了中國工商銀行阿根廷子行。2013 年 4 月，中國工商銀行獲得阿根廷商業銀行牌照，成為第一家進入當地市場的中資金融機構。同年，它在巴西和秘魯設立分行的申請雖歷經坎坷，但最終獲批，工銀巴西、工銀秘魯分別於 2013 年 9 月和 2014 年 2 月正式對外營業。中國建設銀行在 2013 年底與巴西工商銀行（BIC）達成收購其 72% 股份的協定，隨後進入拉美市場。2016 年，該行在智利首都聖地牙哥開設了南美第一家人民幣交易清算銀行。2015 年，中國第五大商業銀行交通銀行收購了巴西銀行 BBM 80% 的股份並於次年 11 月完成股權交割。2018 年 3 月，中國農業銀行駐聖保羅代表處正式開業，成為該行在南美設立的首家分支機構。

需要指出的是，雖然以上「多元」趨向大致已現，但具體到次區域、個別國家，一種自然形成的分布不均衡也是清晰可見的。總體上，同貿易情況相關，中國最大量的投資流向了南美洲。就國別而言，中國對巴西的投資，無論從產業布局還是從相應的投資主體來看，相較地區其他國家，多元的色彩都表現得更加突出。儘管最近五年間，巴西的宏觀經濟形勢不佳，政局也頗不穩定，但巨大的市場規模、長遠發展潛力和地區輻射力使它對中國投資者還是具有很大吸引力。巴西計畫發展和管理部（Ministério da Economia Planejamento, Desenvolvimento e Gestão）資料顯示，從 2003 年至 2018 年，中國宣布和已確認的在巴西投資項目共 317 個，投資總額 1,339 億美元，其中已確認的項目 155 個，投資總額 692

億美元（參見圖4.5）。[22] 根據中方最新發布的對外投資統計資料，2018年，中國企業對外投資併購分布在全球 63 個國家和地區，從實際併購金額看，巴西在德國和法國之後位列第三。[23]

單位：百萬美元

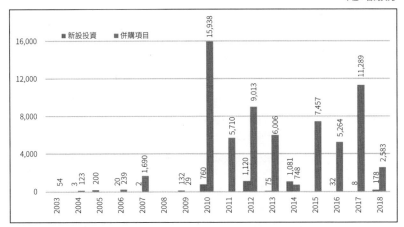

圖 4.5　2003-2018 年各年度中國企業在巴西已確認專案投資金額
資料來源："Boletim - Investimentos Chineses no Brasil - nº7," SET-DEZ 2018.

　　目前，中國已超過美國成為巴西最大投資來源國，在巴西投資的中國企業數量達兩百餘家，活躍在能源、金融、水電基礎設施、製造業、建築工程、農業、資訊技術、航空服務等眾多領

---

[22] Ministério da Economia Planejamento, Desenvolvimento e Gestão, *Boletim-Investimentos Chineses no Brasil-nº7*, <http://www.planejamento.gov.br/assuntos/internacionais/arquivos/boletim-investimentos-chineses-no-brasil-no7.pdf >(December 21, 2018).

[23] 商務部、國家統計局和國家外匯管理局，2018 年度中國對外直接投資統計公報（北京：中國商務出版社，2019），頁 10-11。

域。表 4.2 列出了近兩年中國企業在巴西的一些主要投資專案，包括宣布的和已確認的項目。

表 4.2　2017-2018 年中國企業在巴西的投資項目

時間	投資項目描述
2017 年 1 月	國家電網以 173.6 億雷亞爾（約合 56.8 億美元）的價格收購了 CPFL 能源及其子公司 CPFL Energias Renovaveis S.A. 54.64% 的股權。
2017 年 1 月	滴滴出行收購巴西最大的本土共用出行公司 99。
2017 年 3 月	中國交通建設集團有限公司（以下簡稱中國交建）收購巴西排名第一的工程設計諮詢公司 CONCREMAT 80% 的股權，將其作為中交在巴西和南美地區的一個運營平台。
2017 年 4 月	比亞迪巴西太陽能板廠和純電動大巴底盤廠在巴西坎皮納斯同時建成投產。兩個項目投資金額分別為 1.5 億雷亞爾（約合 4,770 萬美元）和 5,000 萬雷亞爾（約合 1,590 萬美元）。
2017 年 7 月	海南航空集團旗下子公司海南航空基礎設施有限公司發布公告稱，擬出資 1.08 億元（約合 1,590 萬美元）收購巴西里約熱內盧機場股份有限公司 51% 股權。
2017 年 9 月	中國交建、工行和巴西托雷爾（WTorre）公司簽署了巴西聖路易斯港專案投資協定及融資框架協定。專案總投資規模約 7 億美元，中國交建占股比 51% 並承擔專案的設計、採購、施工、總承包。
2017 年 10 月	湖南大康農業以 2.53 億美元的價格完成了對巴西農產品生產貿易商 Belagricola 公司 53.99% 股權的收購。
2017 年 11 月	中信農業基金與隆平高科以 11 億美元收購陶氏化學（Dow Chemical）在巴西玉米資產。
2017 年 11 月	國家電力投資集團海外公司太平洋水電公司支付 22.5 億美元完成巴西聖西芒水力發電廠專案交割，獲得該電站 30 年特許經營權。
2017 年 12 月	安徽江淮汽車宣布將投資 2 億雷亞爾（約合 6,075 萬美元）在巴西戈阿斯州建立第一家工廠，預計兩年內投產。
2018 年 2 月	招商局港口控股有限公司完成對巴西巴拉那瓜港口營運商 TCP 公司 90% 股權的收購。

（續表 4.2）

時間	投資項目描述
2018 年 3 月	中國石油國際事業有限公司與巴西 TT Work 公司簽署股權收購協定和股東協定。根據這一協定，國際事業公司將擁有 TT Work 公司 30% 的股權，獲得該公司成品油進口份額。
2018 年 5 月	葛洲壩集團海外投資有限公司所屬葛洲壩巴西有限公司與巴西 Camargo Correa 集團和 Andrade Gutierrez 集團完成了股權轉讓，葛洲壩集團成為聖諾倫索供水項目 100% 控股股東。
2018 年 5 月	三峽集團宣布上半年結束前對其巴西朱比亞（Jupiá）水力發電廠和伊利亞（Ilha Solteira）水力發電廠技術改造項目投資 1.99 億美元。
2018 年 8 月	安徽中鼎減震橡膠技術公司在巴西聖保羅設立的子公司順利投產，這是中鼎股份國內首個下屬子公司在海外投資建廠。
2018 年 10 月	騰訊控股有限公司以 1.8 億美元的價格收購巴西金融科技公司 Nu Payment AS（Nubank）5% 的股權。
2018 年 11 月	格力電器宣布將投資 2,070 萬美元在馬瑙斯自貿區興建新廠，以期在未來五年內將其產品在巴西市場占有率從 10% 提升到 30%，
2018 年 11 月	國家電網以 10.6 億美元完成巴西 CPFL 新能源公司剩餘股份要約收購，持有 CPFL 新能源公司 99.94% 股份。

資料來源：作者整理自巴西和中國政府、企業以及媒體等多種管道資訊。

肆、代結語：經濟合作仍將是連接中拉最重要的紐帶

　　由上可見，多元化是中拉經濟關係發展十幾年來的某種自我修正，雖存廣闊前景，但亦將繼續受到內外條件的共同影響，諸如世界經濟的總體型勢、科技的發展、中拉各自內部經濟轉型或結構調整的趨勢以及國內政治發展進程等。除藉由雙邊互動推進外，多邊平台的建構也依然重要。近年，面對全球保護主義抬頭、金融波動性加劇的國際環境，雙方正積極探索推進中國「一帶一路」倡議與

拉美地區整合進程的戰略對接，以實現互利共贏，促進經濟合作的轉型升級。

從更長遠的角度來看，經濟合作會在未來很長時間內繼續是連接中國與拉美最為重要的紐帶。與此同時，我們也看到了，隨著經濟交往的不斷加深，雙方之間的聯繫亦將不可避免地從商品與資金的流動向其他領域拓展開來。寬廣的太平洋從空間上將中國與拉美分隔兩地。智利前總統蜜雪兒・巴切萊特（Michelle Bachelet）曾分享過一個自己幼年時的幻想：如果智利人一直在地上打洞的話，最後就會通往中國。長期以來，因為地理上的阻礙，中拉習慣將彼此視為另一個世界，一種異域的神話。然而，從「魔幻」到「現實」，有時不過一步之遙，相信未來會有更多交融的精彩等待雙方去共同見證。

參考書目

中文部分

中國石油天然氣集團公司，**中國石油在拉美**（北京：中國石油天然氣集團公司，2014），〈https://www.cnpc.com.cn/cnpc/cnpczqq/201404/0222d7bfe7e043c78d266f7c4c0a6150/files/75c79a048aea444b8b25042bbfd6e744.pdf〉（September 15, 2019）。

中華人民共和國文化和旅遊部，**2018 年文化和旅遊發展統計公報**，〈http://zwgk.mct.gov.cn/auto255/201905/t20190530_844003.html〉（2019 年 5 月）。

中華人民共和國商務部對外貿易司，**中國進出口月度統計報告：農產品**（2018 年 12 月）。

巴西發展、工業和外貿部網站對外貿易數據庫，〈http://www.mdic.gov.

br/index.php/comercio-exterior/estatisticas-de-comercio-exterior/balanca-comercial-brasileira-acumulado-do-ano〉。

郭潔，「首鋼秘魯鐵礦項目的歷史與變遷」，**國際政治研究**，第 1 期（2015），頁 51-73。

商務部綜合司、商務部國際貿易經濟合作研究院，**國別貿易報告：巴西**，第 1 期（2019），〈https://countryreport.mofcom.gov.cn/record/qikan110209.asp?id=10783〉。

商務部綜合司、商務部國際貿易經濟合作研究院，**國別貿易報告：阿根廷**，第 1 期（2019），〈https://countryreport.mofcom.gov.cn/record/qikan110209.asp?id=10914〉。

商務部、國家統計局和國家外匯管理局，**2018 年度中國對外直接投資統計公報**（北京：中國商務出版社，2019）。

商務部服務貿易數據庫，〈http://data.mofcom.gov.cn/fwmy/classificationannual.shtml〉。

外文部分

"Anti-dumping Initiations: Reporting Member vs Exporting Country 01/01/1995 - 31/12/2018," *World Trade Organization*, <https://www.wto.org/english/tratop_e/adp_e/AD_InitiationsRepMemVsExpCty.pdf> (August 1, 2019).

Uruguay XXI, *Informe Anual de Comercio Exterior 2018*, <https://www.uruguayxxi.gub.uy/es/centro-informacion/articulo/informe-de-comercio-exterior-de-uruguay-2018/?download=es>(September 15, 2019).

Instituto Nacional de Estadística y Censos de la República Argentina (INDEC), "Argentine Foreign Trade Statistics: Preliminary data for the first six months of 2019," *Informes Técnicos,* Vol. 3, nº 140, <https://www.indec.gob.ar/uploads/informesdeprensa/i_argent_08_1974AD27413D.pdf> (August 2019).

Ministério da Economia Planejamento, Desenvolvimento e Gestão, *Boletim - Investimentos Chineses no Brasil - nº7*, <http://www.planejamento.gov. br/assuntos/internacionais/arquivos/boletim-investimentos-chineses-no-brasil-no7.pdf >(December 21, 2018).

Molina, Julybeth Márquez, "China: oportunidades y desafíos para el sector agrícola chileno," *Ofician de Estudios y Políticas Agrarias*, <https://www. odepa.gob.cl/publicaciones/articulos/china-oportunidades-y-desafios-para-el-sector-agricola-chileno-julio-de-2019> (julio 2019).

"Peru's agro-exports to China grew 8.7 times in post-FTA period," *Andina*, <http://www.andina.com.pe/Ingles/noticia-perus-agroexports-to-china-grew-87-times-in-postfta-period-461881.aspx > (June 9, 2013).

"Reporte Comercio Bilateral (RCB) Perú-China: Anual 2018," 秘魯外貿旅遊部數據庫，<https://consultasenlinea.mincetur.gob.pe/Rep-Comer-Bilat/ Comercio>.

Economic Commission for Latin America and the Caribbean (ECLAC), *International Trade Outlook for Latin America and the Caribbean, 2018* (LC/PUB. 2018/20-P), Santiago, 2018.

Economic Commission for Latin America and the Caribbean (ECLAC), *International Trade Outlook for Latin America and the Caribbean, 2017* (LC/PUB. 2017/22-P), Santiago, 2017.

Economic Commission for Latin America and the Caribbean (ECLAC), *Latin America and the Caribbean and China: Towards a New Era in Economic Cooperation*, Santiago, 2015.

5 中美拉三邊關係態勢解析：以委內瑞拉危機爲例

許嫣然

中國人民大學國際關係學院講師

國發院研究員

中拉關係在進入新世紀以來發生了翻天覆地的改變，而且中拉關係的發展並不完全是一種雙邊關係的態勢，而由美國因素的介入被動地成為了一種三角互動關係。美國在這一問題上的態度和政策不僅在一定程度上體現其對中國政策的取向，而且將影響中拉關係的進一步發展，尤其是美國總統川普執政以來。而當前委內瑞拉國內混亂緊張的局勢凸顯中美雙方在該地區影響力的差異性。中國應當與美國和委內瑞拉的鄰國及國際組織合作，思考如何說明緩解委內瑞拉當前危機，同時樹立中國貸款與投資的正面案例。理清中美在委內瑞拉問題上的態度和思維方式，對中美拉三邊動態關係發展研究有一個良好的評估。

關鍵字：
中美拉關係、中拉合作、委內瑞拉、危機

由於地理上相距遙遠和歷史文化的差異，曾經的拉丁美洲和中國對彼此來說都是陌生的。然而兩者之間的關係近十年來由於全球化的發展和彼此開放政策的加強有了巨大的變化。在 2016 年美國大選塵埃落定之後，中國發布了新版的「中國對拉丁美洲和加勒比政策」檔，將拉丁美洲和加勒比海地區稱為「活力與希望之地」。[1] 所以中拉關係的發展是一種雙邊關係的態勢，但由於美國因素的介入使之被動地成為了一種三角互動。美國在這一問題上的態度和政策不僅在一定程度上體現其對中國政策的取向，而且將影響中拉關係的進一步發展。2020 年美國將要再次進行總統大選，現任總統川普仍有大概率勝出的機會，未來的中拉關係發展尤為需要考慮川普領導下的美國因素以及美國的反應，因此從三邊關係來理解中拉關係的發展是極其必要的。本文擬從當前委內瑞拉危機為切入點，探討美國在拉美地區的戰略目標以及中美拉三邊關係未來的走向，而當前委內瑞拉的危機凸顯中美雙方在該地區影響力的差異性。所以理清中美在委內瑞拉問題上的態度和思維方式，對中美拉三邊動態關係發展有一個良好的評估。

壹、中、美、拉三邊關係的歷史維度探討

　　在 1949 年新中國成立之後，中拉關係發展緩慢。1959 年，古巴與中國建立了外交關係，是中國建交的第一個拉美國家。1971 年中國恢復在聯合國的合法席位後，秘魯、墨西哥、阿根廷和巴西等拉美國家先後與中國建交。至 70 年代末，與中國建交的拉美國家增至 12 個。1979 年中美建交後，中拉關係進入了平穩發展階

---

[1] 「中國對拉美和加勒比政策檔」，新華社，〈http://www.xinhuanet.com/world/2016-11-24/c_1119980472.htm〉（2016 年 11 月 24 日）。

段。具體而言，中國的拉美外交重點出現了一些變化。譬如：外交重點從民族主義傾向較強的國家轉向政治立場溫和的經濟大國（如巴西、墨西哥和阿根廷）。[2]但從二十世紀八〇年代末到九〇年代初，許多拉美國家如巴西等國的外交政策重點是發展與美國的關係，導致中拉雙邊貿易並不明顯。

冷戰結束後，在 1993 年，巴西成為了中國在該地區乃至全世界建立的第一個戰略夥伴。在此之後，中國與拉美八個國家建立了戰略合作夥伴關係。尤其是 2001 年中國加入 WTO 後，中國經濟進入一個新的發展階段。中美關係的基本穩定使得中拉關係處於一個相對良好的發展環境。2007 年 6 月，中國與哥斯大黎加建交，這是與中國建交的第一個中美洲國家。2008 年中國發布的《中國對拉美和加勒比政策》檔中明確指出，拉丁美洲和加勒比國家在區域和國際事務中發揮愈來愈重要的作用和確認雙方在國際事務等廣泛領域的合作。同時，中國需要從戰略角度看待與拉美和加勒比關係的特點，因為當前發展與包括拉美和加勒比在內的開發中國家的友好關係是中國對外政策的基礎。[3]同樣在過去二十年裡，雙邊貿易大幅增長，而拉美地區將近 6 億的人口和巨大的市場，也成為中國企業「走出去」的重要目的地。中國同拉美的雙邊貿易額從 2000 年的約 100 億美元增長到 2013 年的 2,600 多億美元。事實上，中國已經取代美國成為巴西最大的交易夥伴，也是墨西哥、委內瑞拉等國僅次於美國的第二大的貿易合作夥伴。其他類型的經濟合

2　高奇琦，「中美拉三邊關係的影響因素及其戰略應對」，**國際觀察**，第 3 期（2015），頁 133。

3　Yongtao Liu,"Promote China-Latin American Relations in the Twenty-First Century," *GCG Journal*, Vol. 6, No. 1(2012), p. 111.

作，如投資、貸款和基礎設施建設也大幅度增加。2009 年，中國加入了美洲開發銀行，並與智利、秘魯和哥斯大黎加簽署了自由貿易協定。習近平總書記先後於 2013、2014、2016 和 2018 年分別對拉美地區進行國事訪問。[4]

自二十一世紀之後，中拉關係的迅速發展也引起美國政府的關注。911 事件後美國繼續堅持擔當世界的領導者，但在後 911 事件時期美國的全球戰略中，拉美和加勒比地區地位並非像在冷戰時期那樣重要。這時期美國對拉美的政策被稱為「善意的忽略」。在歐巴馬時期，面對中國在拉美和加勒比地區的崛起，華盛頓未制定對應中國在美國後院崛起的全面戰略。門羅主義的時代已經終結，今天的美洲國家間關係建立在平等夥伴關係和共同責任基礎上，美國不再致力於干預其他美洲國家事務。儘管如此，美國媒體對崛起的中國在拉美的負面影響的報導與日俱增。

2015 年 10 月 9 日美國國務院高級顧問埃文・艾理斯（Evan Ellis）在美國國會西半球事務委員會舉行的聽證會上指出：「儘管拉美部分參與者從中獲得了利益，中國對該地區的介入還是產生了顯著的負面影響，同時削弱了美國在西半球的戰略地位。」[5]從長期

---

4   Katherine Koleski and Alec Blivas, "China's Engagement with Latin America and the Caribbean", *U.S.-China Economic and Security Review Commission Staff Research Report*, <https://www.uscc.gov/sites/default/files/Research/China%27s%20Engagement%20with%20Latin%20America%20and%20the%20Caribbean_.pdf> (October 27, 2018).

5   R.Evan Ellis, "It's time to think strategically about countering Chinese advances in Latin America," *Global Americans*, <https://theglobalamericans.org/2018/02/time-think-strategically-countering-chinese-advances-latin-america/> (May 9, 2018).

來看，中國是美國在全球範圍內的潛在競爭對手，中拉關係不能簡單地視為對美國利益的威脅；而且中國在西半球的影響會不斷擴大，美國的對策應加強與拉美及加勒比國家的關係，在拉美事務上就美國關心的問題與中國保持對話。其他美國學者如貢薩洛・帕斯（Gonzalo Paz）則持不同意見，認為中國政府清楚知道拉美是美國的影響力一部分，並且不希望美國對中國的動機和意圖產生懷疑。中國在拉美地區一直保持低調的姿態，希望避免誤會。[6]美國對中國在拉美的行為是「中國夥伴論」，中國在拉美的存在基本上是經濟方面的挑戰，而不是軍事方面和政治方面的挑戰。

在二十一世紀後，三邊互動頻繁，中拉關係的發展促使美國考慮中美關係中的拉美因素。在政治方面，美國政府擔心中國對拉美國家影響力加深，使拉美地區疏遠與美國的政治交往。而在經濟方面，美國政府擔心中國在拉美的貿易和經濟活動，將會使美國在拉美的貿易地位受到順滑。筆者於 2015 年在美國首都華盛頓特區做實地研究時，採訪的一些國會議員和拉美地區的研究學者都普遍對中國在拉美地區的活動表示肯定，但也表達了他們希望美國政府重視拉美地區，與中國在該地區實現共同發展。

貳、新時期中美拉關係發展的總體特點

川普能當選總統，在拉美產生的震撼，絕不低於世界其他地

6　Gonzalo Sabastián Paz, "China, U.S., and Hegemonic Challenge in Latin America: An Overview and Some Lessons from Previous Instances of Hegemonic Challenge in the Region," *The China Quarterly*, No. 209 (March 2012), p. 24.

區，比如從競選開始，墨西哥一直都是川普挖苦和攻擊的主要對象。他明確表示會遣返數以百萬計在美國的墨西哥非法移民、重新談判《北美自由貿易協定》（North American Free Trade Agreement, NAFTA）、退出《跨太平洋夥伴關係協議》（Trans-Pacific Partnership, TPP），甚至揚言會迫使墨西哥付錢興建邊境圍牆，而且第一批被美國遣返的移民已於 2017 年 2 月返回墨西哥，並由前墨西哥總統涅托親自到機場迎接。但川普的拉美政策模糊不清，為美國以南的 30 多個國家帶來高度的不確定性，美國保護主義的抬頭，也必然會影響到其與拉美的貿易關係。2017 年大選中，受 NAFTA 影響較大的州份，如俄亥俄州、賓夕法尼亞州、密西根州和威斯康辛州，都是川普獲勝的關鍵，所以川普難以不兌現承諾。美國是眾多拉美國家的主要出口地，其中墨西哥更有超過八成出口是到美國。[7] 在 2020 年 1 月 30 日，川普簽定《美國－墨西哥－加拿大協議》（USMCA），给了川普機會首次向外界展示「美國優先」（America First）政策。

長久以來，拉美一直被視為美國的「後院」。川普執政兩年多來，除了對墨西哥和委內瑞拉問題有比較強硬的態度外，甚少評價其他拉美國家，所以他的整體拉美政策依然不夠清晰。川普「美國優先」的口號下，除了個別議題（如移民問題），拉美關係很可能不會是其任內的施政重點。川普政府對拉美政策基本不會有較大改變，尤其是對拉美左翼政權的政策方向只會有微調。以美國與古巴關係為例，2017 年 6 月 16 日，川普在邁阿密頒布了他對古

---

7 羅鈞禧，「歐巴馬扭轉的拉美政策，將被川普推翻？」，The Initium，〈https://theinitium.com/article/20161121-opinion-machaellaw-apec/〉（2016 年 11 月 21 日）。

巴的「新政」，主要是限制美國企業與古巴軍隊，情報和安全部門相關的企業之間的經貿往來和加強對美國人到古巴旅行的限制和監控，但其實政策較之前的來看變化並不大。美國並未宣布和古巴斷交，川普也不可能逆流而上，而是繼續維持與古巴簽署關於移民的協議。雖然川普為了爭取美國國內利益集團如古巴裔中反古勢力的支持、兌現其大選承諾和扭轉其現在支持率下滑而努力，但對於已奠定的外交關係大基調，他還是基本持不變的立場。

多邊關係的互動構成了複雜的三邊關係框架，中拉關係由於美國因素的介入使之被動地成為了一種三角互動。首先，美拉關係正在從「完全依附」向「相對自主」轉變。美拉關係是傳統聯繫，然而這種傳統聯繫的基本特徵是不對稱，即在傳統的美拉關係中，美國是主動方和施動者，而拉美則是被動方和受動者。因此，美國的政策和態度往往決定美拉關係的基本趨勢和動向。從門羅宣言到冷戰時期的選擇性干預，都可以看出美國對拉美的強勢影響。冷戰結束後，美國全面控制拉美的圖景開始出現變化，一些拉美國家逐漸表現出自主性的傾向。本世紀以來，美國與拉美國家在政策重心上的分歧愈來愈大。美國更為看重國內政治中的毒品交易、非法移民和有組織犯罪等議題和國際政治中的貿易、民主和人權等議題，而拉美的首要關切則是經濟發展、外貿增長、外資流入和擴大就業等切實的經濟問題。這種政策重心的分歧也促使一些拉美國家認為，拉美的發展不能依靠美國，只能依靠自己。[8]

第二，中拉關係正走向全面戰略夥伴關係。具體表現在高層互訪更加頻繁、與拉美國家建立戰略夥伴關係和全面戰略夥伴關係等

---

8 高奇琦，「中美拉三邊關係的影響因素及其戰略應對」，**國際觀察**，第 3 期（2015 年），頁 135。

方面。由習近平總書記提出的共同發展的理念，是新一代中國政府想要超越經濟上的「雙贏」設想從而達到一個實質性的經濟「橫向」關係或「平等關係」的宏偉藍圖。平等不僅僅是主權上的平等，它更意味著經濟上的平等：平等的關係首先應該是建立在對增值產品和相對有優勢的產品交換中的，再者是培養具有長期穩定發展的戰略夥伴關係。拉丁美洲的一些國家正面臨著與中國雙邊貿易的不對稱，所以，在短期內，雙方似乎實現了「雙贏」的目標，然而，從長遠來看，它引發了一系列廣泛的經濟和社會問題。如在拉丁美洲限制了工業化經濟和對拉美國家內部製造業的衝擊，加上亞馬遜地區的環境問題，都會影響雙方的戰略夥伴關係。因此，「平等」講求的是雙方平等合作，也要求兩國將眼下的雙贏目標為雙方長期發展而做好鋪墊。中國和拉美不少國家如阿根廷和墨西哥之間也在積極開發新能源建設，努力將兩國關係在可持續發展的道路上愈走愈好。簡而言之，中拉戰略夥伴關係是遵循著對發展長期穩定關係的一種承諾。

　　第三，三邊關係的互動具有多元性。拉美是一個擁有多主權國家的地區，各國之間相差很大，國際利益也很不同。在政治方面，拉美有不同意識形態的政府。自 2015 年起，拉美政治局勢發生劇烈變化，「左退右進」形勢加速演化下，以委內瑞拉為代表的拉美左翼國家忙於應對國內經濟和人道主義危機導致經濟每況愈下；右翼勢力如阿根廷總統馬克里和巴西極右翼總統博爾索納羅對中國採取欠友好的態勢。在經濟方面，有經濟相對發達的墨西哥、智利，也有一些相對低收入的國家。[9] 所以，中國對拉美內部

9　朱鴻博，「中、美、拉三邊關係互動與中國的拉美政策」，拉丁美洲研究，第 4 期（2010），頁 62。

同一性和差異性要有非常清晰的把握和理解。比如在經貿層面，巴西、阿根廷、墨西哥、智利依然可以作為中國重點開拓的市場，四國不僅屬於中拉貿易和投資的權重國家，而且中拉經貿增量更多取決於在這些國家市場的開拓等。

第四，中美關係為本質，中拉關係為主導。中美關係是中美拉三邊關係的核心，中美拉三邊關係的發展在基本上取決於中美關係之間的性質和態勢。如果中美關係的基本特徵是對抗，那麼拉美國家將需要在中美之間做出選擇，並採取不同的結盟策略，這樣拉美國家就會形成兩個互斥的陣營。如果中美關係的基本特徵是合作，那麼美拉之間和中拉之間則都會形成一種合作的關係，即同一國家可能同時與中國和美國都形成密切的合作關係。這樣，在拉美就不會出現對壘的兩個陣營，也不會出現分裂的拉美。

同時我們也應當看到，中美兩國在拉美追求不同的戰略目標。中國重視大宗商品的貿易尤其是能源和食品，中國在拉美的直接投資當前主要集中在於石油、採礦業與基礎設施。與此同時，美國的「能源革命」已經減少了其對外來能源的依賴。近年來，在拉丁美洲，美國把注意力放在打擊非法移民邊境安全，反毒品「戰爭」，推進民主和自由貿易。目前中美兩國在拉美的直接競爭並不突出。

中國對拉丁美洲的考量，是基於比較優勢和相互共贏的立場的，而且更多地將拉美國家視為雙邊和多邊關係中平等的合作夥伴關係。例如，把中國智慧電網和特高壓技術應用在巴西的傳播領域，有著相當大的潛力，同時把巴西再生能源（水電）可變性的專業知識應用在中國。同時，輸電和配電線路的部署都適合中國和巴西的地理位置，這也使兩國有互相學習的機會。此類活動的經驗可以應用在共同專案的開發中，無論是在拉丁美洲和其他地區。這

些愈來愈重要的合作關係可能會相較於其他歐洲或美國公司建立全球風能市場更具競爭力。所以中拉關係在未來會愈來愈成為中、美、拉三邊關係的主導線。

參、委內瑞拉危機解析

作為全球原油儲量最豐富的國家之一，委內瑞拉在短短數年間跌入深淵，光用外部原因「油價暴跌」來解釋並不足以服眾。儘管西方媒體對委內瑞拉這個「反美鬥士」一直持有陰謀論的基調，但平心而論，委內瑞拉這些年來的經濟建設方針，無論怎樣解讀都難免讓人搖頭。

自查韋斯時代開始，激烈的「國有化」就成為委國經濟的一大特色。不僅石油開採被政府接管，連農產品加工、水泥、採礦、鋼鐵、電信、發電等產業都國有化了；另一方面，僅存的少數私人企業被徵收重稅，再加上法治薄弱，引發和軍隊腐敗官商勾結，委內瑞拉的社會主義早以坐吃山空。待到油價暴跌，委內瑞拉的經濟危機已轉化為政治危機和社會失序，人民生活無法保障，物價飛升。而作為前總統查韋斯的忠心繼位者，馬杜羅依舊秉承前任的治國理念，但又缺乏前任的獨特個人魅力，所以在國際原油價格爆跌的情況下束手無策，只能指責美國是企圖顛覆他的幕後黑手。

面對委內瑞拉政治僵局，國際社會立場不盡一致。隨著愈來愈多國家表示支持胡安·瓜伊多為委內瑞拉領導人，既有美國、歐盟、利馬集團等「倒馬派」，也有古巴、玻利維亞等「挺馬派」，還有墨西哥、烏拉圭等「觀點相近國家」持中立立場。而委內瑞拉未來的局勢取決於該國軍方的行動。目前，委內瑞拉軍方仍然表示效忠馬杜羅政府，但軍方正面臨愈來愈多的壓力，促使他們改變立

場。對於一位國民已不支持、經濟衰退下的總統,要軍方純粹使用暴力和脅迫來繼續支持他掌權,代價過大。

一、美國參與委內瑞拉危機的根源

美國與委內瑞拉的關係非常微妙,而此次美國大力干涉委內瑞拉危機也是有一定歷史原因的。首先,美國干涉委內瑞拉的根本原因是由美國和委內瑞拉歷史上長久以來的關係決定的。委內瑞拉從二十世紀末開始是反美聯盟的頭號鬥士,特別是查韋斯總統在1999 年當選委內瑞拉總統以後就一直高舉反對美國的大旗,而馬杜羅是查韋斯指定繼位者,他對美也是實行敵對狀態,可想而知美國必然會痛恨委內瑞拉。這次委內瑞拉國內問題引發的政治動盪使得美國必然積極參與其中,並且希望能夠瓦解拉丁美洲這個歷史悠久的「反美先鋒」。

其次,美國干涉委內瑞拉內政最直接的原因是與石油貿易緊密相連的。據 2018 年統計,美國是委內瑞拉石油出口的第一大國。而且委內瑞拉位於南美北部,是典型的美國地緣影響力和勢力範圍。美國資本對委內瑞拉的石油產業進行直接控制,付出的經濟和政治成本,以及承擔的風險,都比其他地區如中東小。委內瑞拉當時的總統查韋斯和現任總統馬杜羅只收回了石油開採環節的利益,而美國在石油提煉加工環節以及石油美元方面都有獲得相當大的利益。所以,美國對委內瑞拉的石油產業依然躍躍欲試。

再者,國際油價的長期低迷使委內瑞拉社會態勢極不穩定。委內瑞拉在政治和軍事上並不對美國構成實質性的威脅,但美國的多年經濟制裁在一定程度上遏制了委內瑞拉的經濟發展,限制了委內瑞拉的財富積累和國家產業轉型。而近年來國際油價大幅下跌,委

內瑞拉的 90% 出口都是石油。油價的低迷直接遏制了委內瑞拉的經濟命脈。而且其石油又屬於重油，成本高、品質低，能給國家帶來的收益十分有限。所以，政府對維持現在社會基本運作都力不從心，民不聊生，社會犯罪率和出生嬰兒死亡率都極高。而美國當下干涉委內瑞拉內政是符合理性選擇考慮的，美國所扶植的新政府只需要將民眾盡快從最「惡劣」的情況中稍稍解救出來，就足以讓民眾接受。

第四，拉美政治風標轉右。風靡了幾十年的「粉色浪潮」逐漸褪色，以阿根廷新總統馬克里和巴西新總統博爾索納羅上台為標誌，右翼勢力已在拉美強勢崛起，成為新的趨勢。這種格局下，委內瑞拉的同盟好友已寥寥無幾，外部環境支撐已不復存在，且這些國家紛紛與美國站隊向馬杜羅進行外交施壓，企圖顛覆其政權。

二、中國與委內瑞拉關係特點

從 1996 年開始，中國從委內瑞拉進口乳化油，同年還簽署了石油共同開採協議。國家的能源安全戰略鼓勵多元化的石油供應，進而使中國與委內瑞拉進一步增強雙方石油商業利益。中國與委內瑞拉的借貸方式是「石油還貸款」。委內瑞拉嚴重依賴對中國原油和石油的出口，占委內瑞拉出口總額的 90%，其中 97% 的對中國的出口（74% 的原油），但是委內瑞拉的原油出口在中國只占非常小的比例。委內瑞拉僅是中國第三的成品油供應商，位於在韓國和新加坡後，占中國進口總額的 13% 的產品。如果沒有這些成品油的出口，委內瑞拉對中國的出口依賴程度將更大。[10] 二十世

---

[10] Carlos Casanova et al., "Measuring Latin America's Export Dependency on China," *BBVA Research Working Paper*, No. 15/26, <https://www.bbvaresearch.

紀初期，委內瑞拉政府接洽中國尋求發展幫助。兩國政府在各種生產和社會問題上建立了短期資金支援機制。[11]

　　委內瑞拉國家石油公司已經和中石油和中石化公司簽署了幾個合資開發的項目。2001 至 2004 年，中石油與委國家石油公司簽約開發奧里諾科重油帶、蘇馬諾（Su Manuo）油田，還合資成立了中委奧里乳化油公司。中國石油公司通過中委基金加大對重油帶的勘探開發投入，具代表性的是 2012 年，中石油斥資 9 億美元獲得胡寧（Junin）4 區塊、8.7 億桶可採儲量的開採權；中國海洋石油總公司獲得蘇克瑞元帥（Mariscal Sucre）天然氣專案開發權益，可日產 34 萬立方公尺天然氣和 37 萬桶凝析油。2013 年 9 月，委內瑞拉總統馬杜羅訪華期間與中方正式簽署一系列合作協定，由中國石油化工集團公司與委國家石油公司合作開發全球最大的重油和超重油富集帶──奧里諾科重油帶的胡寧 1 區塊和胡寧 10 區塊。經過多年的謀劃與布局，中國石油公司在委項目已進入戰略經營和業務成長時期。2014 年，中國從委進口原油 25.3 萬桶／日，占中國進口量的 4.1%。委成為中國第七大原油進口來源國。在石油貿易的帶動下，中國成為委第二大交易夥伴、最大的債權國和貸款來源國，而委成為中國在拉美的第四大交易夥伴和主要的工程承包市場。[12] 表 5.1 為委內瑞拉十年間從中國國家開發銀行與進出口銀行得到的貸款。

　　com/wpcontent/uploads/2015/08/15-26_WorkingPaper_China-and-Latin-America.pdf>(August 2015), p. 12.

[11] Antulio Rosales, "Deepening Extractivism and Rentierism: China's Role in Venezuela's Bolivarian Developmental Model," *Canadian Journal of Development Studies*, Vol. 37(2016), pp. 8-9.

[12] 崔守軍，張子陽，「探析中國與委內瑞拉能源合作」，現代國際關係，第 2 期（2016），頁 49。

表 5.1　中國國家開發銀行與進出口銀行提供給委內瑞拉的貸款（2007-2018年）

時間	總類	目的	借款方	金額
2007 年 11 月	能源	聯合基金（A 段）	國家開發銀行	40 億美金
2009 年 4 月	能源	聯合基金（B 段）	國家開發銀行	40 億美金
2009 年 12 月	能源	未知	國家開發銀行	5 億美金
2009 年 12 月	礦業	礦業項目信貸	國家開發銀行	10 億美金
2010 年 5 月	其他	貿易項目信貸設施	國家開發銀行和葡萄牙聖靈銀行	11 億美金
2010 年 8 月	能源	聯合基金——長期設施	國家開發銀行	203 億美金
2011 年 6 月	能源	聯合基金（A 段再次協議）	國家開發銀行	40 億美金
2011 年 11 月	能源	阿布雷烏利馬煉油廠	國家開發銀行	15 億美金
2012 年 2 月	能源	購置石油相關產品	國家開發銀行	5 億美金
2012 年 8 月	能源	聯合基金（B 段再次協議）	國家開發銀行	40 億美金
2013 年 6 月	能源	中委合資公司在奧里諾科河的產量	國家開發銀行	40 億美金
2013 年 9 月	礦業	拉斯克麗斯蒂納絲金礦	國家開發銀行	7 億美金
2013 年 9 月	基礎設施	委內瑞拉國家石油公司海運油庫	中國進出口銀行	3 億 9 千萬美金
2013 年 11 月	能源	聯合基金（C 段）	國家開發銀行	50 億美金
2014 年 7 月	基礎設施	聯合基金（A 段再次協議）	中國進出口銀行	40 億美金
2015 年 4 月	能源	聯合基金（B 段再次協議）	國家開發銀行	50 億美金
2016 年 11 月	能源	改善石油產量	國家開發銀行	22 億美金
2018 年 9 月	能源	石油產業發展	中國開發銀行	50 億美金

資料來源：Kevin Gallagher and Margaret Myers, *"China-Latin America Finance Database,"* Washington: Inter-American Dialogue, 2018. 筆者整理。

2016 年 11 月，中國石油天然氣集團公司（中國石油集團）與委內瑞拉石油公司達成價值 22 億美元的協定，提高其合資公司的石油產量。委內瑞拉目前待償付的中國債務總額約為 200 億美元。然而從 2014 年以來，由於國際油價大幅下跌，委內瑞拉原油產量持續下降，加上現有經濟發展難以為繼，委內瑞拉正面臨嚴重的經濟衰退。與此同時，委內瑞拉國內還面臨著嚴重的政治危機，委國內反對派試圖推動公投推翻馬杜羅政府，委內瑞拉已變得愈來愈依賴中國的貸款。同時政治和經濟的不穩定讓委內瑞拉經濟處於經濟危機的邊緣，這更強化了它對中國的依賴。由此看來，中國發現自身的海外投資受阻於委內瑞拉總體經濟不振。例如，雖然中石油和中石化簽署了一系列關於奧里諾科河勘探的協定，但與委內瑞拉國家石油公司合作的實際生產和投資也遠低於預期。這兩家公司已經面臨了實際困難，尤其是在升級和投資煉油以及在重質原油合作方面。如上面所說，大多數委內瑞拉石油屬於重質原油，需要複雜的煉油技術和更多的投資。同時，委內瑞拉不斷惡化的經濟和社會問題，也導致中國在委內瑞拉問題上採取謹慎的態度。

　　對中國而言，委內瑞拉是充滿不確定性的合作夥伴。委內瑞拉僅僅是世界第 12 大石油生產國和第 9 大出口國，其產量下降非常嚴重，與此同時，國際油價的急劇下跌，進一步威脅破壞委內瑞拉的經濟。石油工業約占委內瑞拉全國出口收入的 95% 以及國內生產總值（GDP）的 25%，[13] 所以石油方面的任何消極變化都將對玻利瓦爾政權的穩定性產生明顯影響。國家開發銀行 2012 年對拉丁

---

[13] Nathan Williams,"Venezuela: A Worthy Investment?" *Huffpost*, <http://www.huffingtonpost.com/china-hands/venezuela-a-worthy-invest_b_7250192.html>(May 2015).

美洲的一項風險研究也警告，南美有些國家有過度依賴石油和擁有軍事干預的傳統。不確定性是中國外交中一直排斥的，而它卻出現在了中國與委內瑞拉的關係中。[14] 委內瑞拉目前正處於七十年來最嚴重的經濟衰退之中，而其政府也正面臨信任危機，這對中國以及中國外交是有一定影響的。儘管中國與委內瑞拉有很深的兄弟情結，但是中國有必要定期進行對委內瑞拉投資的風險評估，並在委內瑞拉建立投資和貸款的「停損點」，同時，必須時刻關注委內瑞拉政府在未來幾年的執政改善狀況。

肆、中國、美國與委內瑞拉三方動態評估

委內瑞拉的動亂已經持續好幾個月，然而局勢似乎並沒有完全向著美國希望的方向所發展，反對派首領瓜伊多對現政府的各種破壞和挑釁行動，並沒有徹底動搖馬杜羅政府。不僅委內瑞拉軍方仍然堅定地保持對馬杜羅的支持，瓜伊多的反對派也開始被清算。美國已經威脅馬杜羅立刻釋放被捕的反對派政變人員，但是現在馬杜羅沒有做出絲毫退讓。加上俄羅斯也在加強於委內瑞拉的軍事合作，增強了馬杜羅的國內軍事支持。

委內瑞拉現在已成為大國勢力的角鬥場。2018 年 12 月，俄羅斯總統普丁下令將兩架超音速轟炸機部署在委內瑞拉，以示對馬杜羅的支持。2019 年 3 月，近百名俄羅斯軍人及數十噸軍事裝備乘

---

14 Margaret Myers, "China's Unlikely Partnership with Venezuela," *ISN*, <http://www.isn.ethz.ch/DigitalLibrary/Articles/Detail/?Ing=en&id=182309&utm_source=GEGI+Round+Up+14&utm_campaign=GEGI+Round+Up+14&utm_medium=email>(August 2014).

坐俄軍飛機抵達委內瑞拉首都卡拉卡斯。儘管俄羅斯方面聲稱是履行與委內瑞拉政府簽署的一項軍事合作協定，但美國當局使用強硬姿態表示要「考慮所有選項」把俄羅斯人從該國送走。只要有俄軍士兵公開駐足在委內瑞拉，就是對馬杜羅當局的巨大外交和信心支持，也是對經歷過古巴導彈危機教訓的美國構成威脅。同時，美國的軍事評估認為俄羅斯為馬杜羅政權提供軍事和網路戰技術支援，可能是為了保護馬杜羅不受「改變政權」的威脅，確保俄羅斯在拉丁美洲維持委內瑞拉這個立腳點。在委內瑞拉的較量不過是美俄雙方在中東較量的延續。美國從敘利亞撤軍其實意味著美國中東政策階段性的失敗，而俄羅斯在拉美不會放過這次與美國談判的機會，加大它在其他國際事務中的籌碼。

因此，美國如果任局勢發展，他們完成對馬杜羅政權顛覆的可能性會愈來愈小。美國對委內瑞拉的軍事干涉可能性存在，但概率不大。從川普外交特色來看，他更傾向於低成本的外交，不願真正地投入，所以外交比戰爭來說更符合這一特點。從現在形勢觀察，美國或更擅長用軍事訛詐威脅，而非真正地投入軍事力量。艾理斯認為，美國現在軍事介入存在兩個風險，一是和委內瑞拉軍隊發生交戰從而陷入新的戰爭泥淖；二是和俄羅斯發生軍事衝突。眼下，美國正從敘利亞、伊拉克等戰爭「泥沼」中脫身，不可能再把腿陷入另一個「泥沼」之中。[15] 同時，從上世紀初開始到八十年代末，美國武裝干涉拉美國家內政的事情層出不窮，這一現象直接造成拉美局勢的長期動盪，經濟得不到應有的發展，所以拉美大部分

---

[15] R.Evan Ellis, "The Impact of China on the Latin American Security Environment," *Revista da Escola de Guerra Naval*, Vol. 2(2018)；筆者對 Evan Ellis 於 2019 年 4 月進行電話訪談，徵得其同意後，將觀點附於文中。

國家也會反對美國軍事介入委內瑞拉局勢。而且美國雖然凍結了委內瑞拉的黃金，但俄羅斯仍和委內瑞拉政府有石油貿易的往來，這使得美國可能在未來不得不坐下來與委內瑞拉現政府和俄羅斯談判。

但美國對委內瑞拉的經濟制裁會逐漸加重。美國 2019 年 2 月宣布制裁委內瑞拉，旨在瞄準馬杜羅政權的命脈：石油業及國有的委內瑞拉石油公司（PDVSA）。白宮此前的行政命令只針對委內瑞拉的政府官員和個別產業，現在，新制裁將打擊這個占政府收入 90% 以上的行業。美國的制裁措施旨在推翻馬杜羅，推動委內瑞拉舉行新選舉。所以，比起軍事介入，經濟制裁的成本和風險都相對較小。

不難看出，委內瑞拉危機也是整個拉美地區的困境。不管是主張國家介入的那些左翼政府，或是近年轉型市場經濟的中右翼政府，社會和經濟層面的問題是直接考驗領導人治理能力的場所。也恰是在這個意義上，委國近五年（2014-2019）急轉直下的國運便值得我們留意，因為，經濟富足對於百姓才是第一位的。同時，從拉美多個大國對委內瑞拉總統的批評中可以看出左翼理念已經無法獲得周邊大國如阿根廷的認同。在不遠的未來，我們可以看到拉美地區的風向標將逐漸趨於右翼，左翼意識形態會繼續稀釋淡薄。而且在犧牲了環境、破壞當地生態文化的情況下，拉美已有不少有識之士意識到依賴榨取自然資源的發展模式有再次淪為已開發國家附庸的潛在危險。在以上的情形來看，今天的委內瑞拉是一個非常值得我們警惕的例子。

目前，烏拉圭、哥斯大黎加、智利、厄瓜多、千里達和托巴哥等十幾個拉美和加勒比國家與中國簽署了共建「一帶一路諒解備忘

錄」。中國也將委內瑞拉納入「一帶一路」倡議範疇，這本身就不是簡單的考量。中國對委內瑞拉的支援是出於長遠戰略布局的需要，是有利於「一帶一路」在拉美進一步的展開。無論是國家戰略上的需要，還是國際道義上的考慮，北京都不會輕易對委內瑞拉的經濟局勢落井下石，能幫則幫是北京的基本態度。

不少美國學者如陳懋修（Matt Ferchen）認為，由於中國與委內瑞拉建立了緊密的金融、貿易和外交關係，現在美國是時候讓中國參與到解決委內瑞拉困境的討論中來。[16] 但中國對不干涉原則的承諾和南南外交倡議背後有著更為複雜的現實。一方面，中國可能會調整不干涉內政的原則。就現實利益而言，考慮到中國向委內瑞拉提供的巨額貸款和投資，和委內瑞拉石油對中國能源安全的重要性，中國有無數切實的理由為委內瑞拉尋求一條至少是可持續的經濟治理道路，尤其是在石油行業。委內瑞拉已經拖欠了部分中國貸款，最好的情況也只能償還利息。如果委內瑞拉不能按中國要求的數量輸出石油，那麼中國維持委內瑞拉現狀的動力可能比想像中更弱。[17]

因此，中國可以並且應當與委內瑞拉的鄰國及國際組織合作，思考如何說明緩解委內瑞拉當前危機，同時樹立中國貸款的正面案例。在石油行業的治理上達成多邊合作的可能性同樣值得探索，秉持中國與其他各國共同應對全球氣候變化的目標，協力找出合理開

---

[16] Matt Ferchen,"Why Did China Stand by Maduro in Venezuela?" *The Washington Post*, <https://carnegietsinghua.org/2019/02/05/why-did-china-stand-by-maduro-in-venezuela-pub-78307>(February 2, 2019).

[17] Yanran Xu,"As Latin America Goes Right, Can China Keep Its Footing?" *Americas Quarterly*, Vol. 13, No. 2(2019).

採和利用委內瑞拉超重原油的方法。

中國在一些與軍事合作可能相關的行為上要盡量小心，以避免美國對這些行為的政治解讀。雖然中國與委內瑞拉的軍事合作非常透明化，但如果有些美國官員和學者對中委關係的發展進行過度的政治性解讀，那麼中美委三邊互動將非常有可能朝著惡性互動的路徑上發展。此外，拉美國家普遍具有強烈的獨立自主意識。把委內瑞拉當成美國後院是不太恰當，而委內瑞拉民眾也普遍反感這類提法。中國應注意到美國在委內瑞拉有重要利益關切；同時，中國也應尊重委內瑞拉獨立自主的意願。建立高層戰略對話，有利於地區凝聚團結的力量，理解中方在拉美地區的務實性，增加互信，消除誤會，共同推動雙邊及整體合作的領域朝著彼此期望的方向不斷拓展。因此，需要構建一個定期的、中美拉高層（部長級以上）戰略對話機制。

伍、結語

儘管拉美國家實施多元外交，對美國的依賴逐漸減弱，但美國依然是拉美國家對外交往中不可或缺的重要因素。雖然當前川普政府並沒有制訂特別針對中拉關係發展的戰略政策，但美國對拉美的一些政策會直接或間接地影響中拉關係，產生的效果有積極的也有消極的。從整體上來看，中拉關係的發展對於拉丁美洲來講有其積極的影響，中國擴大在拉美的投資將起到刺激拉美經濟發展的作用，這一點與美國在西半球的目標是符合的。中美拉三邊的良性互動機制也極其必要，這種三邊的良性互動機制既應包括民間的經濟和文化交流，也應包括中美拉三邊的高層戰略對話。如果中、美、拉三方能夠合理地制定高層戰略對話機制，消除誤會，就可以

實現三方共同發展，和諧共處的局面。

中拉整體合作不應固守舊有思維，而應具有創新思維，順應時代，提出符合中拉雙方利益而實現共贏的模式。中拉整體合作範疇廣、領域多、差異性大、涉及因素複雜多變，在未來整體合作機制的構建進程中，應該力避包羅萬象、急於求成和急於做大的心態，穩步推進首腦高峰會機制、部長會晤等機制，穩妥設置安全、氣候、糧食、科技、衛生等議題。[18] 就中國而言，首先必須對拉美內部同一性和差異性有非常清晰的把握和理解。同時，從拉美國家的角度來說，珍惜地區凝和的力量，理解中國戰略夥伴的務實特性，將可能減少猜疑、增加互信，真正利用好這一平台提供的合作機會，使各自訴求與中國的戰略目標找到契合點，共同推動雙邊及整體合作的領域朝著彼此期望的方向不斷拓展。

中拉關係的最大問題是雙方相互了解不深不透。這一問題的危害性之一就是「中國威脅論」，以及恐懼中國的心態在拉美尚有「市場」，甚至在不斷蔓延。例如：一些拉美的媒體經常將中國視為發達國家，並稱昨天的美國與拉美的關係就是明天的中國與拉美的關係。又如，「中國帝國主義」、「中國新殖民主義」等汙蔑性詞彙經常出現在拉美的某些媒體上。在一些反對中國企業的遊行示威中，還出現了不雅的反華標語和口號。為了最大限度地消除「中國威脅論」和恐懼中國的心態，除了加大對拉美等宣傳力度以外，還應該採取以下措施：一是要鼓勵中國企業在拉美承擔更多的社會責任，嚴格遵從東道國法律，妥善處理投資專案與其所在地政府和民眾的關係；二是要吸引更多的拉美遊客來華旅遊，使其對中國的

---

[18] 王友明，「構建中拉整體合作機制：機遇、挑戰及思路」，**國際問題研究**，第 3 期（2014），頁 116。

國家形象獲得一個眼見為憑的認知；三是要鼓勵更多的拉美青年來華留學，為中拉關係的可持續發展奠定基礎；四是中國駐拉美國家的使館要多多舉辦一些宣傳和介紹中國的活動。[19]

　　未來的世界是一個複雜的全球性的商業、金融和資訊網路連結，需要各方積極參與。從長遠來看，雙方的相互依存關係的多維度發展將使一些分歧變得模糊和淡化。中國應當結合共同發展的理念和「一帶一路」的思想戰略來落實其對拉美的外交政策。中、美、拉三方應該迫切需要建立一種三邊對話機制，並且美洲的國際組織應該加大開放性，努力為建設一個三邊地緣政治關係的機制而做出貢獻。簡而言之，中國與世界的融合是充滿無限可能和機遇的。中國需要世界，世界同樣寄希望於中國，在共同發展的前提下，拉美在經濟和社會建設上取得長遠發展會使中美在拉美的發展中實現合作共贏，對中國處理好與美國和拉美地區的關係具有強大的現實意義。

參考書目

中文部分

王友明，「構建中拉整體合作機制：機遇、挑戰及思路」，**國際問題研究**，第 3 期（2014 年），頁 105-117。

江時學，「中國與拉美關係：是處困難期，還是最佳期？」，人民網，〈http://world.people.com.cn/n1/2016/0114/c1002-28051959.html〉

---

[19] 江時學，「中國與拉美關係：是處困難期，還是最佳期？」，人民網，〈http://world.people.com.cn/n1/2016/0114/c1002-28051959.html〉（2016 年 1 月 14 日）。

（2016 年 1 月 14 日）。

朱鴻博，「中、美、拉三邊關係互動與中國的拉美政策」，拉丁美洲研究，第 32 卷，第 4 期（2010 年），頁 59-64。

羅鈞禧，「歐巴馬扭轉的拉美政策，將被川普推翻？」，The Initium，〈https://theinitium.com/article/20161121-opinion-michaellaw-apec/〉（2016 年 11 月 21 日）。

高奇琦，「中美拉三邊關係的影響因素及其戰略應對」，國際觀察，第 3 期（2015 年），頁 132-144。

崔守軍、張子陽，「探析中國與委內瑞拉能源合作」，現代國際關係，第 2 期（2016 年），頁 47-53。

外文部分

Casanova, Carlos, Le Xia, and Romina Ferreira, "Measuring Latin America's Export Dependency on China," *BBVA Research Working Paper*, No. 15/26, <https://www.bbvaresearch.com/wpcontent/uploads/2015/08/1526_WorkingPaper_China-and-Latin-America.pdf >(August 2015).

Ellis, R. Evan, "The Impact of China on the Latin American Security Environment," *Revista da Escola de Guerra Naval*, Vol. 2(2018).

Ellis, R. Evan, "It's time to think strategically about countering Chinese advances in Latin America," *Global Americans*, <https://theglobalamericans.org/2018/02/time-think-strategically-countering-chinese-advances-latin-america/ >(February 9, 2018).

Ferchen, Matt, "Why Did China Stand by Maduro in Venezuela?" *The Washington Post*, <https://carnegietsinghua.org/2019/02/05/why-did-china-stand-by-maduro-in-venezuela-pub-78307>(February 5, 2019).

Gallagher, Kevin P. and Margaret Myers, *China-Latin America Finance Database*, <https://www.thedialogue.org/map_list/ >(2019).

Koleski, Katherine and Alec Blivas,"China's Engagement with Latin America and the Caribbean," *U.S.-China Economic and Security Review Commission Staff Research Report*, <https://www.uscc.gov/sites/default/files/Research/China%27s%20Engagement%20with%20Latin%20America%20and%20the%20Caribbean.pdf> (October 27, 2018).

Liu,Yongtao, "Promote China-Latin American Relations in the Twenty-First Century," *GCG Journal*, Vol. 6, No. 1(2012).

Myers, Margaret, "China's Unlikely Partnership with Venezuela," *ISN*, <http://www.isn.ethz.ch/DigitalLibrary/Articles/Detail/?lng=en&id=182309&utm_source=GEGI+Round+Up+14&utm_campaign=GEGI+Round+Up+14&utm_medium=email >(August 2014).

Paz, Gonzalo Sebastián,"China, U.S. and Hegemonic Challenge in Latin America: An Overview and Some Lessons from Previous Instances of Hegemonic Challenge in the Region," *The China Quarterly,* Vol. 209(2012).

Rosales, Antulio, "Deepening Extractivism and Rentierism: China's Role in Venezuela's Bolivarian Developmental Model," *Canadian Journal of Development Studies*, Vol. 37(2016).

Williams, Nathan, "Venezuela: A Worthy Investment?" *Huffpost*, <http://www.huffingtonpost.com/china-hands/venezuela-a-worthy-invest_b_7250192.html> (May 2015).

Xu,Yanran,"As Latin America Goes Right, Can China Keep Its Footing?" *Americas Quarterly*, Vol. 13, No. 2(2019).

6 區域石油安全結構中的印度：依賴與風險

黃偉倫

倫敦大學亞非學院政治學與國際研究

博士候選人，技嘉科技資料科學家

　　本文從「依賴」與「風險」兩個社會心理學概念，理解印度在區域石油安全結構中的石油安全戰略。經濟發展與石油需求不斷增加下，印度政府在 1999 年開放外資進入石油天然氣產業以增加國內生產，但成效不彰。當前國際油價處於相對低檔價位，加上美國於 2016 年對緬甸解除經濟制裁，將有助於印度石油進口多元化與海外置產。面對中國「一帶一路」戰略，印度積極連結東邊（緬甸）、西邊（伊朗）、北邊（土庫曼）天然氣管線。對印度石油安全戰略而言，2017 年成爲上海合作組織正式成員後，南亞、中亞、中東三方的地緣政治經濟互動將是未來觀察重點。

　　文章第一部分指出依賴與風險隱含在一般社會交換關係中。因此，國際能源安全結構中，行爲者之間的溝通渠道與石油天然氣的運輸渠道，決定了國家對能源安全的認知。第二部分討論印度不斷增加的國內能源需求與不安全感。第三部分討論印度石油與天然氣產業開放與補貼政策。第四部分討論印度的石油外交與海外投資。第五部分討論地緣政治與印度的天然氣管線計畫。第六部分總結指出印度石油安全戰略目前面臨的挑戰與未來可能發展的方向。

關鍵字：

印度、石油安全、天然氣管線計畫、社會交換關係、依賴、風險

壹、前言：分析框架

國際能源安全結構中，國家政府、國營石油企業、私營石油企業、區域組織是主要行為者。結構中主要變數有二：相互依賴與風險（威脅或信任）。[1]能源安全結構在本質上是一種社會交換關係。社會心理學者把「社會交換」分為兩種類型：談判交換（Negotiated Exchange）與互惠交換（Reciprocal Exchange）。談判交換建立在「相互依賴」的基礎上；互惠交換建立在「相互信任（低風險）」的基礎上。在談判交換中，行為者做出明確的協議，明確指出交易條款或相關利益分配。談判交換有清晰的成本收益計算，並有明確的討價還價過程、協議，以及個別獨立的交易。相反的，在互惠交換中，行為者「依序」相互提供有價值的產品或服務。互惠交換是由其中一方行為者主動提起對另一方有利（對自己不利）的交換，期望獲得對方回報，但不知對方未來是否會回報。[2]

更重要的是，這意味著，風險問題在互惠交換過程比談判交換

---

[1] 依賴與風險決定了國際結構中的權力關係。權力本質上是一種社會「關係」，而非「資產或所有物」，不對稱關係下，被依賴者能夠強迫依賴者、被信任者能夠說服信任者。進一步來說，這種權力關係建立在社會交換關係上。參閱黃偉倫，「印度與南亞國家之經貿關係：網絡權力觀點」，收於司徒文、陳牧民主編，南亞研究新視野：政治發展、國際關係、經濟社會（台北：五南出版社，2015 年）。

[2] Edward J. Lawler, "The Affect Theory of Social Exchange," in *Contemporary Social Psychological Theories*, ed. Peter J. Burke (Stanford, C.A.: Stanford University Press; London: Eurospan [distributor], 2006), p. 254；關於社會交換理論在國際關係研究的應用，參閱丁韶彬，大國對外援助：社會交換論的視角（北京：社會科學文獻出版社，2010 年），第二章。

過程更重要。社會學者 Blau 指出，由於無法保證能獲得適當的回報，互惠社會交換需要信任他人以解除他人的義務。[3]互惠交換過程中，主動者被利用的恐懼較大，因此，高風險與高度不確定性提供主動行為者展現可信賴度（Trustworthiness）的機會。也就是說，比起談判交換，互惠交換關係中的行為者擁有較強的互信。[4]

從社會交換的觀點來看，國際能源安全結構中，主要行為者之間的溝通渠道及石油天然氣的運輸渠道，決定了各國對能源安全的風險認知。前者包括官方與非官方的交流，後者包括石油天然氣的取得、運輸路線與管線。當一國石油需求趨近於能源供給時，其可承受之石油供應量波動及油價波動愈低，愈容易遭遇經濟及軍事的衝擊，包含投資意願降低、國內生產毛額下降、軍事動員能力降低，[5]因此，國家的不安全感也會隨之上升。除了積極在國內探勘生產石油，為了確保產油國能滿足印度的能源需求，印度也不斷強化與中東及中亞國家的政治關係與外交溝通渠道，降低石油供應的政治風險。此外，為了分散對中東產油國的進口依賴，印度也積極尋找西非（奈及利亞）及南美洲（委內瑞拉）的賣家。

這裡要強調的是，雖然增加國內生產及海外生產能降低進口依賴，但仍有潛在風險。在國內層次，對能源安全的威脅可能來自：

---

[3] Peter M. Blau, *Exchange and Power in Social Life* (New York: Wiley, 1964), p. 94.

[4] Linda D. Molm, Nobuyuki Takahashi, and Gretchen Peterson, "Risk and Trust in Social Exchange: An Experimental Test of a Classical Proposition," *American Journal of Sociology* Vol. 105, No. 5(2000).

[5] 魏艾、林長青，中國石油外交策略探索：兼論安全複合體系之理論與實際（台北：生智，2008 年），頁 16。

政府或獨占事業等壓力團體導致錯誤政策與基礎設施不足、國內基礎設施遭意外或恐怖攻擊。在國際層次，威脅可能來自：對特定國家實施禁運（產油國或非產油國）、產油國減產漲價、戰爭與封鎖通道、出口配額限制。[6]最後是國際油價波動風險，印度跟大部分能源進口國一樣，並無主動訂價權。

以下本文將從六個面向分析印度在區域石油安全結構中的能源安全戰略，由國內層次到國際層次。第二部分討論印度不斷增加的國內能源需求與不安全感。第三部分討論印度石油與天然氣產業開放與補貼政策。第四部分討論印度的石油外交與海外投資。第五部分討論地緣政治與印度的天然氣管線計畫。第六部分總結指出印度石油安全戰略目前面臨的挑戰與未來可能發展的方向。

貳、印度能源需求與擔憂

印度是全球第三大能源消費國，僅次於中國、美國。1990 至 2009 年之間，印度的能源需求量成長了超過兩倍，由 1990 年的 319 百萬噸油當量（Million Tons of Oil Equivalent，簡稱 Mtoe）成長至 2009 年的 669 百萬噸油當量。就每人平均能源消費而言，印度的人均能源總消費比中國和非洲都低，平均每人只有 0.58 噸標準油（toe）。世界平均是 1.8 噸標準油、經濟合作與發展組織（OECD）國家每人平均是 4.28 噸標準油、中國每人平均是 1.7 噸標準油。換言之，印度的能源需求要達到飽和還有很長的時間。隨著 12 億人口生活品質的提升，未來能源需求還會逐漸增加。[7]

6　同前註，頁 17。

7　Sun-Joo Ahn and Dagmar Graczyk, "Understanding Energy Challenges in India"

從 2016 年印度能源供給結構來看，煤礦是能源供給最大來源，占近 45%，石油加上天然氣占 30%，生質燃料占 22%（請見圖 6.1 右圖）。1991 年經濟改革以來，印度能源供給結構逐漸從生質燃料移轉到煤礦，主因是過去大多數印度鄉村低收入家庭使用木材或動物排泄物作為日常能源，然而，過去二十年城市化使得能源消費結構有所改變。[8]印度生質燃料供給占比從 1990 年的 44% 減半至 2016 年的 22%，煤礦能源供給 1990 年的 30% 上升至 2016年的近 45%（請見圖 6.1）。

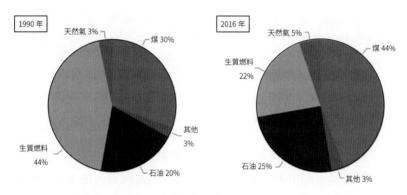

圖 6.1　1990 年、2016 年印度能源供給結構比較
資料來源：國際能源署〈https://www.iea.org/statistics〉。

　　就石油與天然氣而言，印度對於能源安全的主要擔憂在於以下三點：一、不斷上升的能源需求，導致石油供應吃緊；二、國內石油生產無法提升，進口依賴增加；三、國際油價波動加上國內油價補貼造成印度財政負擔。印度對於原油需求不斷增加。1990 年時，有 37% 的石油需求依賴進口，到了 2012 年估計有 75% 石油

in *Partner Country Series*(Paris: International Energy Agency, 2012), p. 24.

8　Ibid., p. 25.

依賴進口，2035 年更估計達到 92%。過度依賴進口會增加能源安全的風險，亦會增加財政負擔。[9]2017 年資料顯示，印度的前五大石油供應國如下：伊拉克（19%）、沙烏地阿拉伯（18%）、伊朗（11%）、奈及利亞（9%）、阿拉伯聯合大公國（8%）。總體而言，印度有超過 60% 的石油從中東國家進口（請見圖 6.2）。

2008 年的《整合能源政策》（Integrated Energy Policy）是印度政府第一個全面檢視各個能源產業的能源政策。2004 年由印度國民大會黨主導的「聯合進步聯盟」（United Progressive Alliance）上台後，前總理辛格（Manmohan Singh）強調，對印度而言，能源安全的重要性僅次於食物安全。[10] 因此，辛格隨即責成計畫委員會（Planning Commission）[11] 成立專家小組做成相關政策計畫，2006 年 8 月，計畫委員會專家小組發表草案，最後於 2008 年由國會通過《整合能源政策》。《整合能源政策》中特別指出，直到第 15 個五年計畫結束（2032 年）之前，印度能源供應要能夠維持

9　Ibid., 62; Talmiz Ahmad, "Geopolitics of West Asian and Central Asian Oil and Gas: Implications for India's Energy Security," in Ligia Noronha and Anant Sudarshan ed., *India's Energy Security*, (London: Routledge, 2009), pp. 68-69.

10　Quentin Peel, "India's Terms of Engagement," *Financial Times*, <http://www.ft.com/cms/s/0/53afa1d0-3386-11d9-b6c3-00000e2511c8.html> (November 11, 2004).

11　「計畫委員會」在 1950 年印度社會主義混和經濟時期設立。2015 年一月印度總理 Modi 廢除計畫委員會，並以智庫形式的「印度國家改革機構」（National Institution for Transforming India）取代之，被視為一大改革。「一個印度社會主義實驗的終結」，紐約時報中文網，〈http://cn.nytimes.com/world/20140825/c25india/dual/〉（2014 年 8 月 25 日）；"Modi Replaces Planning Commission, Aiming to Boost Growth," *Reuters*, <http://in.reuters.com/article/2015/01/01/india-planningcommission-modi-idINKBN0KA1NA20150101> (January 1, 2015)。

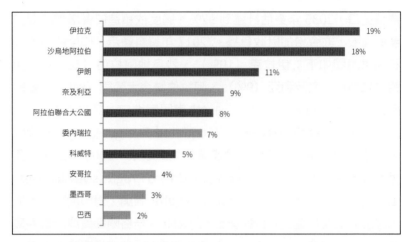

圖 6.2　2017 年印度前十大原油進口來源國占總體石油進口百分比

資料來源：Chatham House, ResourceTrade.earth. <https://resourcetrade.earth>.

註：深色爲中東國家。原始資料單位爲原油貿易額。

每年至少 8% 的經濟成長率，並以此消除貧窮、讓人民能受到完善的教育與健康。[12] 印度需要確保能源產業的基本能力及實體基礎建設。[13] 該政策強調擴大國內生產、發展水力發電與核能發電計畫、增加能源利用效率、增加再生能源利用。在海外參與部分，該政策提出下列目標：透過外國技術增加國內能源利用、在全球各地取得海外資產探勘生產、交互投資的原則下，於生產國與消費國參與下游計畫、達成長期液態天然氣合約、設立跨國天然氣管道、取得非傳統（可再生）能源技術、推廣亞洲區域內對話與投資並發展基礎

---

[12] 計畫委員會所制定的「五年計畫」對能源產業有直接影響，當中直接列出能源需求計畫與關鍵問題。「九五」計畫（1997-2002）取消了半管制經濟體制中的許可證制度，強調能源產業的商業性及私營部門的角色。Ahn and Graczyk, "Understanding Energy Challenges in India ," p. 22.

[13] Ibid., pp. 21-22.

建設。[14]

參、石油天然氣產業開放與補貼政策

一、印度石油天然氣產業開放政策

印度油氣政策主要決策單位是石油暨天然氣部（Ministry of Petroleum and Natural Gas，簡稱 MOPNG）與石油暨天然氣監管會（Petroleum and Natural Gas Regulator Board，簡稱 PNGRB）。前者主管上游油氣企業、國營油氣企業及石油天然氣定價，後者主管下游油氣企業。[15] 印度主要上游國營企業包含：印度石油天然氣公司（Oil and Natural Gas Corporation, ONGC）、印度天然氣公司（Gas Authority of India, GAIL）、印度石油（Oil India Limited, OIL）。中下游國營企業包含：印度石油公司（The Indian Oil Corporation Limited, IOC）、巴拉特石油公司（Bharat Petroleum Corporation Limited, BPCL）、印度斯坦石油公司（Hindustan Petroleum Corporation Limited, HPCL）。最後，外交部（Ministry of External Affairs）設有能源安全小組（Energy

---

[14] Ahmad, "Geopolitics of West Asian and Central Asian Oil and Gas: Implications for India's Energy Security."

[15] 印度最具影響力的能源智庫是 The Energy and Resources Institute（TERI），前稱 Tata Energy and Research Institute，常受中央及邦政府諮詢。另一主要智庫是由信實工業成立的 The Observer Research Foundation（ORF），其與美國布魯金斯研究院合作的研究成果被計畫委員會引用為《整合能源政策》的依據。請見 Tanvi Madan, "The Brookings Foreign Policy Studies: India," in *Energy Security Series*(Washington, D.C.: The Brookings Institution, 2006), p. 32。

Security Division）配合海外交涉作業。[16]

主要私營油氣公司包含凱恩能源（Cairn India）、埃薩石油公司（Essar Oil Limited, EOL）、信實工業（Reliance Industries Limited, RIL）、威迪奧控工業（Videocon Industries Limited）。主要外國油氣公司為英國石油（British Petroleum, BP）及荷蘭皇家殼牌石油公司（Royal Dutch Shell）。[17]

1956 年，印度政府公布《工業政策決議》（Industrial Policy Resolution），建立政府管制下的混合經濟體制，分別在上游產業成立石油天然氣委員會（Oil and Natural Gas Commission，ONGC 的前身）、在下游產業成立印度石油公司（IOC）。[18]印度在 1970 年代石油危機後展開油氣產業國有化。1981 年 10 月，國有化完成後，政府隨後控制了石油與天然氣的流通和價格。[19]然而，隨著經濟發展，為了滿足國內能源需求，印度政府在 1999 年頒布《新探勘許可政策》（New Exploration Licensing Policy，簡稱 NELP）。

《新探勘許可政策》是印度上游油氣產業政策的基礎，目的在

---

[16] Ahn and Graczyk, "Understanding Energy Challenges in India, " pp. 59-60.

[17] Ibid., p. 61.

[18] Ibid., pp. 58-59.

[19] 張宏民，「印度石油工業及其產業政策變遷」，上海期貨交易所，〈http://www.shfe.com.cn/jrysp/23/4.pdf〉；國際油價上漲加上國內政治制度化程度低，常造成石油企業國有化。參閱 Sergei Guriev, Anton Kolotilin, and Konstantin Sonin, "Determinants of Nationalization in the Oil Sector: A Theory and Evidence from Panel Data," *Journal of Law, Economics, and Organization*, Vol. 27, No. 2(2011)。

於：加速國內油氣生產，以滿足日益增加的國內需求、開放國際投標、百分之百的私營企業參加及外人直接投資（FDI）。然而，國內油氣生產商業化過程卻遠不如預期。自 1999 年推出《新探勘許可政策》以來，60 個探勘處中，僅個位數進入生產階段。此外，外國企業參與並不踴躍。2008 年《新探勘許可政策第七回合》（NELP-VII）之後，外國企業與本國私營企業逐漸退出，從 2008 年 21 家外國企業，降到 2011 年只有 8 家外資企業參與，總投資金額也隨之遞減。[20] 因此，印度政府逐漸將重心轉往海外油氣開發以及尋找新的石油天然氣供應國，以降低及分散能源依賴。

2001 年提出的《印度油氣遠景》（India Hydrocarbon Vision 2025）為加強石油天然氣之能源安全提出長期願景，強調石油天然氣產業的自由市場與競爭原則。在中長期戰略上，強調公營企業的靈活性與自主性、相關產業的全球競爭、加強利用國內資源。總體而言，《印度油氣遠景》確認了外資的重要性，但也同時強調公營企業的角色。[21]

二、國際油價波動與國內補貼

歷史上，印度至少有兩次因為國際油價暴漲而導致財政危機。1973 年石油危機爆發後，前總理英迪拉・甘地（Indira Gandhi）將石油產業國有化。1991 年油價暴漲導致印度經常帳赤字，印度政府被迫向國際貨幣基金組織（IMF）尋求紓困。一方面因為選舉

---

[20] Federation of Indian Chambers of Commerce and Industry (FICCI), "India's Energy Security: Key Issues Impacting the Indian Oil and Gas Sector," (The Federation of Indian Chambers of Commerce and Industry, 2011), p. 5.

[21] Ahn and Graczyk, "Understanding Energy Challenges in India," p. 59.

考量，另一方面為了維持國內經濟發展，國際油價暴漲的成本主要由政府吸收。雖然印度政府在 2002 年 4 月解除油價管制，[22] 國營下游石油企業持續以低於生產成本的價格銷售石油產品，這導致國營下游石油企業有大量財務虧損。其中有超過一半（52.5%）的財務虧損由印度政府發行石油債券或以現金方式補償，38.7% 的財務虧損由上游石油公司提供折扣，8.8% 的財務虧損由國營下游石油企業自行承擔。印度商工會聯盟（Federation of Indian Chambers of Commerce and Industry，簡稱 FICCI）研究報告指出：這將造成國營石油下游產業面臨流動性風險。若不盡早解決補貼問題，未來可能會降低煉油效能，甚至可能導致煉油廠關閉，危害印度能源安全。[23]

2014 年 10 月，印度總理莫迪（Narendra Modi）趁國際油價暴跌之際，推動國內油價改革，減少補貼。當前國際油價處於低檔，加上美國對緬甸解除經濟制裁，有更多產油國加入競爭，目前的石油市場是買方市場。2015 年美國歐巴馬政府和英國、中國、法國、俄羅斯及德國與伊朗簽訂核子協議，要求伊朗抑制核計畫，換取解除經濟制裁。雖然美國川普政府在 2018 年 5 月退出伊朗核協議，並於同年 11 月恢復對伊朗石油、航運、金融業的經濟制裁（請參考圖 6.3），但川普政府將印度與其他七國納入 180 天的暫時豁免名單內，可繼續向伊朗購買石油。因此，印度必須面臨抉擇：一方面，維持與中東國家的多年契約，抑或，要冒著較高的風險，向其他產油國以較低的價格進口，以達到多元化的目的。

---

22 汽油及柴油價格仍由政府管制。參閱 ibid., p. 64。

23 Federation of Indian Chambers of Commerce and Industry(FICCI), "India's Energy Security: Key Issues Impacting the Indian Oil and Gas Sector," p. 9.

圖 6.3　美國總統川普在對伊朗經濟制裁前推特發文表示「制裁即將來臨」

資料來源：Trump, Donald J. (realDonaldTrump). 2 November 2018, 9:01 AM. Tweet. <https:// twitter.com/realDonaldTrump/status/1058388700617498625>.

　　綜言之，印度石油天然氣產業面臨之困難如下：首先，國內基礎建設不足，國內油氣輸送網密度低。[24] 印度土地徵收困難，條件嚴苛。加上民選政府也不想得罪擁有既得利益的大地主，使得土地改革困難。[25] 第二，油價補貼機制造成印度政府財政負擔，特別是國際油價暴漲時。此外，即使印度政府已經開放 100% 外資進入石油產業，補貼下的低油價使國際石油公司缺乏誘因進入印度市

---

[24] Federation of Indian Chambers of Commerce and Industry (FICCI), "India's Energy Security: Key Issues Impacting the Indian Oil and Gas Sector," p. 8.

[25] Alan Potter, "Did India Miss an Opportunity for Reform?," *The Diplomat*, <http://thediplomat.com/2015/03/did-india-miss-an-opportunity-for-reform> (March 3, 2015).

場。所以,在缺乏專業技術知識與設備的情況下,國內石油生產難以提升。因此,印度政府將重心放在海外生產(降低進口依賴)及國外進口(分散進口依賴)。

肆、石油外交與海外投資

印度前石油暨天然氣部部長艾亞爾(Mani Shankar Aiyar)指出,石油外交的目的在於「降低不可避免及不斷增加的石油進口依賴所產生的風險」。特別是,過度依賴阿拉伯國家及伊朗的石油進口可能會增加經濟發展的脆弱性。石油外交的主要內容包括協助印度石油公司贏得海外競標、確保安全供應與合作、吸引投資與技術、鼓勵產油國投資印度下游石油產業。[26]

2011 年印度國營石油公司的海外投資大約是 14 億美元。ONGC Videsh Limited(簡稱 OVL,ONGC 的海外子公司)在 14 國擁有海外資產、OIL 及 IOC 在 9 國擁有海外資產、GAIL 在兩國(緬甸與阿曼)擁有海外資產、BPRL 在 7 國擁有海外資產、HPCL 在 3 國擁有海外資產。而就私營石油公司而言,信實工業(RIL)在海外擁有 13 個區塊,分別在秘魯、葉門、阿曼、庫德斯坦、哥倫比亞、東帝汶、澳洲。埃薩石油公司(EOL)在澳洲、印尼、馬達加斯加、奈及利亞、越南擁有海外資產。然而,印度國營石油公司的海外產能還是遠遠落後於中國國營石油公司。根據最具影響力的產業公會印度產業聯盟(Confederation of Indian Industry, CII)報告指出,2009 年中國在海外生產了 8,000 萬桶石油與天然氣,

---

[26] Madan, "The Brookings Foreign Policy Studies: India," p. 46.

同年印度只有生產 6,500 萬桶。[27]

　　印度國營石油公司的海外投資大部分集中在政治動盪的高風險地區，如非洲、中東、東南亞。國營石油公司在非洲的投資主要在蘇丹、奈及利亞、利比亞、埃及、莫三比克、加彭。[28]2004 年 OVL在安哥拉油田競標中敗給中國國營石油公司。[29]隨著 2006 年「中非合作論壇」後，2007 年印度緊接著在新德里舉行「印非能源合作會議」，會中印度石油暨天然氣部部長表示，將在兩三年內把非洲的石油進口量提升到每年 2,400-2,500 萬噸，並提出低息貸款、政府間援助，發展軍事政治關係等發展援助計畫。然而印度石油公司在非洲的競標並非十分順利，從非洲進口的石油總量也未達目標。[30]面對中國的競爭，印度國營石油公司官員表示，中國最大的優勢在於擁有聯合國安理會的否決權。中國時常威脅使用否決權來保護國營石油公司在海外的資產，避免這些政治動盪的國家（如緬甸、蘇丹）遭受經濟制裁與禁運。[31]

---

[27] Shebonti Ray Dadwal, "India's Overseas Assets: Do They Contribute to Energy Security?," *Strategic Analysis*, Vol. 36, No. 1(2012), pp. 14-15；印度國營石油公司海外資產及參與計畫的詳細資料，參閱 Ministry of Petroleum & Natural Gas, "Overseas Oil and Gas Exploration by Indian PSUs," <http://www.pib.nic.in/newsite/erelease.aspx?relid=74418> (August 11, 2011)。

[28] Shebonti Ray Dadwal, "India's Overseas Assets: Do They Contribute to Energy Security?," *Strategic Analysis* Vol. 36, No. 1(2012), p. 16.

[29] Ruchita Beri, "Prospects of India's Energy Quest in Africa: Insights from Sudan and Nigeria," ibid.34, No. 6(2010), p. 908.

[30] 蔡東杰，「中印在能源議題上之競合互動」，收於鄧中堅、邱稔壤主編，**探索中國大陸石油戰略與外交：合作、競爭與衝突**（台北：五南出版社，2014 年），頁 166。

[31] Dadwal, "India's Overseas Assets: Do They Contribute to Energy Security?," p.

另一方面，印度國營石油公司也積極與外國國營石油公司建立合作關係。OVL、IOC、OIL 和委內瑞拉石油公司合夥開發奧里諾柯重油區（Orinoco Heavy Oil Belt），與伊朗國家石油公司的子公司聯合開發伊朗外海的南帕斯（South Pars）天然氣。2005 年 8 月，印度石油暨天然氣部高層官員前往北京訪問。同年 12 月，印度石油天然氣公司與中國天然氣集團公司共同出價，取得敘利亞艾爾福瑞特石油公司（Al Furat Petroleum Company）部分股權。[32] 在東南亞，OVL 於 2011 年與越南國營汽油公司簽署協議，在南沙群島西側探勘，此舉引發中國向印度提出侵犯主權警告。雖然目前尚未發現油源，OVL 打算續約並繼續探勘，OVL 高層表示：「繼續運作將符合印度在南海的戰略及外交利益。」[33] 在俄羅斯遠東地區，OVL 在庫頁島一號石油計畫（Sakhalin-1 Project）中取得 20% 的權益。OVL 在古巴專屬經濟區，取得 30% 的深水探勘區塊，並於 2006 年與古巴國營石油公司（Cuba Petroleos）簽署聯合生產協議。[34]

16.

[32] Michael T. Klare 著，洪慧芳譯，石油的政治經濟學：高油價時代的新世界版圖（台北：財信出版，2008 年），頁 123-25；鄧中堅，「中國大陸在拉丁美洲之石油能源合作：機會與挑戰」，收於鄧中堅、邱稔壤主編，探索中國大陸石油戰略與外交：合作、競爭與衝突（台北：五南出版社，2014 年），頁 106。

[33] "ONGC not to exit Vietnam block despite poor prospectivity," *The Times of India*, <http://timesofindia.indiatimes.com/business/india-business/ONGC-not-to-exit-Vietnam-block-despite-poor-prospectivity/articleshow/48040450.cms> (July 12, 2015).

[34] Gurpreet S. Khurana, "Security of Maritime Energy Lifelines: Policy Imperatives for India," in *India's Energy Security*, ed. Ligia Noronha and Anant Sudarshan(London: Routledge, 2009), p. 111.

1973 年第一次石油危機爆發後，印度政府便開始由外交部主導發展經濟外交。印度體認到，維持保障與海灣國家的關係符合印度安全與經濟利益。印度與海灣國家建立全面性政治經濟關係，並於所有海灣國家建立大使館。印度外交人員積極在海灣國家推廣技術人才。現今，這些在海灣國家的印度勞工收入，已成為印度外匯主要來源。[35]海灣地區提供印度超過60%的石油供應，其中沙烏地阿拉伯是印度最大的原油供應國。海灣地區也是印度商品的主要出口市場、合資公司與技術轉移的主要商業夥伴。特別在九一一事件後，因為阿拉伯國家在西方國家投資限制變多，阿拉伯國家的出口便逐漸轉向印度市場。1990 年代末開始，波斯灣國家漸漸看好印度的政治經濟影響力，邀請印度成為海灣阿拉伯國家合作委員會（GCC）的對話夥伴，強化雙方政經關係。[36]2000 年代起 GCC 成員與印度的雙邊貿易也逐漸增加。2000 年印度只占 GCC 國家貿易份額的 2.5%，到了 2007 年印度占 GCC 國家貿易份額已增加至 4.1%（請見表 6.1）。進一步分析，在 GCC 國家對印度的貿易中，阿拉伯聯合大公國占 66%、沙烏地阿拉伯占 16%、卡達占 8%、科威特占 5%、阿曼占 3%、巴林占 2%。2004 年 8 月雙方已簽署經濟合作框架協定。[37]

---

[35] Kishan S. Rana, "Serving the Private Sector: India's Experience in Context," in Nicholas Bayne and Stephen Woolcock eds., *The New Economic Diplomacy: Decision-Making and Negotiation in International Economic Relations*, (Farnham: Ashgate, 2011), pp. 96-97.

[36] Ahmad, "Geopolitics of West Asian and Central Asian Oil and Gas: Implications for India's Energy Security," p. 71.

[37] Samir Pradhan, "India and the Gulf Cooperation Council (GCC): An Economic and Political Perspective," *Strategic Analysis*, Vol. 34, No. 1(2010), p. 97.

表 6.1　印度占海灣阿拉伯國家合作委員會（GCC）成員貿易占比

單位：%

年份	出口份額	進口份額	總貿易份額
1980	0.7	1.5	0.9
1990	2.9	2.0	2.6
2000	1.8	4.1	2.5
2001	2.2	3.9	2.8
2002	1.2	4.3	2.3
2003	1.4	5.0	2.7
2004	2.4	6.3	3.9
2005	2.1	6.3	3.6
2006	2.2	6.6	3.8
2007	2.5	6.5	4.1

資料來源：Samir Pradhan, "India and the Gulf Cooperation Council (GCC): An Economic and Political Perspective," *Strategic Analysis*, Vol. 34, No. 1(2010), p. 98.

　　除了 GCC 成員國，印度也與伊朗積極發展關係。從戰略角度來看，印度重視伊朗的原因包括：首先，伊朗是支持印度喀什米爾立場的少數穆斯林國家，並與巴基斯坦毗鄰；其次，印度希望借助伊朗擴大在阿富汗和中亞地區的影響力，確保區域穩定；最後，印度國內（什葉派）穆斯林對伊朗的同情也是印度保持與伊朗友好關係的關鍵因素。[38] 2003 年伊朗前總統哈塔米（Mohammad Khatami）在訪印期間與印度前總理瓦傑帕伊（Atal Bihari Vajpayee）簽署「德里宣言」，強調兩國的能源產業將進行戰略合

[38] 張力，「從伊朗危機看印度－美國戰略關係」，南亞研究季刊，第 4 期（2007 年），頁 1-7。

作。[39] 具體而言，合作項目可歸納為以下三點：

(一) 2005 年印度、伊朗兩國簽署一項 25 年的協議，確保印度長期能源安全：從 2009 年起伊朗將供應印度估計 400 億美元的液態天然氣；

(二) 印度石油公司將取得伊朗亞達瓦蘭（Yadavaran）及朱費伊爾（Jufeyr）油田探勘權；[40]

(三) 印度恢復「伊朗－巴基斯坦－印度」（IPI）天然氣管道計畫。然而，除了價格爭議、技術困難，以美國為主的國際壓力成為伊印兩國合作暫停的主要原因。[41]

　　然而，除了川普政府退出伊朗核子協議，恢復對伊朗制裁，對印度石油進口雪上加霜的是，美國在 2019 年 1 月底宣布制裁委內瑞拉馬杜洛政府及委內瑞拉國營石油公司（PDVSA）。委內瑞拉與伊朗占了印度石油進口來源的 17%（請見圖 6.4），面臨美國對伊朗及委內瑞拉的經濟制裁，2019 年 1 月印度從伊朗進口的石油已較去年同期減少了 45%，總石油進口量也較去年同期減少了 10%。兩個石油進口來源國相繼被美國制裁後，印度石油公司（IOC）於 2019 年宣布與美國石油公司簽訂了一年期石油進口合

---

[39] "India, Iran sign New Delhi Declaration," *The Economic Times*, <http://articles. economictimes.indiatimes.com/2003-01-25/news/27546023_1_iran-sign-india-and-iran-tehran> (January 25, 2003).

[40] "India signs pact to import 7.5 mt LNG from Iran," *The Hindu Business Line*, <http://www.thehindubusinessline.com/todays-paper/india-signs-pact-to-import-75-mt-lng-from-iran/article2164913.ece> (January 8, 2005).

[41] P. R. Kumaraswamy, "India's Energy Dilemma with Iran," *South Asia: Journal of South Asian Studies*, Vol. 36, No. 2(2013), p. 292.

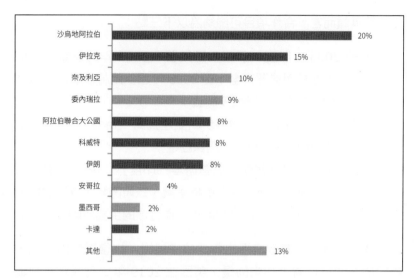

圖 6.4　2013 年至 2017 年印度原油進口來源占比

資料來源：Chatham House, ResourceTrade.earth. <https://resourcetrade.earth>.

註：深色爲中東國家。原始資料單位爲原油貿易額。

約。[42]

　　為了石油進口多元化、不過度依賴中東石油，印度近年來將注意力轉到中亞。[43] 自從阿富汗前總統卡爾扎伊（Hamid Karzai）2004 年上台後，印度在中亞的重心逐漸由軍事安全轉往經濟商業發展。其中，哈薩克是印度在中亞的主要貿易夥伴。OVL 在哈薩克

---

[42] Kiran Sharma, "India buys oil from US amid sanctions on Iran and Venezuela," *Nikkei Asian Review*, February 23, 2019, <https://asia.nikkei.com/Politics/International-relations/India-buys-oil-from-US-amid-sanctions-on-Iran-and-Venezuela> (March 1, 2019).

[43] Ravi Kumar Batra, "Natural Gas Pipelines: Geopolitics, Affordability, Security Dimensions," in *India's Energy Security*, ed. Ligia Noronha and Anant Sudarshan (London: Routledge, 2009), p. 70.

擁有 15% 的 Alibekmola 油田、10% 的 Kurmangazi 油田，並在 2011 年取得 Satpayev 區塊四分之一的權益。GAIL 在 2007 年取得烏茲別克兩處的天然氣探勘權。此外，就軍事及戰略利益而言，印度強化與中亞國家經濟關係也有助於舒緩伊斯蘭極端主義在阿富汗的活動。[44]

伍、地緣政治與天然氣管線計畫

由以上分析可看出，印度的石油安全戰略目標集中在中東及中亞地區。印度前海軍司令官 Khurana 指出，雖然地理鄰近性有利於印度取得價格低廉的中東石油，但另一方面，從地緣戰略上來看，印度位處兩個海上戰略咽喉（荷莫茲海峽及東南亞麻六甲海峽）之間，因此不利於能源進口的多元化。未來中東將持續是印度能源主要供應者。[45] 也因為海上長程運輸的限制，印度試圖向東邊（緬甸）、西邊（伊朗）、北邊（土庫曼）建構天然氣管線。

多邊外交方面，面對中國積極建構歐亞能源陸橋及「一帶一路」戰略發展，印度一方面積極參與由中國及俄羅斯主導的上海合作組織（Shanghai Cooperation Organization）。印度與上海合作組織成員擁有共同利益，尤其是維持中亞地區的穩定。上海合作組織的宗旨在於降低恐怖主義、宗教極端主義、分離主義對區域安全的威脅因素。近年來討論的議題慢慢由安全議題擴大到經濟貿易議

---

[44] Ibid., p. 72.

[45] Gurpreet S. Khurana, "Security of Maritime Energy Lifelines: Policy Imperatives for India," ibid., p. 112.

題，透過多邊多層次的政經合作，降低石油運輸的地緣風險。[46] 印度在 2005 年以觀察員身分加入後，一直希望成為正式成員。在俄羅斯的支持下，印度已於 2017 年同巴基斯坦一起成為上海合作組織正式成員國。

另一方面，印度也提出「國際南北運輸走廊（International North-South Transport Corridor）」倡議，強化與中亞國家之經貿連結。兩者都顯示出印度要和中亞國家深化關係的決心。「南北運輸走廊」倡議的主要成員是印度、俄羅斯、伊朗。印度意圖以印度在伊朗資助建設的恰巴爾港（Chabahar Port）為中心，建立鐵路、公路、航道等等運輸基礎設施，連結印度孟買、中亞國家主要城市、俄羅斯莫斯科的貿易運輸網絡，以降低運輸成本。印度工商部（Ministry of Commerce and Industry）在《2015 至 2020 年對外貿易政策》中強調「南北運輸走廊」，在印度拓展與中亞國家拓展貿易及投資連結之重要性。

最後，還有美國因素。美國在中亞的利益，除了有取得高質量的石油天然氣、進入中亞市場，還有制衡中、俄。[47] 以往，在美國對伊朗及緬甸實施經濟制裁時，中國趁機深化了與伊朗及緬甸關係。另一方面，美國阻止印度與伊朗及緬甸交往，反而增加了印度的能源進口的交易成本。[48] 此外，目前，「伊朗－巴基斯坦－印

---

46 魏百谷，「中國與中亞的能源關係：合作與挑戰」，**國際關係學報**，第 25 期（2008 年），頁 55。

47 Ahmad, "Geopolitics of West Asian and Central Asian Oil and Gas: Implications for India's Energy Security," pp. 79-80.

48 Lawrence Sáez, "U.S. Policy and Energy Security in South Asia: Economic Prospects and Strategic Implications," *Asian Survey*, Vol. 47, No. 4 (2007).

度」天然氣管線計畫在美國介入下確定無望後，印度改推行「伊朗－阿曼－印度」海底天然氣管線計畫。

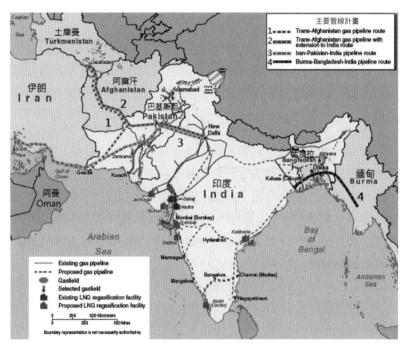

圖 6.5　印度與周邊國家天然氣管線計畫地圖

資料來源：US Energy Information Administration.

轉引自：Subhash Vohra, "U.S. Concerns Over Iran-Pakistan-India Gas Pipeline," *Voice of America*. <http://www.payvand.com/news/08/jun/1158.html>.

一、緬甸－孟加拉－印度

　　位於緬甸實兌港（Sittwe Port）附近的海上 A1 及 A3 區塊，由印度、韓國四個公司組成的聯合體共同勘探開發。其中，OVL 擁有20%股份權益、GAIL 擁有10%股份權益、韓國石油公司（Korea

Gas Corporation, KOGAS）擁有 10% 股份權益、韓國大宇集團（Daewoo）擁有 60% 股份權益。2004 年 1 月，上述勘探開發聯合體在 A1 區塊發現一條天然氣帶，印度政府隨即決定修建一條從緬甸經孟加拉領土再到印度加爾各答（Kolkata/Calcutta）的天然氣管道。2004 年，南亞區域合作協會（SAARC）第 12 屆高峰會後，印度孟加拉兩國便開始談判。2005 年 1 月，緬甸、印度、孟加拉三國在仰光達成修建「緬甸－孟加拉－印度」跨國天然氣管線的共識，並商定於當年 3 月在孟加拉首都達卡簽訂正式協議。[49]

然而，孟加拉堅持必須將其他雙邊議題納入談判內容，包含降低雙邊貿易赤字、開闢通往尼泊爾與不丹的貿易走廊用於進口電力及其他商品。[50] 另一方面，印度政府考慮到孟加拉非法移民問題及伊斯蘭基本教義分子在印度西北部境內活動頻繁，[51] 拒絕開放貿易走廊，只同意支付天然氣管線的過境費用。因此，2005 年的談判最終破局收場。

---

[49] N. Srinivasan, "Energy Cooperation between India and Its Neighbouring Countries," in *Energy and Diplomacy*, ed. I. P. Khosla (Delhi: Konark Publishers, 2005), p. 62；陳陽，「印度失手緬甸天然氣競爭」，世界知識，第 13 期（2007 年），頁 26-27。

[50] Leena Srivastava, Neha Misra, and Shahid Hasan, "Promoting Regional Energy Co-Operation in South Asia," in *Regional Integration in South Asia: Trends, Challenges and Prospects*, ed. Mohammad A. editor Razzaque and Yurendra editor Basnett(London, UK: The Commonwealth Secretariat, 2014), pp. 274-275.

[51] Harsh V. Pant, "India's Relations with Bangladesh," in *Handbook of India's International Relations*, ed. David Scott, *Routledge International Handbooks* (London; New York: Routledge, 2011), pp. 89-91.

直到 2010 年，孟加拉政府自行研究評估國內天然氣儲備不如原先想像樂觀，最終核准該計畫，與印度達成協議。[52] 然而，緬甸軍政府早在 2009 年就與中國達成管線計畫協議，將鋪設緬甸到雲南昆明的石油天然氣管線，該管線已於 2013 年向中國輸送天然氣。[53] 未來中國還可從中東地區進口液態天然氣利用此管線，避開麻六甲困境，將中東天然氣送往中國境內。目前，在緬甸天然氣存量吃緊的情況下，緬甸政府並無意願向印度及孟加拉出口天然氣。

二、伊朗－巴基斯坦－印度

此計畫早在 1989 年就被伊朗與印度雙方提出討論，最初有四個選項列入考慮：（一）液化天然氣：用油輪將伊朗天然氣液化後運往印度；（二）深海管線：直接連接伊朗與印度，繞過巴基斯坦；（三）淺水管線：通過巴基斯坦領海；（四）陸地管線：通過巴基斯坦領土。經過評估後，陸地管線是經濟上最可行的方案。此計畫的最大受益者是伊朗，因為伊朗可以藉出售天然氣從印度獲得收益，而且大部分的投資建設位於伊朗境內。巴基斯坦也樂於接受該計畫，不但可以滿足國內能源需求，也可賺取過境費。然而，印度

---

[52] Varigonda Kesava Chandra, "The Pipeline That Wasn't: Myanmar-Bangladesh-India Natural Gas Pipeline," *Journal of Energy Security*, April 2012. <http://ensec.org/index.php?option=com_content&view=article&id=348:india-bangladesh-and-the-myanmar-bangladesh-india-natural-gas-pipeline-how-not-to-achieve-energy-s&catid=123:content&Itemid=389>.

[53] 陳陽，「印度失手緬甸天然氣競爭」，世界知識，第 13 期（2007 年），頁 26-27；「中緬天然氣管道開始向中國輸氣」，人民日報，〈http://paper.people.com.cn/rmrb/html/2013-07/29/nw.D110000renmrb_20130729_2-03.htm〉（2013 年 7 月 29 日）。

政府擔心巴基斯坦會用切斷天然氣供應威脅印度。此外，巴基斯坦每年可以獲得約四至五億美元作為過境費。印度也擔心巴國將以這筆費用發展武器對抗印度。[54] 最後，管線經過的印巴邊界俾路支斯坦－旁遮普（Balochistan-Punjab）地區民兵動盪，也是印度不願投入計畫的原因之一。[55]

2004 年 5 月，印度國大黨上台後，印度的「伊朗－巴基斯坦－印度」（IPI）天然氣管線政策出現轉折。伊朗、巴基斯坦、印度三方開始進行談判。然而印度只願單獨和伊朗簽約，並希望伊朗能和巴基斯坦分開簽約，以降低風險，保障伊朗的天然氣能順利輸送到印度。在許多技術性問題未達成共識的情況下，最終三方還是沒有達成協議。[56]

另一方面，美國對印巴兩國的施壓也是「伊朗－巴基斯坦－印度」天然氣管線計畫失敗的主因。美國自 1979 年伊朗大使館人質危機後，就對伊朗實施經濟制裁。在經濟制裁政策下，美國自然不願看到印度或巴基斯坦與伊朗合作。美國希望印度透過美國主導的「土庫曼－阿富汗－巴基斯坦－印度」管線進口天然氣。2005 年 3 月，美國國務卿萊斯（Condoleezza Rice）前往印度施壓。萊斯一方面對印度提出警告，指出若印度與伊朗達成管線計畫，可能

---

[54] Girijesh Pant, *India, the Emerging Energy Player* (New Delhi: Pearson Longman, 2008), pp. 139-140.

[55] Shebonti Ray Dadwal, "Politics of the Iran-Pakistan-India Gas Pipeline Project," in *Energy and Diplomacy*, ed. I. P. Khosla(Delhi: Konark Publishers, 2005), pp. 139-40.

[56] Ibid., p. 138.

會面臨美國的經濟制裁。[57] 另一方面，萊斯也向印度遞出胡蘿蔔，進一步強化美印雙邊戰略合作，包括提供 F-18 戰鬥機、提供核能合作，極力阻止印度與伊朗合作。[58] 最終，印美在 2006 年 3 月簽署《美印民用核能合作協議》，等於美國實質上承認了印度的核子能力。隨後印度退出「伊朗－巴基斯坦－印度」管線計畫。印度退出計畫後，巴基斯坦希望中國能加入，如此，天然氣管線就能夠進一步從中國投資建設的瓜達爾港（Gwadar Port）連結中巴經濟走廊。雖然伊朗已經把天然氣管線鋪設到巴基斯坦邊界，但在美國、沙烏地阿拉伯、以色列強烈施壓巴基斯坦後，該計畫目前已遭凍結。[59]「伊朗－巴基斯坦－印度」天然氣管線計畫確定無望後，印度改推行「伊朗－阿曼－印度」海底天然氣管線計畫。

三、伊朗－阿曼－印度

1993 年印度前總理拉奧（P. V. Narasimha Rao）訪問阿曼時兩國簽署備忘錄，同意建設一條連結阿曼與印度的深海天然氣管線。經深入討論後，印度方面認為深海管線技術問題無法克服。此外，印度也擔心阿曼的天然氣儲備不足以供應印度 30 年。2000 年代，印度成立南亞天然氣公司（South Asia Gas Enterprise，簡稱

---

[57] Sáez, "U.S. Policy and Energy Security in South Asia: Economic Prospects and Strategic Implications," p. 675.

[58] Dadwal, "Politics of the Iran-Pakistan-India Gas Pipeline Project," pp. 140-141.

[59]「"和平"天然氣管道遭凍結，伊朗發出最後通牒」，俄羅斯衛星網，〈http://sputniknews.cn/opinion/20150121/1013590409.html〉（2015 年 1 月 21 日）；Micha'el Tanchum, "Modi and the Sino-Indian Game for Iranian Gas," *The Diplomat*, <http://thediplomat.com/2015/07/modi-and-the-sino-indian-game-for-iranian-gas/> (July 17, 2015)。

SAGE）調查該計畫的可行性。雖然目前已經能夠克服技術問題，但印度還是希望管線能夠擴充連接其他阿拉伯半島國家，以確保天然氣供應量充足。[60] 因此，「伊朗－巴基斯坦－印度」天然氣管線計畫確定失敗後，「伊朗－阿曼－印度」海底天然氣管線計畫就成為印度取得伊朗天然氣的替代方案。

2015 年 2 月，印度莫迪政府外交部長與阿曼外交部長就「伊朗－阿曼－印度」深水天然氣計畫達成協議，將伊朗南帕斯（South Pars）的天然氣經由阿曼送往印度古吉拉特（Gujarat），此天然氣管線亦可將卡達的天然氣輸送到印度。[61] 但目前該計畫因美國川普政府對伊朗的經濟制裁而停擺。

四、土庫曼－阿富汗－巴基斯坦－印度

「土庫曼－阿富汗－巴基斯坦－印度」（TAPI）天然氣管道計畫，又稱「跨阿富汗」（Trans-Afghanistan）天然氣管道計畫，是由美國主導推動，主要目的是阻止伊朗向鄰近國家出口天然氣。如上述，對印度來說，雖然「伊朗－巴基斯坦－印度」天然氣管道計畫在經濟上較為可行，但最終在美國施壓下退出該計畫。從土庫曼輸出天然氣的構想最早由阿根廷的布里達斯公司（Bridas Corporation）在 1992 年提出，之後在美國壓力下，於 1996 年轉由美國的優尼科公司（Unocal Corporation）接手。2002 年該計

---

[60] Batra, "Natural Gas Pipelines: Geopolitics, Affordability, Security Dimensions," pp. 92-93.

[61] Micha'el Tanchum, "Modi and the Sino-Indian Game for Iranian Gas," *The Diplomat*, <http://thediplomat.com/2015/07/modi-and-the-sino-indian-game-for-iranian-gas/> (July 17, 2015).

畫重新恢復，土庫曼、阿富汗、巴基斯坦三國達成協議，執行「土庫曼－阿富汗－巴基斯坦」（TAP）天然氣管線計畫。其中，亞洲開發銀行（ADB）提供資金及技術協助，並建議將管線延伸至印度北部。印度起初以觀察員身分加入，並於 2008 年正式加入，該計畫更名為「土庫曼－阿富汗－巴基斯坦－印度」（TAPI）天然氣管線計畫。該計畫的主要風險在於阿富汗的政局不穩，優尼科公司曾為此退出，起初印度政府也為此原因不願加入。[62]

地緣政治上，未來若計畫完成，其重要意義在於印度首次連結中亞天然氣。一旦開始運作，未來土庫曼亦可能發展成為中亞天然氣管道的區域樞紐，連結烏茲別克、哈薩克、亞塞拜然，甚至俄羅斯的天然氣管道，以滿足南亞不斷增加的能源需求。[63] 印度總理莫迪 2015 年 7 月訪問土庫曼時，力促盡早完成該計畫。莫迪表示，該計畫將有助於印度能源產業在土庫曼的長期投資，並為管線經過的區域帶來繁榮。[64] 目前土庫曼、阿富汗等國都已開始動工進行計畫。

---

[62] Batra, "Natural Gas Pipelines: Geopolitics, Affordability, Security Dimensions," p. 91.

[63] Ahmad, "Geopolitics of West Asian and Central Asian Oil and Gas: Implications for India's Energy Security," p. 74.

[64] "PM Modi pitches for early implementation of Turkmenistan-Afghanistan-Pakistan-India gas pipeline," *Daily News and Analysis (DNA) India*, <http://www.dnaindia.com/india/report-pm-narendra-modi-pitches-for-early-implementation-of-tapi-project-2103664> (July 11, 2015).

陸、結論

印度已是全球第三大能源消費國及全球第三大石油進口國，隨未來人口增加及經濟發展，能源需求還會不斷增長。2008年正式公布的《整合能源政策》強調能源安全的重要性僅次於食物安全。區域石油安全結構中，行為者之間的溝通渠道及石油天然氣的運輸渠道（例如天然氣管線及航道），決定了各國對能源安全的風險認知。在石油需求不斷增加的情況下，要確保石油供應安全，印度透過三種方式滿足國內需求：國內生產（降低進口依賴）、海外生產（降低進口依賴）、國外進口（分散進口依賴）。

為了增加國內生產，印度政府在1999年頒布《新探勘許可政策》開放外資進入石油天然氣產業。然而，目前看來成效並不如預期。就國內生產而言，印度政府面對的挑戰在於基礎設施不足以及油價補貼政策改革困難。基礎設施不足主要歸因於土地改革困難，政府取得民間土地程序繁瑣。其次，油價補貼政策改革不易，低油價一方面導致政府財政赤字，另一方面國際石油公司缺乏誘因投資印度市場，最後形成惡性循環。印度政府希望藉由開放外資及私營企業引入相關技術知識，但長期油價補貼造成外國企業與本國私營企業缺乏誘因進入印度市場。同時，補貼造成國營下游石油企業流動性風險，衝擊國家能源安全。此外，海外投資與油管建構談判時，也時常因價格問題無法達成協議。在無法增加國內生產情況下，印度政府逐漸把重心放在海外投資及國外進口。

在石油外交及海外投資部分，印度政府在歷經1970年代石油危機後，了解到石油外交的重要性，透過深化與中東國家之經貿關係，來降低石油貿易的交易成本與地緣政治風險。此外，印度政府協助國營石油公司在東南亞、非洲、中南美洲投資及取得海外

資產。就石油進口而言，印度必須面臨抉擇：一方面，維持與中東國家的多年進口契約，另一方面，抑或要冒著較高的風險，向其他產油國進口，以達到分散依賴的目的？傳統上，印度的石油安全主要依賴在中東地區。因為地緣關係，開採及運輸成本較低，加上中東有眾多印度僑民，中東國家占了印度石油供應超過 60%。綜言之，一方面，印度國內生產不足的結構性問題仍然無解；另一方面，從長期地緣政治因素來看，隨著阿富汗政局趨於穩定，對印度而言，石油安全的風險正逐漸降低，印度向中亞分散能源依賴的策略未來可望有所進展。但短期內，面臨美國川普政府恢復對伊朗經濟制裁，加上印度盧比持續貶值，使得印度石油進口多元化與海外置產的交易成本不斷上升。

最後，天然氣管線的建構是印度確保能源安全的另一個選項。面對中國積極建構歐亞能源陸橋及「一帶一路」戰略，印度嘗試連結東邊（緬甸）、西邊（伊朗）、北邊（土庫曼）天然氣管線。目前看來，四條天然氣管線計畫中只有「土庫曼－阿富汗－巴基斯坦－印度」計畫，因為有美國的支持，比較可能實現。印度除了透過雙邊石油外交強化與中亞國家之關係，另一方面積極參與上海合作組織以降低恐怖主義、宗教極端主義、分離主義對石油天然氣供應管線的風險。此外，印度也提出「南北運輸走廊」倡議，強化與中亞國家之經貿連結。對印度而言，2017 年成為上海合作組織正式成員後，南亞、中亞、中東三方區域的地緣政治經濟變化，以及美國對伊朗經濟制裁的後續情況，將會是未來觀察重點。

參考書目

中文部分

「『和平』天然氣管道遭凍結，伊朗發出最後通牒」，**俄羅斯衛星網**，〈http://sputniknews.cn/opinion/20150121/1013590409.html〉（2015年1月21日）。

「一個印度社會主義實驗的終結」，**紐約時報中文網**，〈http://cn.nytimes.com/world/20140825/c25india/dual/〉（2014年8月25日）。

「中緬天然氣管道開始向中國輸氣」，**人民日報**，〈http://paper.people.com.cn/rmrb/html/2013-07/29/nw.D110000renmrb_20130729_2-03.htm〉（2013年7月29日）。

Michael T. Klare 著，洪慧芳譯，**石油的政治經濟學：高油價時代的新世界版圖**（台北：財信出版，2008年）。

丁韶彬，**大國對外援助：社會交換論的視角**（北京：社會科學文獻出版社，2010年）。

張力，「從伊朗危機看印度－美國戰略關係」，**南亞研究季刊**，第4期（2007年），頁1-7。

張宏民，「印度石油工業及其產業政策變遷」，**上海期貨交易所**，〈http://www.shfe.com.cn/jrysp/23/4.pdf〉。

陳陽，「印度失手緬甸天然氣競爭」，**世界知識**，第13期（2007年），頁26-27。

黃偉倫，「印度與南亞國家之經貿關係：網絡權力觀點」，收於司徒文、陳牧民主編，**南亞研究新視野：政治發展、國際關係、經濟社會**（台北：五南出版社，2015年）。

蔡東杰，「中印在能源議題上之競合互動」，收於鄧中堅、邱稔壤主編，**探索中國大陸石油戰略與外交：合作、競爭與衝突**（台北：五

南出版社，2014年）。

鄧中堅，「中國大陸在拉丁美洲之石油能源合作：機會與挑戰」，收於鄧中堅、邱稔壤主編，**探索中國大陸石油戰略與外交：合作、競爭與衝突**（台北：五南出版社，2014年）。

魏百谷，「中國與中亞的能源關係：合作與挑戰」，**國際關係學報**，第25期（2008年），頁45-76。

魏艾、林長青，**中國石油外交策略探索：兼論安全複合體系之理論與實際**（台北：生智，2008年）。

外文部分

Ahmad, Talmiz. "Geopolitics of West Asian and Central Asian Oil and Gas: Implications for India's Energy Security," in Ligia Noronha and Anant Sudarshan eds., *India's Energy Security* (London: Routledge, 2009).

Ahn, Sun-Joo, and Dagmar Graczyk. "Understanding Energy Challenges in India" In *Partner Country Series* (Paris: International Energy Agency, 2012).

Batra, Ravi Kumar. "Natural Gas Pipelines: Geopolitics, Affordability, Security Dimensions," in Ligia Noronha and Anant Sudarshan eds., *India's Energy Security*(London: Routledge, 2009).

Beri, Ruchita. "Prospects of India's Energy Quest in Africa: Insights from Sudan and Nigeria." *Strategic Analysis*,Vol. 34, No. 6(2010), pp. 897-911.

Blau, Peter M. *Exchange and Power in Social Life*. New York: Wiley, 1964.

Chatham House, Resource Trade Earth. <https://resourcetrade.earth> (March 1, 2019).

Dadwal, Shebonti Ray. "India's Overseas Assets: Do They Contribute to Energy Security?," *Strategic Analysis*,Vol. 36, No. 1(2012), pp. 12-17.

Dadwal, Shebonti Ray. "Politics of the Iran-Pakistan-India Gas Pipeline Project," in I. P. Khosla ed., *Energy and Diplomacy* (Delhi: Konark Publishers, 2005).

Federation of Indian Chambers of Commerce and Industry (FICCI). "India's Energy Security: Key Issues Impacting the Indian Oil and Gas Sector." The Federation of Indian Chambers of Commerce and Industry, 2011.

Guriev, Sergei, Anton Kolotilin, and Konstantin Sonin. "Determinants of Nationalization in the Oil Sector: A Theory and Evidence from Panel Data." *Journal of Law, Economics, and Organization*, Vol. 27, No. 2(2011), pp. 301-323.

"India signs pact to import 7.5 mt LNG from Iran," *The Hindu Business Line*, <http://www.thehindubusinessline.com/todays-paper/india-signs-pact-to-import-75-mt-lng-from-iran/article2164913.ece> (January 8, 2005).

"India, Iran sign New Delhi Declaration," *The Economic Times*, <http://articles.economictimes.indiatimes.com/2003-01-25/news/27546023_1_iran-sign-india-and-iran-tehran> (January 25, 2003).

Khurana, Gurpreet S. "Security of Maritime Energy Lifelines: Policy Imperatives for India," in Ligia Noronha and Sudarshan, Anant eds., *India's Energy Security*, (London: Routledge, 2009).

Kumaraswamy, P. R. "India's Energy Dilemma with Iran." *South Asia: Journal of South Asian Studies*, Vol. 36, No. 2(2013/06/01 2013), pp. 288-296.

Lawler, Edward J. "The Affect Theory of Social Exchange," in Peter J. Burke ed., *Contemporary Social Psychological Theories* (C.A.: Stanford University Press; London: Eurospan [distributor], 2006).

Madan, Tanvi. "The Brookings Foreign Policy Studies: India," in *Energy Security Series* (Washington, D.C.: The Brookings Institution, 2006).

Ministry of Petroleum & Natural Gas, "Overseas Oil and Gas Exploration by Indian PSUs," <http://www.pib.nic.in/newsite/erelease.aspx?relid=74418> (August 11, 2011).

"Modi Replaces Planning Commission, Aiming to Boost Growth," *Reuters*, <http://in.reuters.com/article/2015/01/01/india-planningcommission-modi-idINKBN0KA1NA20150101> (January 1, 2015).

Molm, Linda D., Nobuyuki Takahashi, and Gretchen Peterson. "Risk and Trust in Social Exchange: An Experimental Test of a Classical Proposition." *American Journal of Sociology*, Vol. 105, No. 5(2000), pp. 1396-1427.

"ONGC not to exit Vietnam block despite poor prospectivity," *The Times of India*, <http://timesofindia.indiatimes.com/business/india-business/ONGC-not-to-exit-Vietnam-block-despite-poor-prospectivity/articleshow/48040450.cms> (July 12, 2015).

Pant, Girijesh, *India: the Emerging Energy Player*(New Delhi: Pearson Longman, 2008).

Pant, Harsh V. "India's Relations with Bangladesh," in David Scott ed., *Handbook of India's International Relations* (Routledge International Handbooks. London; New York: Routledge, 2011).

Peel, Quentin. "India's Terms of Engagement," *Financial Times*, <http://www.ft.com/cms/s/0/53afa1d0-3386-11d9-b6c3-00000e2511c8.html> (November 11, 2004).

"PM Modi pitches for early implementation of Turkmenistan-Afghanistan-Pakistan-India gas pipeline," *Daily News and Analysis (DNA) India*, <http://www.dnaindia.com/india/report-pm-narendra-modi-pitches-for-early-implementation-of-tapi-project-2103664> (July 11, 2015).

Potter, Alan. "Did India Miss an Opportunity for Reform?," *The Diplomat*,

<http://thediplomat.com/2015/03/did-india-miss-an-opportunity-for-reform> (March 3, 2015).

Pradhan, Samir. "India and the Gulf Cooperation Council (GCC): An Economic and Political Perspective." *Strategic Analysis*, Vol. 34, No. 1(2010), pp. 93-103.

Rana, Kishan S. "Serving the Private Sector: India's Experience in Context." in Nicholas Bayne and Woolcock, Stephen eds., *The New Economic Diplomacy: Decision-Making and Negotiation in International Economic Relations* (Farnham: Ashgate, 2011).

Sáez, Lawrence. "U.S. Policy and Energy Security in South Asia: Economic Prospects and Strategic Implications." *Asian Survey*, Vol. 47, No. 4(2007), pp. 657-678.

Sharma, Kiran. "India buys oil from US amid sanctions on Iran and Venezuela," *Nikkei Asian Review*, February 23, 2019, <https://asia.nikkei.com/Politics/International-relations/India-buys-oil-from-US-amid-sanctions-on-Iran-and-Venezuela> (March 1, 2019).

Srinivasan, N., "Energy Cooperation between India and Its Neighbouring Countries," in I. P. Khosla ed., *Energy and Diplomacy* (Delhi: Konark Publishers, 2005).

Srivastava, Leena, Neha Misra, and Shahid Hasan. "Promoting Regional Energy Co-Operation in South Asia." in Razzaque, Mohammad A. and Basnett, Yurendra eds., *Regional Integration in South Asia: Trends, Challenges and Prospects* (London: The Commonwealth Secretariat, 2014).

Tanchum, Micha'el. "Modi and the Sino-Indian Game for Iranian Gas," *The Diplomat*, <http://thediplomat.com/2015/07/modi-and-the-sino-indian-game-for-iranian-gas/> (July 17, 2015).

US Energy Information Administration. 轉引自 Subhash Vohra."U.S. Concerns Over Iran-Pakistan-India Gas Pipeline,"*Voice of America*, <http://www.payvand.com/news/08/jun/1158.html> (March 2, 2019).

7 習近平時期中國大陸與拉丁美洲經濟關係之發展：地緣經濟之分析

鄧中堅

國立政治大學外交學系特聘教授

　　在過去十年，中國大陸與拉丁美洲在地理、政治、經濟、文化的差異並無很大的縮減，但與這個地區經濟貿易關係仍然持續快速地提升。在 2015 年 5 月的拉丁美洲之行時，李克強根據習近平的「1+3+6」合作新框架，具體提出中國與拉美產能合作「3 乘 3」新模式，在企業、社會、政府三方良性互動下拓寬基金、信貸、保險三條融資渠道，與拉美國家共建物流、電力、資訊三大通道。中國經濟的興起大幅拓展並擴充中國與拉丁美洲的經貿接觸與關係，在這樣的情況下，中國大陸究竟如何與拉丁美洲進行經貿互動呢？本文從地緣政治經濟學的觀點，分析中國大陸在「一帶一路」倡議指導下，一方面透過高層官員對拉丁美洲的訪問從政治上鞏固互動的基礎，另一方面透過政策性銀行和國營企業，以獲取資金和產能的出口，並獲取亟需的天然資源和糧食。我們可以觀察到中國大陸與拉丁美洲的經濟關係持續增長性發展。

關鍵字：
中國、拉丁美洲、一帶一路、「3 乘 3」新模式

壹、緒論

中國大陸經濟興起之後，其與各區域國家間的經濟關係成為大家關注的焦點。然而，在地緣經濟上最引發討論的區域就是拉丁美洲。對中國大陸而言，拉丁美洲最重要的資產是它豐富的天然資源和糧食，主要包括鐵砂、石油、大豆等。儘管如此，西半球的霸主美國卻是虎視眈眈，尤其是引起保守派的側目，深恐中國大陸大規模的進入會衝擊到它的影響力。在這樣的情況下，中國大陸與拉丁美洲的經濟、貿易、投資等方面之關係和發展成為學者專家探究的焦點。

在「一帶一路」倡議之下，中國大陸透過新建立的金融機制（如，亞洲基礎設施投資銀行、新開發銀行、絲路基金等）和政策性銀行，將龐大的基金投入開發中國家的基礎設施建設和資源糧食的取得。在拉丁美洲成為「一帶一路」倡議的自然延伸之前，中國大陸與拉丁美洲國家經濟關係的推進已經蓄勢待發；之後，「一帶一路」倡議更強化與拉丁美洲國家的經濟關係。

一個主要的問題逐漸浮現：基於高度工業化發展的需求，中國大陸如何運用政治經濟手段，處理並推進與拉丁美洲的經濟關係？使用何種政治經濟手段？其發展的途徑為何？

過去幾年來，拉丁美洲研究學者有關中國與拉丁美洲經濟貿易和投資關係之研究代表著不同年代資訊所獲得之研究成果，同時分析是針對著不同的經濟面向。大陸學者多半是從微觀的角度，針對個案或個別產業的投資進行分析。例如：大陸學者郭潔分析首鋼秘魯鐵礦公司在秘魯經營所遭遇的困境，包括國際原材料市場之變動、勞資關係、社區關係、社會責任等問題；而金曉文的分析則是

側重中國大陸在墨西哥投資產品展示、零售、批發、倉儲大型貿易平台所面臨的政治、經濟、社會、環保等障礙。[1]

　　台灣學者則是從巨觀的角度，探討中國大陸與拉丁美洲間的經貿投資關係。向駿教授曾以巴西為例談討中國大陸與拉丁美洲之經貿關係，所使用的是二十一世紀前十二年之資料，其所獲得的結論是中國大陸的北京共識在短期內無法取代「華盛頓共識」，而其「國家資本主義」未必適用拉丁美洲，換言之，中國大陸決策者的方向應該是努力設法誘導拉美國家「脫美親中」。[2]值得注意的是，中國大陸在投資和金融貸款方面的努力，例如：中國進出口銀行與美洲開發銀行共同設置十億美元的基金，來協助拉丁美洲國家之發展。[3]

　　台灣學者楊建平研究員一文的重心是中國對拉丁美洲直接投資，分析中國與拉美的關係。他首先提出中國大陸於 2013 年成為世界第三大對外直接投資國家。[4]以區域來區分，中國在拉丁美洲投資存量的占比在 2013 年為 13%，僅次於亞洲地區的 67.7%；可是，如果扣除進入開曼群島和維京群島等離岸金融中心，真正進入其他拉丁美洲國家地區的數額十分有限。[5]儘管從比較的觀點而言，

---

[1] 郭潔，「首鋼秘魯鐵礦項目的歷史與變遷」，**國際政治研究**，第 1 期（2015 年），頁 51-73；金曉文，「墨西哥坎昆龍城專案的政治博弈及啟示」，**國際政治研究**，第 1 期（2015 年），頁 74-90。

[2] 向駿，「二十一世紀初中國與拉丁美洲經貿關係之研究」，**遠景基金會季刊**，第 14 卷第 1 期（2013 年 1 月），頁 29-30。

[3] 向駿，「二十一世紀初中國與拉丁美洲經貿關係之研究」，頁 9-10。

[4] 楊建平，「中國對拉丁美洲直接投資之政治經濟意涵」，**遠景基金會季刊**，第 16 卷第 4 期（2015 年 10 月），頁 175。

[5] 楊建平，前揭書，頁 176-178。

進入拉丁美洲直接投資，但是我們可以觀察到投資項目集中在能源、礦業、基礎設施建設等方面。[6]若與直接投資金額相比，中國大陸政策性銀行（如：中國進出口銀行、國家開發銀行）和少數企業給予拉美國家政府和企業的金融借貸卻是十分可觀。進一步說，中國大陸官方的金融借貸是值得進一步分析的因素，也才可以觀察到中國大陸與拉丁美洲國家經濟關係的重心和方向。

綜合前述之分析，本研究則是分析中國大陸根據「一帶一路」倡議中拉丁美洲的定位，利用金融借貸的手段，鞏固並促進與拉丁美洲的關係。為了更進一步了解其中運作的狀況，以敘事的方式進行案例的分析。

貳、「一帶一路」倡議形成與中國大陸之財政支援

「一帶一路」倡議的前身是西進政策，也就是基於地緣政治經濟的考量，且有別於過去以日本和美國為主的策略。儘管官方一直強調「倡議」兩字，但「一帶一路」事實上就是中國的大戰略。我們將「一帶一路」與習近平提出的「中國夢」、「中華民族偉大復興」連結在一起，更可以了解中國大陸的雄心壯志。[7]

中國大陸在推動發展倡議時，經常採取的模式是「兩條腿走路」，而「一帶一路」倡議就是如此。換言之，中國大陸「一帶一路」戰略的鋪陳既是陸地的，也是海上的。「一帶」的部分是麥金德「陸權論」的翻版，主要是依賴「中亞」的新月型地帶，事實上

過去多年的努力，中國大陸包括與這個地區的能源生產國有密切的結合，並積極參與「上海合作組織」（Shanghai Cooperation Organization）等多邊論壇的活動，鞏固其在這個地區的滲透和影響。「一路」則是以馬漢的「海權論」為依託，在全球各地建立海上基地，這方面包括在印度洋的「珍珠鏈」、在南海的島礁建設、在非洲吉布地建設軍事基地、在希臘等歐洲國家取得港口的經營管理等等。

就全球布局的角度而言，「一帶一路」倡議似乎少了一塊，那就是拉丁美洲。這是中國大陸有意忽略拉丁美洲？還是不動聲色地在當地展開布局的工作？以下對「一帶一路」倡議的剖析可以更清晰了解中國大陸的地緣戰略考量。

「一帶一路」策略的源起於習近平在 2013 年的兩項重要演講。9 月 7 日在哈薩克斯坦納扎爾巴耶夫大學的演講時，習近平首先提出了共同建設「絲綢之路經濟帶」，[8] 緊接著於 10 月 3 日，他在印尼國會演講中進一步表示，中國願同東盟國家加強海上合作，共同建設「二十一世紀海上絲綢之路」。[9]

就經濟層面而言，三個國際金融機制逐漸形成，對於「一帶一路」扮演重要的推手角色。第一是金磚國家新開發銀行（New Development Bank），該國際金融機構已於 2015 年 7 月 21 日

---

8 「習近平發表重要演講 籲共建『絲綢之路經濟帶』」，新華網，〈http://news.xinhuanet.com/world/2013-09/07/c_117272280.htm〉（2013 年 9 月 7 日）。

9 「習近平：中國願同東盟國家共建二十一世紀『海上絲綢之路』」，新華網，〈http://politics.people.com.cn/n/2013/1003/c1001-23101127.html〉（2013 年 10 月 3 日）。

正式開業，並預定年底或翌年年初展開運營。[10] 新開發銀行的最終資本為 1,000 億美元，主要目標是融通金磚五國與其他新興國家的基礎建設方案，[11] 初期資本 1,000 億美元的「應急準備基金」（Contingency Reserve Arrangement）則是為救助面臨經濟衰退和國際收支失衡危機的參與國經濟。[12] 一般認為，這兩個機制的建立是為了與國際貨幣基金會和世界銀行抗衡，也是抗議新興經濟體在這兩個二次大戰後國際經濟機構中的投票權與經濟實力不相符。

習近平繼則於 2014 年 11 月 8 日北京舉行的「加強互聯互通夥伴關係對話會」上宣布，中國將出資 400 億美元成立「絲路基金」（Silk Road Fund），推動發展亞洲區域經濟，主要用於基礎建設、能源、產業和金融合作及其他相關計畫。[13]「絲路基金」是由中國外匯儲備、中國投資有限責任公司、中國進出口銀行、國家開發銀行共同出資，絲路基金有限責任公司已於 2014 年 12 月 29 日

---

[10]「金磚銀行正式開業 預計年底或明年初啓動運營」，中國新聞網，〈http://news.xinhuanet.com/fortune/2015-07/21/c_128042329.htm〉（2015 年 7 月 21 日）。

[11]「金磚五國通過設立開發銀行 總部設上海」，BBC 中文網，〈http://www.bbc.com/zhongwen/trad/world/2014/07/140715_brics_development_bank〉（2014 年 7 月 15 日）。

[12] Ryan Eustace and Ronn Pineo, "The BRICS' New Financial Initiatives: Good for Whom?" *COHA Research*, <http://www.coha.org/the-brics-new-financial-initiatives-good-for-whom/> (July 28, 2014).

[13]「中國將出資 4 百億美元成立絲路基金」，BBC 中文網，〈http://www.bbc.com/zhongwen/trad/world/2014/11/141108_china_silkroadfund〉（2014 年 11 月 8 日）；Yang Yi, "China Pledges 40 bln USD for Silk Road Fund," *Xinhuanet*, <http://news.xinhuanet.com/english/china/2014-11/08/c_133774993.htm> (November 8, 2014).

在北京註冊成立，並正式開始運行。[14] 絲路基金副總經理丁國榮表示，從目前投資項目與企業的特徵為：「一是透過股權加債務的方式進行投資，不追求控股地位；二是合作企業都是行業龍頭企業；三是項目本身有合理的投資回報，為企業引進先進技術和管理經驗。」[15] 作為擔負「一帶一路」戰略使命的國家基金，「絲路基金」最早宣布投資項目之一就是興建巴基斯坦水力發電廠的工程。「中巴經濟走廊」是迄今為止「一帶一路」倡議邁出最具體、最關鍵性的一步，展現出這個倡議並非「空中樓閣」。

另一個中國大陸主導的國際金融機構是資本額一千億美元的「亞洲基礎設施投資銀行」（Asian Infrastructure Investment Bank, AIIB，簡稱亞投行）。亞投行本質是一個多邊政府間開發銀行，其目標是優先投資低收入的亞洲國家，是要填補地區國家基礎建設資金需求的差距。根據亞洲開發銀行估計，2010-2020 年間至少需要 8 兆美元的基礎建設投資，其中電力占 51%，道路占 29%，電訊占 13%，然而，亞洲開發銀行每年僅能借貸一百億美元。亞投行的財力雖不足以完全支應所需的差距，但至少可以滿足更多國家的需求。美國強力遊說，阻撓其歐亞的盟友勿加入該銀行成為意向創始會員國，因為這個銀行是要和世界銀行對抗，並擴張

---

[14] Wei Xi, "$10 Billion of Silk Road Fund Is Ready and 65% from China's Foreign Exchange Reserves," *Xinhuanet*, <http://news.xinhuanet.com/fortune/2015-02/16/c_127503252.htm> (February 16, 2015)；「絲路基金首期 100 億美元到位 外匯儲備投資占 65%」，中國新聞網，〈http://news.xinhuanet.com/fortune/2015-02/16/c_127503252.htm〉（2015 年 2 月 16 日）。

[15] 楊家鑫，「投向四大領域 絲路基金走出去」，中國時報，〈http://www.chinatimes.com/newspapers/20150831001206-260108〉（2015 年 8 月 31 日）。

在亞太地區的影響力。[16]

　　針對美國的疑慮，中國大陸上自習近平，下到負責的財經官員都強調亞投行會符合國際的標準，且無意挑戰現有國際多邊財經體制。習近平一再重申，亞投行在現行國際經濟和金融秩序之下，將與全球和區域多邊開發銀行互補，而非取代它們。[17] 多數中國問題專家不同意「亞投行」會形成對全球多邊秩序的挑戰。根據《外交事務》雜誌（Foreign Affairs）於 2015 年對全球 33 名知名的中國問題專家的調查，其中 2 人表示非常贊同「『亞投行』代表了對全球現行多邊秩序的根本挑戰的開始」的說法，9 人贊同，2 人表示中立，15 人表示不同意，另有 5 人表示強烈不同意。[18]

　　值得注意的是亞投行在拉丁美洲的合作發展。亞投行於 2017 年 5 月與美洲開發銀行（Inter-American Development Bank）、美洲投資公司（Inter-American Investment Corporation）簽署合作協議，強化彼此之間在共同有利的領域合作，例如：知識的

---

[16] Kishore Mahbubani, "Why Britain Joining China-Led Bank Is a Sign of American Decline," *Huffington Post*, <http://www.huffingtonpost.com/kishore-mahbubani/britain-china-bank-america-decline_b_6877942.html>(March 16, 2015); Jane Perlez, "U.S. Opposing China's Answer to World Bank," *New York Times*, October 10, 2014, p. A1.

[17] Dhara Ranasinghe, "Why Europe is Breaking Ranks with US on China Bank," *CNBC*, <http://www.cnbc.com/2015/03/19/why-europe-is-breaking-ranks-with-us-on-china-bank.html>(March 19, 2015)；「習近平：加快推進絲綢之經濟帶和二十一世紀海上絲綢之路建設」，新華網，〈http://news.xinhuanet.com/politics/2014-11/06/c_1113146840.htm〉（2014 年 11 月 6 日）。

[18] 斯洋，「專家問卷：亞投行是否挑戰現有國際秩序？」，美國之音，〈http://www.voachinese.com/content/washington-aiib-20150612/2820267.html〉（2015 年 6 月 13 日）。

交換、政策協調，以及對雙方會員國基礎設施的共同融資，這構成了南南合作之範本。[19]而該行行長金立群和副行長亞力山大（Sir Danny Alexander）在 2018 年春季訪問該區域經濟最自由化的國家智利，傳達出進入這個區域的重大訊息。[20]從拉丁美洲的角度而言，它們有機會自「亞投行」取得發展所需的資金來源得到擴增，換言之，國際金融力量也會進一步增強中國大陸在該區域的影響力。

參、中國大陸對拉丁美洲之政治經濟作為

「一帶一路」倡議是中國的大戰略，拉丁美洲應該是其中一部分。可是，在初期的文件資料，似乎並非如此。根據最先公布一帶一路倡議的設計，「新絲綢之路經濟帶」，從中國的西部經過中亞、西亞、中東，連接到歐洲；「海上絲綢之路」，從中國南部經由東南亞、南亞、中東、非洲，連接歐洲。[21]從以上的路線說明以

---

19 "The Asian Infrastructure Investment Bank and the IDB Group Expand Ties," *AIIB*, <https://www.aiib.org/en/news-events/news/2017/20170516_001.html>(May 16, 2017).

20 金奇（James Kynge），「亞投行業務將延伸到拉美和非洲」，FT 中文網，〈http://big5.ftchinese.com/story/001077461?full=y&archive〉（2018 年 5 月 8 日）；Álvaro Méndez, "The Asian Infrastructure Investment Bank comes knocking on Latin America's door: is anyone home?," *LSE Blogs*, <https://blogs.lse.ac.uk/latamcaribbean/2018/04/27/the-asian-infrastructure-investment-bank-comes-knocking-on-latin-americas-door-is-anyone-home/>(April 27, 2018)。

21 Flynt Leverett, Hillary Mann Leverett and Bingbing Wu, "China Looks West," The World Financial Review, (January/February 2015), pp. 6-7；「習近平：加快推進絲綢之路經濟帶和二十一世紀海上絲綢之路建設」，新華網，

及六大經濟走廊的安排，拉丁美洲似乎並未涵蓋在「一帶一路」的範疇。[22] 在2014年訪問拉丁美洲時，習近平主席並未提及新絲綢之路的倡議，也未將「一帶一路」與拉丁美洲聯繫在一起。同樣地，在2015年「中拉論壇」（China-CELAC Forum）首屆部長會議時，中國政府官員也沒有提及「一帶一路」。[23]

　　中國大陸內部對拉丁美洲在一帶一路中的角色及地位也有所爭辯。社會科學院世界經濟與政治研究所國際戰略研究室主任薛力則從地理、政治、經濟和文化的角度，認為拉丁美洲在中國大戰略中的重要性不僅不及歐洲，甚至是在非洲之後。他認為「一帶一路」的主要目標是「在歐亞大陸建立合作網絡……拉美與非洲在中國『一帶一路』戰略中的重要性不如歐亞大陸。距離遙遠、美國影響大、經濟聯繫弱、文化差異明顯、無法通過陸路溝通等特點，又使得中拉關係整體上比中非關係弱一個等級。」[24] 從戰略層次上來看，薛力認為由於傳統上美國對拉丁美洲的重視和對這個區域長期的主導控制，以及拉丁美洲在安全上對美國的依賴，因此中國不值

〈http://news.xinhuanet.com/politics/2014-11/06/c_1113146840.htm〉（2014年11月6日）。

22 「『六大經濟走廊』助中國推進『一帶一路』實施」，**國務院新聞辦公室網站**，〈http ://www.scio.gov.cn/31773/35507/35519/Document/1544814/1544814.htm〉（2017年3月13日）；王義桅，「一帶一路」**機遇與挑戰**，北京：人民出版社，2015年，頁15-18。

23 Flynt Leverett, Hillary Mann Leverett and Bingbing Wu, *op.cit.*, p. 2.

24 Xue Li and Xu Yanzhuo, "Why China Shouldn't Get Too Invested in Latin America," *The Diplomat*, < http://thediplomat.com/2015/03/why-china-shouldnt-get-too-invested-in-latin-america/> (March 31, 2015)；薛力，「中國不要高估拉美的戰略意義」，金融時報中文網，〈http://big5.ftchinese.com/story/001060237?full=y〉（2015年1月21日）。

得在這個區域投入過多的資源，又可能造成美國與中國的對立或衝突。

　　然而，中國拉丁美洲學會理事盧國正從歷史的觀點來分析拉丁美洲在「一帶一路」倡議中的重要角色。他的立論是基於自從1565 年到 1865 年之間太平洋絲綢之路是全球重要的貿易網絡，它跨越了太平洋和大西洋，連接亞洲、美洲和歐洲。更值得注意的是太平洋絲綢之路是連接中國和墨西哥，是跨太平洋貿易的主要航線，且這條海上航道將來自中國、日本、印度和東南亞的貨物經由大西洋轉運到歐洲。[25] 他相信二十一世紀海上絲綢之路的建立以及中國與拉丁美洲的互聯互接，必然有利於太平洋盆地區域的國家和民眾。[26] 太平洋絲綢之路是中國經由拉丁美洲到歐洲的另外一條航路。同樣地，現代國際關係研究院拉丁美洲研究所所長吳洪英提出了「歷史基因論」來說明拉丁美洲是「一帶一路」的自然延伸，而這樣的論點也獲得中國大陸其他拉丁美洲學者的研究確認。[27]

　　中國大陸避免過早將拉丁美洲納入「一帶一路」倡議範圍之內，可能的主因是該區域屬美國的「勢力範圍」，所以避免與美國發生衝突。[28] 拉丁美洲於 2017 年正式列入「一帶一路」倡議是中國

---

[25] 盧國正，「海上絲綢之路：助推中拉經貿、文化合作與發展」，中國網，〈http://big5.china.com.cn/news/txt/2015-01/08/content_34508733.htm〉（2015 年 1 月 8 日）。

[26] 同上註。

[27] 吳洪英，「對拉丁美洲參與『一帶一路』的思考」，現代國際關係，第 12 期（2017 年），頁 34；楊首國、孫岩峰、曹廷、陳曉陽、嚴謹、呂洋，「『一帶一路』視角下提升中拉合作的戰略思考」，拉丁美洲研究，第 40 卷第 3 期（2018 年 6 月），頁 2。

[28] Nicola Phillips, "China and Latin America: Development Challenges and

大陸正式確立其全球大戰略的時刻。

一、高層頻繁出訪，密切政治聯繫

中國經濟的興起大幅拓展並擴充中國與拉丁美洲的經貿接觸與關係這一個事實，正足以說明拉丁美洲應該是中國大陸大戰略中關鍵的一環。

就策略層面而言，中國國家領導人胡錦濤和習近平分別於 2008 年和 2016 年發表了《中國對拉丁美洲和加勒比政策文件》，更說明了中國大陸對拉丁美洲的高度重視。在實際外交作為而言，胡錦濤和習近平主政時期黨政高層都對這個地區頻繁地訪問，這當然反映出中國的確重視與拉美的關係，並希望建立緊密的政治互動關係，發展互惠互利的經貿關係。

在胡錦濤主政時期（2003 年至 2012 年），中央政治局常委共有十八人次出訪拉丁美洲的十四個國家，其中十三人次是兼任政府部門負責人。[29] 他們出訪國家的次數如下：阿根廷（五次）、巴西（六次）、智利（五次）、哥倫比亞（四次）、哥斯大黎加（兩次）、古巴（八次）、墨西哥（六次）、秘魯（三次）、委內瑞拉（兩次）、烏拉圭（五次）、牙買加（兩次）、千里達（兩次）、巴哈馬（一次）、蘇利南（一次）。

Geopolitical Dilemmas," in *China in Developing World and the New Global Dynamic*, edited by Lowell Dittmer and George T. Yu.(London: Lynne Rienner, 2010), p. 197.

[29] Chung-chian Teng, "Mainland China's Diplomatic Maneuver in Central America: The Impact of the Nicaragua Grand Canal," *Prospect Journal: Taiwan Forum*, No. 13 (April, 2015), p. 105.

觀察這些訪問，我們可以有下列的特徵。第一，所有傳統地區大國都出訪五次以上，包括阿根廷、巴西、智利、墨西哥，這符合一般認知。第二，委內瑞拉雖然有密切的經濟關係，但只出訪了兩次，這可能是委國與美國關係十分不睦，中國不願意捲入這個衝突。第三，這段時間中國與加勒比海國家組成「中國加勒比經貿合作論壇」，因之會出訪當地主要國家牙買加、千里達。第四，古巴是這個區域唯一的共黨國家，所以出訪次數最高，共八次。第五，哥斯大黎加當時是中美洲唯一和中國維持外交關係的國家，且是這個區域最民主的國家之一，具有代表性，所以受到重視。第六，厄瓜多因為有石油資源，與中國大陸經濟關係密切，又是左傾政府，但中共政治局常委卻從未訪問過。第七，玻利維亞當時是另一個左傾政府主政，也從未有中共政治局常委訪問過。第八，他們頻繁走訪了「南方共同市場」（Mercado Común del Sur or Common Market of the South）的成員國（包括阿根廷、巴西、烏拉圭、委內瑞拉）以及「太平洋聯盟」（Pacific Alliance）成員國（包括智利、墨西哥、哥倫比亞、秘魯、哥斯大黎加）。[30]

　　在訪問中具有代表性意義的是胡錦濤在 2004 年訪問拉美的阿根廷、巴西、智利等三個國家。此行的經濟意義是，一方面中國大陸給予阿根廷、巴西、智利、墨西哥、秘魯、委內瑞拉等拉丁美洲國家作為中國海外觀光團體旅遊之目的地這些利基，另一方面是阿根廷、巴西、智利等國承認中國完全市場經濟的地位。[31] 雙方這樣

---

[30] 巴拉圭仍然與中華民國維持外交關係，所以不在中共政治局常委訪問的名單之內。

[31] 鄧中堅，「崛起的中國在拉丁美洲的政策與作為：追求霸權或是建立夥伴關係」，國際關係學報，第 23 期（2007 年 1 月），頁 24。在加入世界貿易組織時，中共在入會時接受其為非市場經濟的地位，為期十五年。這

的作為活絡了中國與拉丁美洲的互動,使得彼此的關係得以永續發展,尤其是在中國與拉美雙邊貿易的成長超越了中國與全球貿易的成長,而占中國全球貿易的比重也繼續跳升。[32]

從 2013 年迄今,中共中央政治局常委一共八次出訪拉丁美洲(請參閱表 7.1),且均為兼任政府部門領導人,如國家主席、總理、全國人大常委會委員長等。他們一共訪問了十個國家:阿根廷(三次)、巴西(兩次)、秘魯(三次)、哥倫比亞(兩次)、墨西哥(兩次)、委內瑞拉(兩次)、古巴(兩次)、智利(兩次)、厄瓜多(一次)、千里達(一次)、巴拿馬(一次)、哥斯大黎加(一次)。這個階段訪問的特徵與胡錦濤時期相似,有一特點值得注意的是涵蓋了所有七個與中國建立「全面戰略夥伴關係」的拉丁美洲國家(墨西哥、秘魯、阿根廷、巴西、委內瑞拉、智利、厄瓜多)。[33]

表 7.1 習近平時期中共政治局常委訪問拉丁美洲狀況表

出訪人	時間	出訪國家
李源潮(國家副主席)[1]	2013/5/9-16	阿根廷、委內瑞拉
習近平(國家主席)	2013/5/31-6/6	千里達、哥斯大黎加、墨西哥
習近平(國家主席)	2014/7/15-24	巴西、阿根廷、委內瑞拉、古巴

樣的地位使得中共的產品在世界上隨時會遭遇到會員國以反傾銷措施相對應。所以,晚近中共一直在全球推動各國承認他是完全市場經濟。

32 鄧中堅,「中國對拉丁美洲的資源外交:新殖民主義與南南合作之爭辯」,遠景基金會季刊,第 16 卷第 3 期(2015 年 7 月),頁 143-144。

33 向駿,「委內瑞拉危機 考驗中拉關係」,拉丁美洲經貿季刊,第 36 期(2019 年 3 月),頁 30。

（續表 7.1）

出訪人	時間	出訪國家
張德江（人民代表大會常務委員會委員長）	2014/11/20-28	秘魯、哥倫比亞、墨西哥
李克強（總理）	2015/5/18-26	巴西、哥倫比亞、秘魯、智利
李克強（總理）	2016/9/24-26	古巴
習近平（國家主席）	2016/11/17-23	秘魯、厄瓜多、智利
習近平（國家主席）	2018/11/29-12/3	阿根廷、巴拿馬

註1：李源潮雖非常委，但代表性和位置重要，故列入統計。
資料來源：作者整理自中國大陸新華社的報導。

在這些訪問中，具有代表性的國家都有中共政治局常委的訪問。第一，拉丁美洲傳統代表性政治大國仍然是重心，這包括阿根廷、巴西、智利、墨西哥。第二，儘管國家規模有限，但由於是區域的代表，依然受到注目，例如：哥斯大黎加、巴拿馬是中美洲國家代表，千里達是加勒比海國家代表。第三，代表共黨主義的古巴仍然在訪問之列，但次數顯然減少許多。第四，常委們也重視其他具有重大經濟利益的國家，走訪了「太平洋聯盟」的成員國，這包括了智利、秘魯、哥倫比亞、墨西哥和哥斯大黎加。第五，訪問與中國簽訂自由貿易協定的國家，如智利、秘魯和哥斯大黎加。第六，出訪的重任集中在國家主席和總理身上。

透過國際性組織或國際性的多邊會議（包括亞太經濟合作會議領袖高峰會議、二十國集團領袖高峰會、金磚國家高峰會議，以及美洲開發銀行），中國大陸的國家主席每年都會和墨西哥、智利、秘魯、巴西、阿根廷等主要拉美國家總統會晤，有助於彼此關係的增長。上述多邊高峰會議的重要性使得中國大陸與拉美國家間能夠更緊密地連結在一起。

二、重大政策宣布，發展新夥伴關係

包括了國家主席習近平和總理李克強在訪問拉丁美洲時，都提出重大的政策創新，並配合推出具體的計畫，提供鉅額投資承諾，以強化彼此的經貿關係，這都顯示拉丁美洲實際上在中國大戰略中占有重要的地位。

首先，於 2014 年 7 月出席中國－拉美和加勒比國家領導人會晤時，習近平主席發表了題為《努力構建攜手共進的命運共同體》的專題講話，很有意義地闡述中國對拉美之經貿政策，呼籲共同構建「1+3+6」合作新框架。[34] 習近平更進一步闡述：「『1』是『一個規劃』，即以實現包容性增長和可持續發展為目標，制定《中國與拉美和加勒比國家合作規劃（2015-2019）》。『3』是『三大引擎』，即以貿易、投資、金融合作為動力，推動中拉務實合作全面發展，力爭實現 10 年內中拉貿易規模達到 5,000 億美元，力爭實現 10 年內對拉美投資存量達到 2,500 億美元，推動擴大雙邊貿易本幣結算和本幣互換。『6』是『六大領域』，即以能源資源、基礎設施建設、農業、製造業、科技創新、資訊技術為合作重點，推進中拉產業對接。中方將正式實施 100 億美元中拉基礎設施專項貸款，並在這一基礎上將專項貸款額度增至 200 億美元。中方還將向拉美和加勒比國家提供 100 億美元的優惠性質貸款，全面啟動中拉合作基金並承諾出資 50 億美元。中方將正式實施 5,000 萬美元的中拉農業合作專項資金，設立『中拉科技夥伴計畫』和『中拉青年科學家交流計畫』，適時舉辦首屆中拉科技創新

---

34 「習近平出席中國－拉美和加勒比國家領導人會晤並發表主旨講話」，新華網，〈http://news.xinhuanet.com/politics/2014-07/18/c_1111687937.htm〉（2014 年 7 月 18 日）。

論壇。」[35]

2015 年 5 月 19 日於與巴西總統羅塞夫（Dilma Rousseff）共同出席中巴工商界高峰會時，中國總理李克強提出了中拉產能合作「3 乘 3」新模式。這個模式的提出最主要應該是考慮到在「雙贏」的基礎上，如何與南方國家的經濟互動更上一層樓，不再是單純的貿易互動，而是要以中國在基礎設施建設等領域積累的豐富經驗，擁有優勢富餘產能，裝備性價比高，開闢一條產能合作新方向和作為。[36] 例如：中國裝備製造業已形成完整產業體系，且在國際產能合作取得積極成效，產業規模已連續五年居全球第一，2014 年中國裝備製造業出口額達到 2.1 萬億元人民幣，大型成套設備出口額約 1,100 億美元。[37]

這項中拉產能合作「3 乘 3」新模式之主要內涵如下：[38]

（一）契合拉美國家需求，共同建設物流、電力、資訊三大通道，實現南美大陸互聯互通。中方企業願與拉美企業一道，合作建設以鐵路交通為骨幹、貫通南美大陸和加勒比各國的物流通道，以高效電力輸送和智慧電網連接拉美各國的電力通道，以互聯網技術和新一代移動通訊技術為依託，融合大資料和雲端運算的資訊通道。

---

35 同前註。

36 王子約，「李克強再推國際產能合作：3 乘 3 模式亮相」，第一財經日報，〈http://www.yicai.com/news/2015/05/4620579.htm〉（2015 年 5 月 21 日）。

37 同前註。

38 郭金超、莫成雄，「李克強提出中拉產能合作『3 乘 3』新模式」，中國新聞網，〈http://www.chinanews.com/gn/2015/05-20/7289378.shtml〉（2015 年 5 月 20 日）。

（二）遵循市場經濟規律，實現企業、社會、政府三者良性互動的合作方式。中拉都實行市場經濟，產能合作應該走市場化路徑，按照「企業主導、商業運作、社會參與、政府推動」的原則，通過合資、PPP、特許經營權等方式進行專案合作，讓有關專案儘快落實。

（三）圍繞中拉合作項目，拓展基金、信貸、保險三條融資管道。中方將設立中拉產能合作專項基金，提供 300 億美元融資，支援中拉在產能和裝備製造領域的專案合作。中國願同拉美國家擴大貨幣互換及本幣結算等合作，共同維護地區乃至世界金融市場穩定。

中國大陸將對開發中國家新的策略與政策選擇在拉丁美洲先行推出，而且接連由國家主席習近平和總理李克強在該區域的訪問中提出，這當然凸顯了拉丁美洲在政府領袖心目中的地位，確切反映出該區域在當前中國大戰略下關鍵的地位。

三、拉丁美洲與一帶一路倡議之連結

習近平就任國家主席後四度前往拉丁美洲訪問，且針對中拉經濟合作提出了具體的策略和方向，這一連串的舉措已經為拉丁美洲和「一帶一路」倡議的連結奠定良好的基礎。[39] 在 2017 年 5 月間於北京召開的「一帶一路」國際合作高峰論壇，拉丁美洲與「一帶一路」倡議的關係逐漸明朗化。拉丁美洲兩個主要經濟體阿根廷總統馬克里（Mauricio Macri）和智利總統巴契萊特（Michelle Bachelet），他們親自出席及支持格外具有意義，這顯示了拉丁美

---

39 吳洪英，「對拉丁美洲參與『一帶一路』的思考」，**現代國際關係**，第 12 期（2017 年），頁 34。

洲國家對於「一帶一路」倡議深感重要，且迫切需要中國大陸的投資來進行基礎建設，強化經濟的發展。

　　從另外一方面而言，中國大陸在論壇期間也清楚透露拉丁美洲在「一帶一路」倡議中的地位。習近平首先在 5 月 14 日開幕致詞時指出，「一帶一路建設……重點面向亞歐非大陸，同時向所有朋友開放。不論來自亞洲、歐洲，還是非洲、美洲，都是……建設國際合作的夥伴。」[40] 更重要的是中國大陸國家主席習近平在 5 月 17 日與馬克里總統會談時明確表示，拉美是二十一世紀海上絲綢之路的自然延伸，且「中」方願同拉美加強合作，包括在「一帶一路」建設框架內實現「中」拉發展戰略對接，促進共同發展，打造「中」拉命運共同體。[41]

　　中國大陸在 2017 年 6 月與巴拿馬，以及 2018 年 8 月與薩爾瓦多、多明尼加建立外交關係，都與「一帶一路」倡議有著密切的關係。[42] 有關一帶一路倡議的重要性可以反映在兩國建交後之互動，巴雷拉（Juan Carlos Varela）總統於 2017 年 11 月訪問中國大陸時，簽署了《關於共同推進絲綢之路經濟帶和二十一世紀海上絲綢之路建設的諒解備忘錄》，而大陸國家主席習近平於 2018 年

---

[40] 「習近平在『一帶一路』國際合作高峰論壇開幕式上的演講」，中國共產黨新聞網，〈http://cpc.people.com.cn/BIG5/n1/2017/0514/c64094-29273979.html〉（2017 年 5 月 14 日）。

[41] 「習近平同阿根廷總統馬克里舉行會談 兩國元首一致同意推動中阿全面戰略夥伴關係得到更大發展」，新華網，〈http://news.xinhuanet.com/politics/2017-05/17/c_1120990249.htm〉（2017 年 5 月 17 日）。

[42] 鄧中堅，「薩爾瓦多斷交會出現骨牌效應嗎？」，蘋果日報，2018 年 8 月 23 日，第 A12 版；鄧中堅，「巴拿馬與大陸建交之戰略意涵」，展望與探索，第 15 卷第 7 期（2017 年 7 月 15 日），頁 1-9。

12 月至巴拿馬進行國事訪問時，兩國進一步將巴國「2030 年國家物流戰略」與一帶一路倡議深度對接，促進金融、旅遊、物流、基礎設施建設等方面的合作。[43] 換言之，中國大陸要以巴拿馬為中心，擴大其與拉丁美洲和加勒比海國家之聯繫，增強在這個區域的影響力；巴拿馬則要借重中國大陸的資金和援助，推升其經濟發展。

截至 2019 年 6 月為止，正式簽署「一帶一路諒解備忘錄」的拉丁美洲國家包括：安地瓜、巴貝多、玻利維亞、智利、哥斯大黎加、古巴、多明尼加、多米尼克、厄瓜多、薩爾瓦多、格瑞那達、蓋亞那、牙買加、巴拿馬、秘魯、蘇利南、千里達、委內瑞拉、烏拉圭。[44] 由此觀之，四個全面戰略夥伴關係國（智利、厄瓜多、秘魯、委內瑞拉）簽署了「一帶一路諒解備忘錄」，也可算是初具成果。值得注意的是，三個與中國簽署自由貿易協定的拉美國家（智利、哥斯大黎加、秘魯）都入列。

肆、中國大陸對拉丁美洲的金融借貸

從 1980 年代債務危機以來，拉丁美洲國家迫切需要發展所需

---

43 沈詩偉，「建交一年半，中國和巴拿馬打通的可不止航運」，**觀察者網**。〈http://www.sohu.com/a/279695984_115479〉（2018 年 12 月 5 日）。

44 Andrés Bermúdez Liévano, "China's Belt and Road advances in Latin America's Andean region," *Dialogo Chino*, <https://dialogochino.net/en/infrastructure/27815-chinas-belt-and-road-advances-in-latin-americas-andean-region/ >(June 18, 2019)；Lucien O. Chauvin & Barbara Fraser , "South America is embracing Beijing's science silk road," *Nature*, < https://www.nature.com/immersive/d41586-019-01127-4/index.html>(May 8, 2019).

要的資金，而隨著中國經濟的快速崛起以及累積豐厚的外匯，是促使中國與拉丁美洲國家愈來愈接近的主要原因。從地緣經濟的角度而言，中國大陸是利用其龐大的外匯存底，特別是金融借貸的方式，來推動與拉丁美洲的經濟關係，取得天然資源、糧食，以及協助拉美國家之基礎設施建設等。中國大陸為此投入之金額為數甚鉅。美國智庫「美洲對話」（Inter-American Dialogue）指出，從2005年到2013年之間拉丁美洲國家向中國借貸了980億美元，約等於同一時期世界銀行（World Bank）和美洲開發銀行（Inter-American Development Bank）多邊借貸的百分之六十，最主要的貸款國為委內瑞拉（500億美元）、阿根廷（140億美元）、巴西（130億美元）和厄瓜多（100億美元）。[45] 然而，在2014年這一年時，中國大陸提供總額222億1,000萬美元的貸款，成為該區域最大的借貸提供國，超過世界銀行（49億美元）和美洲開發銀行（130億美元）的總和。[46] 在2014年，大多數貸款仍然流向阿根廷、巴西、厄瓜多和委內瑞拉等四個國家，主要用於基礎建設、開礦和能源。[47]

　　學者的分析主張，中國大陸是運用國家經濟力量作為工具（Economic Statecraft），進入拉丁美洲的各個行業，發揮影響

[45] Pablo Kummetz, "China: Latin America's Dangerous New Friend," *Deutsch Welle*, < http://www.dw.com/en/china-latin-americas-dangerous-new-friend/a-18193543>(January 15, 2015).

[46] Gabriel Domínguez, "Chinese Loans helping Latin America Amid Oil Price Slump," *Deutsche Welle,* <http://www.dw.com/en/chinese-loans-helping-latin-america-amid-oil-price-slump/a-18284605>(February 27, 2015).

[47] *Ibid.*

力。[48]中國的融資貸款有如下的特徵。[49]第一，融資貸款的提供者是中國的政策性銀行，特別是國家開發銀行和中國進出口銀行；第二，融資貸款通常不會附加有關政治和經濟改革的條件；第三，附帶條件主要是不明顯的要求中國公司參與建設計畫，或提供相關設備，但也盡可能避免影響當地國之國內政治；第四，中國大陸的國家銀行對於政治和經濟的風險採取比較寬容的態度，這可能因為他們追求的是海外資產多角化發展，以及在拉丁美洲的礦業、能源、基礎建設和農業等經濟部門從事長期的投資。

從這些特徵，我們可以反映出中國大陸進軍拉丁美洲、大力發展與當地之經濟關係主要奠基於中國迫切需要天然資源與糧食，同時也為中國企業爭取商業合同，並解決國內產能過剩的問題。也是在這樣的需求下，中國大陸當然不會附加太多政治和經濟的條件。儘管如此，中國大陸投資的項目通常對環境和社會帶來深遠的影響，引發矛盾和衝突。

作為世界第二大經濟體，中國大陸強化從多邊的角度加深和加廣其與拉丁美洲的經貿關係，其中最重要的就是「中拉論壇」。在2015 年首屆中拉論壇部長會議開幕式發表演講時，習近平主席承諾中國大陸將對拉丁美洲在十年內提供 2,500 億美元的海外直接投資，且預期同一時期彼此貿易總額會達到 5,000 億美元。[50] 屆時，

---

[48] William J. Norris, *Chinese Economic Statecraft: Commercial Actors, Grand Strategy, and State Control*. (Ithaca, NY: Cornell University Press, 2016), pp. 11-25.

[49] Gabriel Domínguez, *Ibid.*; Pablo Kummetz, *op.cit.*

[50] 〈習近平在中拉論壇部長級會議開幕式上致辭（全文）〉，新華社，〈http://news.qq.com/a/20150109/002381.htm〉（2015 年 1 月 8 日）。

中國大陸與拉美的貿易總額將等於中國大陸與歐洲的貿易總額。從
2014 年 1 月到 11 月，中拉貿易總額大約 2,420 億美元。[51]

　　從地緣政治和地緣經濟的角度而言，中國大陸必須在拉丁美洲
建立更堅實的互動關係，互利互惠，相向而行，以達成國家安全的
戰略目標。從另外一個角度而言，中國大陸這樣的策略和政策作為
可以確保不會重踏西方國家的覆轍，被認為是在拉丁美洲推動新殖
民主義。不論拉美國家是否正式簽署「一帶一路諒解備忘錄」，中
國大陸仍要大力推進與地區國家的經濟關係。就南南合作的角度而
言，中國大陸勢必要以鞏固彼此的發展，厚植政治外交的影響力。

　　為了解中國大陸與拉丁美洲經濟關係的發展，分析中國大陸政
策性銀行對拉丁美洲國家的融資貸款可以獲得豐富的訊息。無庸置
疑地，中國大陸的融資貸款最重要的就是針對石油資源，最常提及
的就是「石油換貸款的協議」（Loan-for-Oil agreements）。在這
一部分最具有代表性的就是厄瓜多和委內瑞拉。[52] 然而，貸款的目
的各有所不同，厄瓜多的融資貸款泰半用於水利、電力、公路等基
礎建設，而委內瑞拉較大比例仍用於石油資源方面。然而隨著去年
開始油價持續下滑，中國大陸對於獲取石油的腳步似趨於謹慎。

---

51 Duwei Guo, "China-CELAC Forum Strengthens the Influence of China on Latin America," *BBC* (Zhongwen), <http://www.bbc.co.uk/zhongwen/trad/world/2015/01/150112_china_latam_forum_legacy> (January 12, 2015); Jonathan Kaiman, "China Agrees to Invest \$20bn in Venezuela to Help Offset Effects of Oil Price Slump," *The Guardian*, <http://www.theguardian.com/world/2015/jan/08/china-venezuela-20bn-loans-financing-nicolas-maduro-beijing> (January 8, 2015).

52 Duwei Guo, *op cit*.

一、厄瓜多案例之探討

在這主要拉美借貸國家中，經濟規模小但藉由其豐富石油資源獲得中國大量金融借貸的案例是厄瓜多。中國大陸大規模進入厄國石油產業可回溯到 2005 年，當時以中國石油天然氣集團公司（簡稱「中石油」）和中國石油化工集團公司（簡稱「中石化」）為首之合資企業「安地斯石油公司」（Andes Petroleum Company），以 14 億 2,000 萬美元購得了加拿大恩卡納能源公司（EnCana）在厄瓜多之石油和輸油管的資產。[53]

柯雷亞（Rafael Correa）於 2007 年就任厄瓜多總統，他是一位民主社會主義者、反美，同時也和委內瑞拉總統查維茲維持友好的關係。也就是在他擔任總統時期，厄瓜多加強與中國大陸在融資借貸方面的合作，換言之，意識形態是兩國密切交往重要的基礎。[54] 厄國轉向中國取得資金主要是在 2008 年金融大海嘯後，因為其主權信用評等降為垃圾等級，無法從國際資本市場取的資金。[55]

在柯雷亞總統的經濟大戰略是利用石油資源換取貸款建設八個

---

[53] Wang Ying, "Oil consortium buys EnCana Ecuador assets," *China Daily*, <https://www.chinadaily.com.cn/english/doc/2005-09/16/content_478433.htm>(September 19, 2005); Bernard Simon and Hal Weitzman, "Chinese groups buy EnCana Ecuador assets," *Financial Times*,< https://www.ft.com/content/50c6770e-24e0-11da-97fb-00000e2511c8> (September 14, 2005).

[54] Salvatore Monni and Luca Serafini, "A Dangerous Alliance? The Relationship Between Ecuador and China," *SEEDS Working Paper 08/2018*, <http://www.sustainability-seeds.org/papers/RePec/srt/wpaper/0818.pdf>(March 2018).

[55] 「中國進出口銀行貸款 53 億美元給厄瓜多」，新浪財經，〈http://finance.sina.com.cn/stock/usstock/c/20150107/083021242005.shtml〉（2015 年 1 月 7 日）。

關鍵水力發電工程，其目的是取代依賴化石燃料作為能源。其中六項工程計畫是由中國大陸的政策銀行提供貸款，且有七項計畫是由中國大陸企業擔任工程總承包。（請參閱表 7.2）

表 7.2　柯雷亞總統八項水力發電工程計畫狀況表

水力發電工程計畫	貸款提供者	工程總承包
科卡科多辛克雷 （Coca Codo Sinclair）	中國進出口銀行	中國水利水電建設公司
索普拉朵拉 （Sopiadora）	中國進出口銀行	中國葛洲壩集團公司
米納斯聖法蘭席斯科 （Minas San Francisco）	中國進出口銀行	哈爾濱電氣集團公司
德爾西塔尼沙瓜 （Delsitanisagua）	中國國家開發銀行	中國水電集團公司
桂荷斯 （Quijos）	中國國家開發銀行	中國電力工程有限公司
馬薩杜德斯 （Mazar Dudas）	中國國家開發銀行	中國電力工程有限公司
托阿奇比拉童 （Toachi Pilaton）	俄羅斯進出口銀行 （Roseximbank）	中國水利電力對外有限公司
Termogas Machala	俄羅斯進出口銀行 （Roseximbank）	俄羅斯 Inter RAO 公司

資料來源：Rebecca Ray, Kevin P. Gallagher, and Cynthia A. Sanborn (Eds.) *Development Banks and Sustainability in the Andean Amazon.* New York: Routledge, 2020.

　　厄瓜多將石油輸出中國以換取國家建設所需資金分為兩部分，一部分是厄瓜多國家石油公司直接向中石油借貸，另一部分是由厄國財政部與中國政策銀行（中國國家開發銀行或中國進出口銀行）簽署協議為之。（請參閱附錄 1）

在兩個國家石油公司之間的協議分為兩次，2009 年 7 月，厄國國家石油公司與中石油簽署協議，由前者輸送原油給中石油，後者預付前者 10 億美元；2011 年 2 月雙方續約，中石油再度預付 10 億美元以換取石油。[56]

根據中厄兩國雙方於 2010 年 6 月簽署的紀要，中國提供 10 億美元貸款，固定利率為百分之六點五；其中 2 億美元的貸款將用於融資瓜國的投資計畫，優先的項目包括基礎建設和能源部門，且中國的公司參與這些計畫，另外 8 億美元由瓜國財政部決定用途。厄國國家石油公司每天出售三萬六千桶原油至中國大陸的中石油，以償付貸款。[57]

厄國財政部與中國國家開發銀行於 2011 年 6 月星期一簽署的二十億美元貸款合約。根據該合約，厄國在未來六年，出口一億三千萬桶原油和一千八百萬桶燃油到中國〔其中每月一百零八萬桶原油來自奧里安德（Oriente），七十二萬桶來自那波（Napo）〕。[58]

在厄國的模式反映出有中國國家政策性銀行負責提供資金，而由中國相關的企業負責設計、採購、施工等工程總承包，主要包括中國電力建設集團、中國長江三峽集團、中國葛洲壩集團等三個集

---

[56] Mercedes Alvaro, "Ecuador, China in Big Crude-Oil Deal," *Market Watch*, < http://www.marketwatch.com/story/ecuador-china-in-big-crude-oil-deal-2011-07-02>(July 2, 2011).

[57] Mercedes Alvaro, "Ecuador Confirms China Talks for $1 Billion Loan," *Market Watch*, <http://www.marketwatch.com/story/ecuador-confirms-china-talks-for-1-billion-loan-2010-07-13>(July 13,2010).

[58] Mercedes Alvaro, "Ecuador, China in Big Crude-oil Deal,"*op.cit.*

團所屬相關企業。

通常而言，厄瓜多是以其石油來償付貸款，中國現在掌控了百分之九十厄瓜多石油的出口，大多數是用於償付貸款。[59] 厄國利用石油的貸款相當大一部分是用於大規模的基礎建設，尤其是水利發電設施。

目前中國大陸在厄國承包的水電工程是從 2010 年開始一直延續到今日。中國葛洲壩集團首先在 2010 年 8 月 23 日與厄瓜多國家電力公司簽署了索普拉朵拉（Solapadora）水電專案合作框架協定，這是葛洲壩集團正式進入南美基礎設施建設領域。中標金額為 6.72 億美元，總工期 1,438 天。中國水電工程顧問集團與厄瓜多國家電力公司於 2011 年 10 月簽訂總承包德爾西水力發電廠（Delsi-Tanisagua）工程的合同，該水力發電廠位於查摩拉河（Zamora），合約預算 2.66 億美元。中國水電建設集團所屬的中國水電股份公司正在厄瓜多進行科卡科多－辛克雷（Coca Codo Sinclair）水力發電廠設計、採購、施工等工程總承包，合同額為 23 億美元。此外，中國水利電力對外公司（隸屬中國長江三峽集團）承包有俄羅斯財團融資的托阿奇比拉童（Toachi Pilatón）水力發電廠建設工程。在風力發電方面，新疆金風科技股份有限公司在維約納克（Villonaco）風電廠裝置了十六點五兆瓦特的渦輪，已經在 2013 年正式運作。

在其他基礎建設方面，中國大陸廣西壯族自治區公路橋梁工程總公司於 2011 年開始，以 1 億美元的價格，在厄國巴巴豪約河

---

[59] Clifford Krauss and Keith Bradsher, "China's Global Ambitions, Cash and Strings Attached," *New York Times*, July 26, 2015, p. A1.

（Babahoyo River）上構築一座四車道的橋梁。中國葛洲壩集團、中國水電工程顧問集團（隸屬中國水電建設集團），和中工國際工程股份有限公司（隸屬中國機械工業集團）合作，以 5,560 萬元的代價於今年完成布魯布魯河防洪控制工程。

在採礦方面，中鐵建銅冠投資有限公司於 2012 年以 1 億美元的價格獲得米拉多銅礦（Mirador Copper Mine）的開採權，該銅礦儲量為六億六千萬噸，已於 2019 年 7 月正式投入生產，預計日產三萬噸。[60]

厄瓜多值得一提。該國快速執行許多預定的建設計畫，並償還向中國的借貸。國際評等機構 Moody 在最近的信用評等報告中將厄瓜多的評等提升，從原來不安全的 B3 調高到 Caa1，使厄國恢復到可以從全球資本市場獲取資金。[61] 此外，從 2003 年到 2013 年中國經濟快速發展之際，厄瓜多是拉丁美洲投資率最好的國家，幾乎達到國內生產毛額的百分之二十三。[62] 在這樣的條件下，中國大陸對其融資借貸的要求會較快速地回應。

我們觀察到在柯雷亞總統任內，各項基礎建設獲得重大進展，尤其是反映在電價。根據 2019 年十四個拉美國家家庭和企業電價的資料，厄瓜多在家庭電價名列第四價廉的國家，在企業電價方面

---

60 郭成林，「中國鐵建聯手銅陵集團開發厄瓜多礦山」，人民網，〈http://finance.people.com.cn/BIG5/70846/17314618.html〉（2012 年 3 月 7 日）。

61 "Moody's Upgrades Ecuador's Rating to B3 from Caa1, Outlook Stable," *Global Credit Research*, <https://www.moodys.com/research/Moodys-upgrades-Ecuadors-rating-to-B3-from-Caa1-outlook-stable--PR_314758 >(December 19, 2014).

62 Gabriel Domínguez, *op.cit.*

名列第三價廉的國家。[63] 但是有兩大問題仍然引發爭議，其中之一是對中國債務及政府預算赤字的問題，[64] 到2015年為止，厄國積欠中國大陸之債務達 100 億美元，占該國總外債的百分之三十；其二是對環境和居民帶來的衝擊和影響。

二、委內瑞拉案例之探討

2007 年中國大陸與委內瑞拉達成了「石油換貸款」協議，在委內瑞拉投入大量的資金，以換取當地的石油資源，換言之，中國大陸是基於地緣經濟的需求與委國建立密切的金融借貸關係。委內瑞拉有豐富的石油蘊藏且位居世界第一，在 2014 年已探明石油儲量達到 2,983 億桶，超過沙烏地阿拉伯石油儲備近 313 億桶，75%的石油儲備集中在奧利諾科石油帶。[65] 除了石油儲備增加，委內瑞拉現在是世界上第五大石油出口國，日產原油 300 萬桶。[66] 在石油的勘探、開採、運營、行銷等方面，委內瑞拉有很悠久的歷史、堅實的制度和豐富的經驗，例如：2015 年，委內瑞拉國家石油公司

[63] "Latin America electricity prices: How countries compare," *Bnamericas*, <https://www.bnamericas.com/en/news/latin-america-electricity-prices-how-countries-compare>(October 23, 2019).

[64] Chris Kraul, "Ecuador faces a huge budget deficit because of loans it received from China," *Los Angeles Times*, <https://www.latimes.com/world/la-fg-ecuador-loans-china-20181210-story.html>(December 10, 2018).

[65] "BP Statistical Review of World Energy 2015," *British Petroleum*, < http://www.bp.com/content/dam/bp/pdf/Energy-economics/statistical-review-2015/bp-statistical-review-of-world-energy-2015-full-report.pdf > , p. 6.

[66] 管彥忠，「委內瑞拉正式確認成為世界最大石油儲備國」，中新網，〈http://www.chinanews.com/gj/2011/02-18/2852374.shtml〉（2011 年 2 月 18 日）。

銷售收入 1,284.39 億美元，資產規模達 2,267.6 億美元，在 2015 年《財星雜誌》全球 500 強中排名第 39 位。[67] 當然，這個時期委國的總統查維茲是中間偏左、反美、民粹主義的政治領袖，在各方面都與中國大陸保持友好，這是有利於雙方合作的因素。

　　中國大陸與委內瑞拉間的「石油換貸款」的石油交易可分為兩個不同的模式。模式之一是中國和委內瑞拉兩國共同建立了「共同投資基金」（Joint Investment Fund），以對委國的基礎建設和社會計畫給予貸款融資。這個基金成立的背景就是要讓中國的國家石油公司能夠參與當地的石油開發，解決其面臨石油能源安全的問題。根據原先的協議，兩國共同投入 120 億美元的資金，其中三分之二由中國國家開發銀行提供，其餘三分一是由委國金融機構負責。這項貸款的期限為三年，可以延長到十五年。[68] 國家開發銀行於 2008 年將首期 40 億美元存入基金，委國國家發展基金（Venezuela's National Development Fund, FONDEN）則提供 20 億美元。2009 年，國家開發銀行將另外一筆貸款 40 億美元存入，而委內瑞拉社會及經濟開發銀行和委國國家發展基金共同提供了 20 億美元。同年，中委兩國決定將基金擴充一倍。中國國家開發銀行分別於 2012 年及 2013 年各存入 40 億美元進入基金。[69] 之後，

[67] "Fortune Global 500," *Fortune*, <http://fortune.com/fortune500/>(July 22, 2015).

[68] Eric Downs, *Inside China Inc: China Development Bank's Cross-Border Energy Deals*, (Washington, DC: The John L. Thornton China Center at Brookings, 2011), pp. 49-50.

[69] Charlie Devereux, "China Development Bank Lends," *Bloomberg*, <http://www.bloomberg.com/news/articles/2012-09-25/china-development-bank-lends-venezuela-42-5-billion-since-2007> (September 26, 2012).

委國仍持續利用這個基金取得所需要的貸款，最近的貸款是 2015
年的 50 億美元融資。[70]

　　另外一個模式則為中國國家石油公司為主，結合了中國國家開
發銀行，與委內瑞拉簽署協議，這也就是「石油換貸款」的模式。
這個模式可以 2010 年的 200 億美元貸款為例加以說明。首先，中
國石油天然氣股份有限公司與國家開發銀行同委內瑞拉簽署了 200
億美元貸款換石油協議。根據協議主要內容為：（一）中方將向委
內瑞拉提供為期十年總額 200 億美元的融資貸款；（二）委內瑞拉
國家石油公司（Petróleos de Venezuela, S.A., PdVSA）與中石油簽
署石油購銷合同，作為還款保障；（三）中委雙方將成立合資公司，
在二十五年合同期間，負責委內瑞拉胡寧四號（Junin 4）專案的
執行，將生產29億桶左右的超重原油。[71]此外，中國國家能源局與
委內瑞拉能源石油部簽署了胡寧四專案政府間協議。

　　中國大陸的融資有重要的附加價值，就是其本國企業可以參與
委內瑞拉的各項建設工程。例如：中國中鐵股份有限公司於 2009
年從委內瑞拉國家鐵路局取得一項金額高達 75 億美元的鐵路設計
總承包合同，建設迪納高（Tinaco）到阿納高（Anaco）的北部平
原鐵路系統，鐵路建成後每年可運送 580 萬人次乘客和 980 萬噸

[70] "Venezuela 'Receives $5bn in Finance From China'," *BBC* (Zhongwen), <http://
www.bbc.com/news/world-latin-america-32381250>(April 20, 2015)；「中國
新貸款委內瑞拉石油業 50 億美元」，法國廣播電台，〈http://cn.rfi.fr/ 中
國 /20130919- 中國新貸款委內瑞拉石油業 50 億美元〉（2013 年 9 月 19
日）。

[71] 「中石油與國開行同委內瑞拉簽署200億美元貸款換石油協議」，路透社，
〈http://cn.reuters.com/article/chinaNews/idCNCHINA-2124220100419?feedTy
pe=RSS&feedName=chinaNews〉（2010 年 4 月 19 日）。

貨物。[72] 事實上，這條鐵路對委內瑞拉的經濟建設和社會發展有很重大的助益。

中國大陸政策性銀行對於委內瑞拉的融資數量龐大，根據 2008 年到 2015 年的統計數據（請參閱附錄 2），中國大陸對委國的借貸高達 520 億美元，尚有 200 億美元未償還。[73] 儘管委國是石油的儲量高居世界之首，但是其生產能力近年來持續滑落，而國際油價也呈現疲弱不振，這使得委國經濟遭遇到重大的困境，缺乏現金支付到期的債券。[74] 穆迪（Moody's Investors Service）於 2005 年將委國的信用評等降為 Caa3，這意味著違約風險已經大幅擴增。[75] 當其他投資者紛紛撤資，三位數字的通貨膨脹率和社會的不安，這些因素都使得委內瑞拉更加仰賴中國的融資度日。事實上，中國也處於兩難的情境，若不給予財政支持，委國的經濟崩潰或政權垮台都不利於中國在該國鉅額的投資和貸款；若給予投資，恐怕陷入無底深淵。事實上，中國大陸在 2014 年後給予委內瑞拉的信用額度已開始縮減，從 2010 到 2013 年之間占拉丁美洲百分之六十四萎縮至 2014 到 2017 年間的百分之十八。[76]

---

[72] 齊中熙，「中國中鐵在委內瑞拉獲 75 億美元鐵路建設總承包合同」，新華網，〈http://big5.xinhuanet.com/gate/big5/news.xinhuanet.com/fortune/2009-08/17/content_11898290.htm〉（2009 年 8 月 17 日）。

[73] 「委內瑞拉從中國獲得 50 億美元貸款 尚欠 200 億」，鳳凰衛視，〈http://finance.ifeng.com/a/20150421/13649813_0.shtml〉（2015 年 4 月 21 日）。

[74] 賀軍，「中國要避免委內瑞拉成為戰略『賭局』」，財新網，〈http://m.opinion.caixin.com/m/2015-04-24/100803355.html〉（2015 年 4 月 24 日）。

[75] Prudence Ho, "Venezuela Oil Loans Go Awry for China," *Wall Street Journal*, < http://www.wsj.com/articles/venezuela-oil-loans-go-awry-for-china-1434656360> (June 18, 2015).

[76] Stephen B. Kaplan and Michael Penfold, "China-Venezuela Economic Relations:

委內瑞拉當前的政治經濟危機可以追溯到 2013 年查維茲病逝，這一方面固然是國際石油價格的崩跌，另外一方面是繼任的馬杜羅總統治理無方，在他就任五年以來，委內瑞拉國內生產毛額縮水了 45%，2014 年委國的玻利瓦（Bolivar）就貶值了 50%，到了 2018 年通貨膨脹螺旋上升到 13,000%。[77] 經濟生活的困頓更導致成千上外的委國人演出近代版的「出埃及記」，估計高達 530 萬人。[78]

中國的慎重態度反映在對融資數額方面，從委國總統馬杜羅先於 2015 年初對外宣稱的 200 億美元，但到最後確認的數額僅為 50 億美元。[79] 在 2015 年之後，中方的政策銀行不再直接將新的貸款提供給中央政府，而是給予合資企業，並監督石油的生產和經濟改革。[80]

一般估計，中國對委國之貸款總額已達 500 億美元，而政治經濟危機已經威脅到其償還中國大陸債務的能力。儘管如此，中國大陸似乎仍然不得不給予大力的支持。中國外交部長王毅於 2019

Hedging Venezuelan Bets with Chinese Characteristics," *Latin American Program, Wilson Center*, <https://www.wilsoncenter.org/sites/default/files/media/documents/publication/china-venezuela_relations_final.pdf>(February 2019).

[77] 陳敬忠，「委內瑞拉動亂對拉美地區的影響」，拉丁美洲經貿季刊，第 37 期（2019 年 6 月），頁 32。

[78] 陳敬忠，前揭書，頁 35。

[79] Jonathan Kaiman, "China Agrees to Invest \$20bn in Venezuela to Help Offset Effects of Oil Price Slump,"*The Guardian*, < http://www.theguardian.com/world/2015/jan/08/china-venezuela-20bn-loans-financing-nicolas-maduro-beijing> (January 8, 2015).

[80] Stephen B. Kaplan and Michael Penfold, *op cit.*

年對記者表示：「委內瑞拉問題的本質是委內政，應由委人民在憲法框架下，通過政治對話，尋求合法合理的解決辦法。各國在處理委內瑞拉問題時應主持公道，尤其是應恪守聯合國憲章，堅持不干涉內政原則，反對使用武力或武力威脅。」[81] 不過，也有研究指出在 2012 年總統大選和 2015 年國會選舉中，中國大陸都曾與反對派聯繫。[82] 面臨委國這樣的政治經濟危機，中國大陸仍然有恃無恐，主要的原因還是兩國簽署的國際合約對委國合法政府具有法律的拘束力。

伍、結論

從前述分析，我們可以觀察到中國大陸一方面建立多邊的中拉論壇強化彼此的政治經濟聯繫，另一方面持續推出、落實與拉丁美洲經貿合作政策。換言之，拉丁美洲實質上是「一帶一路」倡議隱而未現的一部分。

中國到拉丁美洲國家大規模投資和給予融資的初始目的是為了當地的天然資源（特別是石油能源）和糧食資源。中國與拉丁美洲貸款換石油的設計就是為了便利中國的國家石油公司能夠順利取得在當地的石油開採權。而中國與厄瓜多的金融關係也在於將其石油能源輸出到中國大陸。

隨著中國大陸經濟持續發展，累積了豐厚的外匯儲備。此時，中國大陸就仿效西方國家的腳步，基於國內發展所建立的，工業基

---

81 「王毅談委內瑞拉問題」，中國日報網，〈https://cn.chinadaily.com.cn/a/201902/28/WS5c774179a31010568bdcc7b1.html〉（2019 年 2 月 28 日）。
82 Stephen B. Kaplan and Michael Penfold, *op cit.*

礎透過金融借貸，積極協助本國企業進行投資和貿易，建立橋頭堡，以擴大其影響力。中國大陸晚近對巴西和阿根廷的貸款在電力和鐵路建設，積極輸出本國自有的技術和設備。儘管中國大陸的技術和設備未必優於西方國家，但是透過優惠的融資，建立中國的標準和品牌，逐漸獲得這些國家的認同和支持。

中國以過去累積的經驗，加上冒險犯難的精神，願意積極快速地提供拉丁美洲國家亟需資金，這自然提升了中國在當地的影響力。儘管如此，中國大陸也面臨嚴峻的挑戰，對於融資貸款必須審慎為之。在對厄瓜多的融資是一個成功的案例，使得厄國在水力發電有快速的躍升，大幅降低對化石燃料的依賴，有助於該國的發展，但是品質與環保的問題始終縈繞。而與委內瑞拉的金融關係並未對該國的經濟發展有明顯的貢獻，卻引發了國內外的疑慮和討論。

值得注意的是厄瓜多柯雷亞總統有願景、戰略構想和路線圖，藉著石油換貸款的方式來推動基礎建設，也獲得中國大陸長期的大力支持，且以人口面積而論，所受到的支持超過委內瑞拉。相形之下，委內瑞拉的查維茲總統對於該國發展和基礎建設並無一個清晰的路線圖，較為明確的是利用貸款來推動石油產業的發展。

在這樣的情況下，中國大陸在對拉美國家的融資方面會注意到其中的問題，能夠在拉美國家的需求和本國利益的保障之間追求一個平衡點，且這方面的成功才有助於使拉丁美洲國家接受並支持「一帶一路」倡議。

本研究的探討的時間點最後停留在 2018 年，也就是中美貿易戰正在開展的時刻，因之無法討論貿易戰對中國在拉丁美洲經貿外交產生的衝擊。

附錄 1　中國大陸對厄瓜多主要貸款項目（2009-2018）

單位：百萬美元

年度	厄國借貸者	中方貸款機構	數額	目的
2009	厄瓜多國家石油公司（Petroecuador）	中國石油天然氣公司	1,000	
2010	厄瓜多政府	中國進出口銀行	1,682.7	科卡科多辛克雷（Coca-Codo-Sinclair）水力發電之水壩
2010	厄瓜多國家石油公司	中國國家開發銀行	1,000	80% 用於共同同意事項，20% 用於石油相關事項
2010	厄瓜多政府	中國進出口銀行	571	索普拉朵饒（Sopladora）水力發電水壩
2011	厄瓜多國家石油公司	中國石油天然氣公司	1,000	
2011	厄瓜多政府	中國國家開發銀行	2,000	70% 用於共同同意事項，30% 用於石油相關事項
2013	厄瓜多政府	中國進出口銀行	312	米納斯聖法蘭席斯科（Minas San Francisco）水力發電水壩
2014	厄瓜多政府	中國進出口銀行	509	科卡科多辛克雷（Coca-Codo-Sinclair）水力發電水壩輸送系統
2015	厄瓜多政府	中國國家開發銀行、中國銀行、中國進出口銀行	7,530	補充政府預算赤字
2015	厄瓜多政府	中國進出口銀行	5,300	灌溉、運輸系統、教育、醫療
2016	厄瓜多政府	中國進出口銀行	2,000	基礎設施重建
2016	厄瓜多政府	中國進出口銀行	198	雅查伊教育設施
2018	厄瓜多政府	中國進出口銀行	69	基礎設施重建計畫
2018	厄瓜多政府	中國國家開發銀行	900	開發援助

資料來源：(1) 鄧中堅，「中國對拉丁美洲的資源外交：新殖民主義與南南合作之爭辯」，

遠景基金會季刊，第16卷第3期（2015年7月），頁157-160；(2) 最近新聞報導；(3) Margaret Myers and Kevin Gallagher, "Cautious Capital: Chinese Development Finance in LAC, 2018," China-Latin America Report. <https://www.thedialogue.org/wp-content/uploads/2019/02/Chinese-Finance-in-LAC-2018-2.pdf>(February 2019); (4) Fei Yuan and Kevin P. Gallagher, "Repositioning Chinese Development Finance in Latin America: Opportunities for Green Finance," *Global Economic Governance Initiative Policy Brief (001‧08/2016)*, <https://www.bu.edu/pardeeschool/files/2016/05/ChineseDevelopmentBankingLAC.pdf>(2016).

附錄2 中國對委內瑞拉主要的貸款項目、金額及目的（2008-2018）

單位：百萬美元

年度	委國借貸者	中方貸款機構	數額	目的
2008	委內瑞拉社會及經濟開發銀行（Banco de Desarrollo Económico y Social de Venezuela）、委內瑞拉國家石油公司（Petroleos de Venezuela）	國家開發銀行	4,000	基礎建設和其他計畫
2009	委內瑞拉社會及經濟開發銀行、委內瑞拉國家石油公司	國家開發銀行	4,000	基礎建設，包括通信衛星
2009	委內瑞拉瓜亞那鋁業集團（Corporación Venezolana de Guayana）	國家開發銀行	1,000	提供採礦計畫信用
2010	委內瑞拉國家石油公司	國家開發銀行、葡萄牙聖靈銀行（Banco Espirito Santo）[1]	1,500	貿易相關之信用貸款
2010	委內瑞拉社會及經濟開發銀行、委內瑞拉國家石油公司	國家開發銀行、中國石油天然氣集團公司	20,000	這項貸款將用於公路等基礎建設計畫，以及能源部門的投資。
2011	委內瑞拉國家石油公司	國家開發銀行	4,000	基礎建設
2011	委內瑞拉國家石油公司	中國工商銀行	4,000	國民住宅

（續表）

年度	委國借貸者	中方貸款機構	數額	目的
2012	委內瑞拉國家石油公司	中國國家開發銀行	500	購買石油相關設備
2012	委內瑞拉社會及經濟開發銀行、委內瑞拉國家石油公司	中國國家開發銀行	4,000	基礎建設
2013	委內瑞拉國家石油公司	中國國家開發銀行	4,000	提高生產力
2015	委內瑞拉國家石油公司	中國國家開發銀行	5,000	石油工程建設
2018		中國國家開發銀行	5,000	石油部門開發

註1：國家開發銀行為主，與葡萄牙聖靈銀行聯合貸款。

資料來源：(1) 鄧中堅，「中國對拉丁美洲的資源外交：新殖民主義與南南合作之爭辯」，遠景基金會季刊，第16卷第3期（2015年7月），頁157-160；(2) 最近新聞報導；(3) Margaret Myers and Kevin Gallagher, "Cautious Capital: Chinese Development Finance in LAC, 2018," China-Latin America Report. <https://www.thedialogue.org/wp-content/uploads/2019/02/Chinese-Finance-in-LAC-2018-2.pdf>(February 2019).

參考書目

中文部分

王子約，「李克強再推國際產能合作：3乘3模式亮相」，第一財經日報，〈http://www.yicai.com/news/2015/05/4620579.html〉（2015年5月21日）。

「中巴將建460億美元經濟走廊 絲路基金首投巴國水力發電廠」，南華早報中文網，〈http://www.nanzao.com/tc/national/14cd9b62fa5738c/zhong-ba-jiang-jian-460-yi-mei-yuan-jing-ji-zou-lang-si-lu-ji-jin-shou-tou-ba-guo-shui-dian-zhan〉（2015年4月21日）。

「中石油與國開行同委內瑞拉簽署 200 億美元貸款換石油協議」，路透社，〈http://cn.reuters.com/article/chinaNews/idCNCHINA-2124220100419?feedType=RSS&feedName=chinaNews〉（2010 年 4 月 19 日）。

「中國將出資 4 百億美元成立絲路基金」，BBC 中文網，〈http://www.bbc.com/zhongwen/trad/world/2014/11/141108_china_silkroadfund〉（2014 年 11 月 8 日）。

「中國進出口銀行貸款 53 億美元給厄瓜多」，新浪財經，〈http://finance.sina.com.cn/stock/usstock/c/20150107/083021242005.shtml〉（2015 年 1 月 7 日）。

「中國新貸款委內瑞拉石油業 50 億美元」，法國廣播電台，〈http://www.rfi.fr/tw/ 中國 /20130919- 中國貸款委內瑞拉石油業 50 億美元〉（2013 年 9 月 19 日）。

「中鐵建銅冠投資公司米拉多銅礦投產儀式盛大啓幕」，有色資訊，〈https://news.smm.cn/news/100952461〉（2019 年 7 月 22 日）。

向駿，「二十一世紀初中國與拉美經貿關係之研究」，遠景基金會季刊，第 14 卷第 1 期（2013 年 3 月），頁 1-40。

沈明室，「中國『一帶一路』倡議在拉美國家的實踐：內涵與展望」，拉丁美洲經貿季刊，第 36 期（2019 年 3 月），頁 2-17。

金曉文，「墨西哥坎昆龍城專案的政治博弈及啓示」，國際政治研究，第 1 期（2015 年），頁 74-90。

「委內瑞拉從中國獲得 50 億美元貸款 尚欠 200 億」，鳳凰衛視，〈http://finance.ifeng.com/a/20150421/13649813_0.shtml〉（2015 年 4 月 21 日）。

「金磚五國通過設立開發銀行 總部設上海」，BBC 中文網，〈http://www.bbc.com/zhongwen/trad/world/2014/07/140715_brics_development_bank〉（2014 年 7 月 15 日）。

「金磚銀行正式開業 預計年底或明年初啓動運營」，**中國新聞網**
〈http://news.xinhuanet.com/fortune/2015-07/21/c_128042329.htm〉
（2015 年 7 月 21 日）。

「習近平在中拉論壇部長級會議開幕式上致辭（全文）」，**新華社**，
〈http://news.qq.com/a/20150109/002381.htm〉（2015 年 1 月 8 日）。

「習近平：中國願同東盟國家共建二十一世紀『海上絲綢之路』」，
新華網，〈http://politics.people.com.cn/n/2013/1003/c1001-23101127.
html〉（2013 年 10 月 3 日）。

「習近平：加快推進絲綢之經濟帶和二十一世紀海上絲綢之路建
設」，**新華網**，〈http://news.xinhuanet.com/politics/2014-11/06/
c_1113146840.htm〉（2014 年 11 月 6 日）。

「習近平出席中國－拉美和加勒比國家領導人會晤並發表主旨講
話」，**新華網**，〈http://news.xinhuanet.com/politics/2014-07/18/
c_1111687937.htm〉（2014 年 7 月 18 日）。

「習近平發表重要演講 籲共建 "絲綢之路經濟帶"」，**新華網**，〈http://
news.xinhuanet.com/world/2013-09/07/c_117272280.htm〉（2013 年 9
月 7 日）。

「陸副財長：美透露 TPP 可能 9 月達陣」，**青年日報**，2005 年 4 月 19
日，第 6 版。

「絲路基金首期 100 億美元到位 外匯儲備投資占 65%」，**中國新聞網**，
〈http://news.xinhuanet.com/fortune/2015-02/16/c_127503252.htm〉
（2015 年 2 月 16 日）。

〈http://cn.rfi.fr/ 中國 / 20130919- 中國新貸款委內瑞拉石油業 50 億美元〉
（2013 年 9 月 19 日）。

陳敬忠，「委內瑞拉動亂對拉美地區的影響」，**拉丁美洲經貿季刊**，第
37 期（2019 年 6 月），頁 29-42。

郭成林，「中國鐵建聯手銅陵集團開發厄瓜多礦山」，人民網，〈http://finance.people.com.cn/BIG5/70846/17314618.html〉（2012 年 3 月 7 日）。

郭金超、莫成雄，「李克強提出中拉產能合作『3 乘 3』新模式」，中國新聞網，〈http://www.chinanews.com/gn/2015/05-20/7289378.shtml〉（2015 年 5 月 20 日）。

郭潔，「首鋼秘魯鐵礦項目的歷史與變遷」，**國際政治研究**，第 1 期（2015 年），頁 51-73。

郭篤爲，「李克強拉美行經濟掛帥 北京高層出訪常態化」，BBC 中**文網**，〈http://www.bbc.co.uk/zhongwen/trad/china/2015/05/150522_china_li_keqiang_colombia_brazil〉（2015 年 5 月 22 日）。

斯洋，「專家問卷：亞投行是否挑戰現有國際秩序？」，美**國之音**，〈http://www.voachinese.com/content/washington-aiib-20150612/2820267.html〉（2015 年 6 月 13 日）。

賀軍，「中國要避免委內瑞拉成爲戰略『賭局』」，**財新網**，〈http://m.opinion.caixin.com/m/2015-04-24/100803355.html〉（2015 年 4 月 24 日）。

楊首國、孫岩峰、曹廷、陳曉陽、嚴謹、呂洋，「『一帶一路』視角下提升 中拉合作的戰略思考」，**拉丁美洲研究**，第 40 卷第 3 期（2018 年 6 月），頁 1-19。

楊家鑫，「投向四大領域 絲路基金走出去」，**中國時報**，〈http://www.chinatimes.com/newspapers/20150831001206-260108〉（2015 年 8 月 31 日）。

楊建平，「中國對拉丁美洲直接投資之政治經濟意涵」，**遠景基金會季刊**，第 16 卷第 4 期（2015 年 10 月），頁 1-40。

管彥忠，「委內瑞拉正式確認成爲世界最大石油儲備國」，**中新網**，〈http://www.chinanews.com/gj/2011/02-18/2852374.shtml〉（2011 年 2

月 18 日）。

李書良，「用貸款換石油 中委簽 40 億美元合約」，**工商時報**，〈http://www.chinatimes.com/newspapers/20140723000124-260203〉（2014 年 7 月 23 日）。

齊中熙，「中國中鐵在委內瑞拉獲 75 億美元鐵路建設總承包合同」，**新華網**，〈http://big5.xinhuanet.com/gate/big5/news.xinhuanet.com/fortune/2009-08/17/content_11898290.htm〉（2009 年 8 月 17 日）。

鄧中堅，「中國對拉丁美洲的資源外交：新殖民主義與南南合作之爭辯」，**遠景基金會季刊**，第 16 卷第 3 期（2015 年 7 月），頁 143-144。

鄧中堅，「崛起的中國在拉丁美洲的政策與作為：追求霸權或是建立夥伴關係」，**國際關係學報**，第 23 期，（2007 年 1 月）。

盧國正，「海上絲綢之路：助推中拉經貿、文化合作與發展」，**中國網**，〈http://big5.china.com.cn/news/txt/2015-01/08/content_34508733.htm〉（2015 年 1 月 8 日）。

賴湘茹，「德出資 45 億美元 成亞投行第 4 大股東」，**工商時報**，〈http://www.chinatimes.com/newspapers/20150611000089-260203〉（2015 年 6 月 11 日）。

薛力，「中國不要高估拉美的戰略意義」，**金融時報中文網**，〈http://big5.ftchinese.com/story/001060237?full=y〉（2015 年 1 月 21 日）。

韓潔、熊爭豔、姚玉潔，「揭秘亞投行『基本大法』」，**新華網**，〈http://news.xinhuanet.com/fortune/2015-06/29/c_1115756561.htm〉（2015 年 6 月 29 日）。

外文部分

Alvaro, Mercedes, "Ecuador Confirms China Talks for \$1 Billion Loan," *Market Watch*, <http://www.marketwatch.com/story/ecuador-confirms-

china-talks-for-1-billion-loan-2010-07-13>(July 13,2010).

Alvaro, Mercedes, "Ecuador, China in Big Crude-Oil Deal," *Market Watch*, < http://www.marketwatch.com/story/ecuador-china-in-big-crude-oil-deal-2011-07-02>(July 2, 2011).

"BP Statistical Review of World Energy 2015," *British Petroleum*, < http://www.bp.com/content/dam/bp/pdf/Energy-economics/statistical-review-2015/bp-statistical-review-of-world-energy-2015-full-report.pdf > , p. 6.

Charlie Devereux, "China Development Bank Lends," *Bloomberg*, <http://www.bloomberg.com/news/articles/2012-09-25/china-development-bank-lends-venezuela-42-5-billion-since-2007> (September 26, 2012).

Domínguez, Gabriel, "Chinese Loans helping Latin America Amid Oil Price Slump," *Deutsche Welle,* <http://www.dw.com/en/chinese-loans-helping-latin-america-amid-oil-price-slump/a-18284605>(February 27, 2015).

Downs, Eric, *Inside China Inc: China Development Bank's Cross-Border Energy Deals*, (Washington, DC: The John L. Thornton China Center at Brookings, 2011).

"Ecuador Completes Coca Codo Sinclair Hydroelectric Station Tunnel," *Xinhua*, <http://news.xinhuanet.com/english/2015-04/08/c_134133992.htm> (April 8, 2015).

"El Mirador Copper Mine," *BankTrack*, < https://www.banktrack.org/project/el_mirador_copper_mine> (October 12, 2016).

Eustace, Ryan and Ronn Pineo, "The BRICS' New Financial Initiatives: Good for Whom?" *COHA Research*, <http://www.coha.org/the-brics-new-financial-initiatives-good-for-whom/> (July 28, 2014).

"Fortune Global 500, " *Fortune*, <http://fortune.com/fortune500/>(July 22, 2015).

Guo, Duwei, "China-CELAC Forum Strengthens the Influence of China on Latin America," *BBC* (Zhongwen), <http://www.bbc.co.uk/zhongwen/trad/world/2015/01/150112_china_latam_forum_legacy> (January 12, 2015)

Ho, Prudence, "Venezuela Oil Loans Go Awry for China," *Wall Street Journal*, < http://www.wsj.com/articles/venezuela-oil-loans-go-awry-for-china-1434656360> (June 18, 2015).

Kai, Jin, "The AIIB: China's Just Getting Started," *The Diplomat*, < http://thediplomat.com/2015/03/the-aiib-chinas-just-getting-started/>(March 20, 2015).

Kaiman, Jonathan, "China Agrees to Invest $20bn in Venezuela to Help Offset Effects of Oil Price Slump,"*The Guardian*, <http://www.theguardian.com/world/2015/jan/08/china-venezuela-20bn-loans-financing-nicolas-maduro-beijing> (January 8, 2015).

Kaplan, Stephen B. and Michael Penfold, "China-Venezuela Economic Relations: Hedging Venezuelan Bets with Chinese Characteristics," *Latin American Program Wilson Center*, <https://www.wilsoncenter.org/sites/default/files/media/documents/publication/china-venezuela_relations_final.pdf>(February 2019).

Kraul, Chris, "Ecuador faces a huge budget deficit because of loans it received from China," *Los Angeles Times*, <https://www.latimes.com/world/la-fg-ecuador-loans-china-20181210-story.html>(December 10, 2018).

Kruss, Clifford and Keith Bradsher, "China's Global Ambitions, Cash and Strings Attached," *New York Times*, July 26, 2015, p. A1.

Kummetz, Pablo, "China: Latin America's Dangerous New Friend," *Deutsch Welle*, <http://www.dw.com/en/china-latin-americas-dangerous-new-friend/a-18193543>(January 15, 2015).

"Latin America electricity prices: How countries compare," *Bnamericas*,

<https://www.bnamericas.com/en/news/latin-america-electricity-prices-how-countries-compare>(October 23, 2019).

Leverett, Flynt, Hillary Mann Leverett and Bingbing Wu, "China Looks West," *The World Financial Review*, (January/ February 2015), pp. 6-7.

Mahbubani, Kishore, "Why Britain Joining China-Led Bank Is a Sign of American Decline," *Huffington Post*, < http://www.huffingtonpost.com/ kishore-mahbubani/britain-china-bank-america-decline_b_6877942.html >(March 16, 2015).

Monni, Salvatore and Luca Serafini, "A Dangerous Alliance? The Relationship Between Ecuador and China," *SEEDS Working Paper 08/2018*, <http:// www.sustainability-seeds.org/papers/RePec/srt/wpaper/0818.pdf>(March 2018).

"Moody's Upgrades Ecuador's Rating to B3 from Caa1, Outlook Stable," *Global Credit Research*, <https://www.moodys.com/research/Moodys-upgrades-Ecuadors-rating-to-B3-from-Caa1-outlook-stable--PR_314758 >(December 19, 2014).

Nielsen, Stephan ,"China Grabs Share in Latin America Wind Energy with Cheap Loans," *Bloomberg*, <http://www.renewableenergyworld.com/ news/2012/11/china-grabs-share-in-latin-america-wind-energy-with-cheap-loans.html> (November 20, 2012).

Norris, William J., *Chinese Economic Statecraft: Commercial Actors, Grand Strategy, and State Control* (Ithaca, NY: Cornell University Press, 2016).

Perlez, Jane, "U.S. Opposing China's Answer to World Bank," *New York Times*, October 10, 2014, p. A1.

Phillips, Nicola. "China and Latin America: Development Challenges and Geopolitical Dilemmas," in Lowell Dittmer and George T. Yu eds., *China in Developing World and the New Global Dynamic* (London: Lynne Rienner, 2010), pp. 177-201.

Ranasinghe, Dhara, "Why Europe is Breaking Ranks with US on China Bank," *CNBC*, <http://www.cnbc.com/2015/03/19/why-europe-is-breaking-ranks-with-us-on-china-bank.html>(March 19, 2015).

Simon, Bernard and Hal Weitzman, "Chinese groups buy EnCana Ecuador assets," *Financial Times*, < https://www.ft.com/content/50c6770e-24e0-11da-97fb-00000e2511c8> (September 14, 2005).

"Switzerland, Luxembourg Apply for China-led Infrastructure Bank," *RT*, < http://rt.com/business/242897-switzerland-luxembourg-aiib-china/> (March 21, 2015).

Teng, Chung-chian," Mainland China's Diplomatic Maneuver in Central America: The Impact of the Nicaragua Grand Canal," *Prospect Journal: Taiwan Forum*, No. 13 (April, 2015).

"The Infrastructure Gap," *The Economist*, <http://www.economist.com/news/asia/21646740-development-finance-helps-china-win-friends-and-influence-american-allies-infrastructure-gap?fsrc=nlw|hig|19-03-2015|> (March 21, 2015).

"Venezuela 'Receives $5bn in Finance From China'," *BBC* (Zhongwen), <http://www.bbc.com/news/world-latin-america-32381250>(April 20, 2015)

Wang, Ying, "Oil consortium buys EnCana Ecuador assets," *China Daily*, <https://www.chinadaily.com.cn/english/doc/2005-09/16/content_478433.htm>(September 19, 2005).

Xi, Wei, "$10 Billion of Silk Road Fund Is Ready and 65% from China's Foreign Exchange Reserves," *Xinhuanet*, <http://news.xinhuanet.com/fortune/2015-02/16/c_127503252.htm> (February 16, 2015)

Xue, Li and Xu Yanzhuo, "Why China Shouldn't Get Too Invested in Latin America," *The Diplomat*, < http://thediplomat.com/2015/03/why-china-shouldnt-get-too-invested-in-latin-america/> (March 31, 2015).

Yi,Yang, "China Pledges 40 bln USD for Silk Road Fund," *Xinhuanet*, <http://news.xinhuanet.com/english/china/2014-11/08/c_133774993.htm> (November 8, 2014).

8 爭奪新的「中間地帶」：代結論

李明

國立政治大學外交學系教授

中共自 1949 年 10 月建立政權至今，已閱七十載。七十年光陰在中華民族長達五千年的歲月僅是短暫時間；不過，七十年的變遷，卻是中國大陸各方面變動空前、翻天覆地又榮辱並存的時代。

當毛澤東站在天安門城牆上振臂高呼：「中國人民站起來了！」實際上中國並沒有真正地「站起來」。當時的中國，四年前才結束了八年抗日血戰、不久前才結束了四年餘的國共內戰。

建政之始，毛澤東面臨的中國，是一個內部傷痕累累、百姓需要休養生息、百廢待舉重建困難的局面，而中國所面臨的外部環境，則更是危險敵對。中華民國政府退守台灣，美國在對蘇聯擴張戒懼之下，逐漸轉而支持台灣維持生存。這樣的敵對態度，在 1950 年 11 月中共干涉韓戰、支持北韓南侵、與聯合國軍隊面對面作戰達到頂峰。中共介入韓戰，使北京與美國及聯合國的關係徹底打壞，中共只有進一步仰賴蘇聯，再藉東歐共產國家的支持，方能維繫中共建政初年的外交戰線。

毛澤東是現實主義者，更是浪漫主義者。韓戰已使中共徹底與西方國家決裂、聯合國宣告中共為「侵略者」，北京加入聯合國遙遙無期，等於被孤立在國際社會之外，作為現實主義者，和蘇聯建立聯盟成為必要的選擇。毛澤東 1949 年發表《論人民民主專政》，宣示冷戰伊始，中共必須接受「兩大陣營」的思維，中共「要不就是選擇社會主義、要不就是選擇資本主義陣營，其中沒有騎牆的空間」，「中國要向蘇聯一邊倒」，以蘇聯為師。即使如此，中共高層，對於蘇聯的外交意圖仍持戒心。

作為浪漫主義者，是因為毛澤東認為中國可以透過人為力量，加速改造進入共產社會，除了要建設中國，還要與蘇聯爭奪共產主義陣營的領導權。毛澤東堅持共產主義意識形態、推動了無數次的

政治運動清除內部反共勢力，更以多次革命整風以改造中國、以建立平等無階級（egalitarian）的無產階級社會為最終目標。毛澤東推動總路線、大躍進、人民公社等「三面紅旗」失敗政策導致數千萬人死亡；從三反、五反、鎮反、肅反、反右，直至 1966 年開始、1976 年毛澤東死亡方全面結束的文化大革命，又對中國經濟和人文造成重大傷害，同時中共亦向世界「輸出革命」，多國不乏支持者，形同反對當地國的毛派革命組織。政治動盪、外交孤立、經濟窘困，直至 1970 年代之末鄧小平接掌政權方得扭轉。

毛澤東既不信任美國，也不信任蘇聯。早在 1946 年 8 月，他在與美國記者安娜・路易斯・司特朗（Anna Louise Strong）談話當中，即提出「中間地帶」，他說：「美國蘇聯之間隔著歐亞非等許多資本主義國家和殖民地、半殖民地國家構成的中間地帶」，他認為美國要進攻蘇聯之前，必須將這些中間地帶國家納入自己的勢力範圍，否則「談不上進攻蘇聯」。1962 年 1 月，毛澤東再次將「中間地帶」論說得更清楚。毛提出：「社會主義陣營算一個方面、美國算一個方面，除此之外，都算是中間地帶。」這些「中間地帶」被毛劃分為四種不同性質的類別，即「殖民國家」、「被剝奪了殖民地，但仍有強大壟斷資本的國家」、「真正取得獨立的國家」、「取得名義上的獨立、實際上仍是附屬國的國家」。1963年毛澤東又將這四種類別的國家概括為「兩個中間地帶」，其中一個是亞非拉、一個是歐洲。毛又指出，亞非拉是「第一中間地帶」，而歐洲、北美、加拿大、大洋洲是「第二中間地帶」，即使是日本，也屬於「第二中間地帶」。

毛澤東的「中間地帶」理論，在相當時期之內，成為中共外交作為、外交政策的基石，從這裡北京釐定中共的外交戰略，其一是中共必須加強和亞非拉等被壓迫的廣大經濟落後國家的團結合

作，反對帝國主義的壓迫；其二是，中共必須堅持並加強獨立自主的外交政策，反對任何大國的控制；其三是，必須在平等互利的基礎上，繼續與西方資本主義國家的關係，為社會主義建設提供良好的國際環境。

1954年6月，中共總理周恩來與印度總理尼赫魯發表聯合聲明，提到「和平共處五原則」，即「互相尊重領土主權、互不侵犯、互不干涉內政、平等互惠、和平共處」，強調各鄰近國家在不同的政治及經濟制度下，可以和平共處。這項「和平共處五原則」到了1955年4月在印尼召開的萬隆「第一次亞非團結會議」當中，再度得到確認，會中周恩來與印度尼赫魯、印尼的蘇卡諾等人聯合提出「亞洲國家應求同存異、團結反帝」的訴求。

1960年代之後，中蘇共正式拆夥，蘇聯在1960年撤走所有留駐中國的專家技術人員，中蘇共相互批判，兩黨關係在意識形態無法妥協，雙方敵對加深，直至1969年3月雙方爆發珍寶島武裝衝突。至此，中共重新界定自己的國際定位，以及與兩大強權的關係，中共曾短暫時間考慮是否同時與美國蘇聯保持敵對，但仍然是毛澤東的現實主義觀點，決定與美國改善關係，蘇聯轉成為中共的頭號威脅。

不過，在中美蘇關係根本變化之前，「中間地帶」理論有了新的發展。其中原因，不外中共根據聯合國2758號決議，取代了中華民國在聯合國（包含安理會常任理事國）的席位，國際地位獲得極大提升。中共進入聯合國，相對地表明了美國願與北京改善關係、中華民國外交的失利，以及中共歡喜收割亞非拉反帝反殖民勢力支持中共重返國際社會的果實。當時，美國決定撤出越南戰場，美中關係有望改善關係；再者，北京與蘇聯反目之後，一邊倒

政策面臨調整。職是之故，「中間地帶」逐步走向「三個世界」理論。[1]

所謂「三個世界」，其中的「第一世界」指的是美國和蘇聯兩個在全世界範圍內推行霸權主義的超級大國；「第二世界」指的是處於這兩者之間的發達國家，如歐洲、日本、加拿大和澳洲等國；「第三世界」指的是亞洲（日本除外）、非洲、拉丁美洲和其他地區的開發中國家。認定超級大國之間的爭奪世界霸權地位是世界局勢動盪不安的主要根源，而「第三世界」是反對帝國主義、殖民主義、霸權主義的主要力量。關於中共，則認為其屬於第三世界國家，應該加強與第三世界的關係，爭取與第三世界國家的聯合；中國作為第三世界的成員，堅決支持第三世界反對霸權主義的鬥爭、支持第二世界反對超級大國干涉和控制的鬥爭。由此可見，「三個世界」理論可被理解為「中間地帶」理論的進一步發展。

1974 年 4 月，中共國務院副總理鄧小平應邀在聯合國第六屆特別會議上發言，為北京第一次向世界全面說明並劃分「三個世界」戰略構想。針對蘇聯在大陸北方的壓力，中共加強了與美國的軍事合作，同時也加大與日本的交往，毛澤東還提出聯繫日本與其

---

[1] 毛澤東所稱「三個世界」，與冷戰時期西方世界的理解有重大出入。固然對「第三世界」的理解，都直指亞、非、拉丁美洲和加勒比海的較不發達國家，但西方國家認定的「第一世界」，是美、歐、日本、加拿大、澳、紐等發達國家，強調其民主政治和市場經濟；「第二世界」則是蘇聯、東歐、中共和其他的共產國家，突出其極權政治和中央計畫經濟。換言之，毛的「第一世界」與「第二世界」地區國家不似美國、蘇聯追求世界或地區霸權。西方世界的「三個世界」見解，參見 Shannon L. Blanton, Charles W. Kegley, *World Politics: Trend & Transformation, 2016-2017 Edition*(Boston, MA: Cengage Learning, 2017), p. 118.。

他友好國家，建立「一條線」、連成「一大片」的反蘇聯統一戰線，而 1978 年 5 月北京與東京簽訂的「中日和平友好條約」正是這個背景下的產物，也可見北京外交作為的積極性與靈活性。

中共外交政策在毛澤東統治的 27 年，乃至 1978 年中共第十一屆三中全會之前，直至鄧小平接替華國鋒成為最高領導人為止，是一個階段，約略持續 30 年。1979 年 1 月中共和美國建交，中共也遂行「懲越戰爭」，與美國一道加深了對蘇聯越南的合圍。至 1982 年，旋提出「遵行獨立自主外交政策」，以鄧小平發表中國外交政策的「二十四字箴言」最具代表性。鄧的箴言為：「冷靜觀察、站穩腳跟、沉著應付、韜光養晦、善於守拙、絕不當頭。」一般說來，鄧小平任職之後若干年過去，至中共經濟起飛、軍事崛起的今天，鄧小平的「二十四字箴言」仍然適用於各項對外發展戰略，只是鄧後各領導人在這二十四字之後，另加了四字：「有所作為」。美國國防部發表《中國國力報告》多次指出，中國的崛起，依循鄧小平的「二十四字箴言」，避免和外國發生衝突，近年且已與許多國家解決邊界糾紛，不過與日本、印度和東南亞若干國家仍有領土爭執。

大陸與「非西方世界」的關係，一言以蔽之，即是除美國、歐洲與日本等發達國家之外，北京與各其他地區國家的互動態勢。中共與這些非西方國家的關係，有的基於長久的歷史淵源，比如自 1950 年代以來共同參與國際不結盟運動；有的基於過去共同對外「進行反美反帝鬥爭」的革命情誼；有的更有千絲萬縷的恩怨情仇，不見得都具有穩定關係。以中共與印度而言，早在 1962 年 10 月雙方即有領土衝突，至今尚未解決，且更因印度巴基斯坦關係交惡，中印關係始終未能大幅改善。中共與越南曾在 1970 年代爆發多次戰爭，中共與東南亞國家也存在南中國海領土及領海衝突。另

非洲國家在文革時期曾與中共爆發意識形態衝突、非洲學生曾在文革時期感受中國的不公待遇，非洲某些國家甚至懷疑北京既是聯合國常任理事國，會否為亞非拉國家的利益仗義執言。關於這些爭執或疑慮，北京政府常需竭力廓清自身立場，並加大對彼等非西方世界的外交聲援和物資援助，以維持中共為「第三世界」代言人的地位。

鄧小平之後的中國大陸元首，除極力為第三世界發聲之外，皆不忘大力推動「國際關係民主化」，以在國際制度上遏制強權國家的支配以及增進非西方國家的合理權益。江澤民即提倡「和為貴」、「和而不同」，倡導互信、互利、平等、協作的「新安全觀」，以充實獨立自主的和平外交政策內涵，並推動國際關係民主化，和「建立公正合理的國際政治經濟新秩序」。[2]

及至胡錦濤時期，經過了三十年的改革開放，中國大陸與世界形成不可分割的「命運共同體」，中共認為世界需要她，她也需要世界。正是在這樣的時代背景下，北京提出堅持走和平發展道路、堅持互利共贏的開放戰略、推動建設持久和平、共同繁榮的「和諧世界」。而在建構和諧世界的道路上，北京認為以下前提對她有利，即是：（一）新興力量發展迅速，世界多極化有新的發展。以中國大陸、印度、巴西、南非、俄國等金磚五國（BRICS）等為代表的一些新興發展國家在全球政治及安全事務的重要性明顯上升，牽動了世界格局的變化。（二）調整與變革成為各國重要政策取向，以因應全球化挑戰，多邊機制和大國合作的機會增多，各大國都希望在提升綜合國力贏得先機。（三）全球性問題備受各方

2　鍾之成，為了世界更美好：江澤民出訪記實（北京：世界知識出版社，2006 年 7 月），頁 3。

關注，各國紛紛推出各種倡議和主張，希望推動全球性合作，國際秩序和國際體系孕育調整動機。（四）亞洲對世界經濟增長的拉動性增大，東盟、上海合作組織等有意深化務實合作，亞洲區域合作進一步增強；世界經濟增長趨緩，國際金融市場風險增高，全球生產、消費和投資活動屢受負面因素影響，更需要各國充分合作解決。[3] 因此，中共與世界的關係發生歷史性的變化，也必須做出調適。

中共在推動「和諧世界」外交理念的基礎上，也有相關行動作為具體實踐。胡錦濤於 2005 年 9 月在聯合國成立 60 週年大會上發表《努力建設持久和平、共同繁榮的和諧世界》演說，宣示以下外交目標：（一）和諧世界大國關係，與世界大國不僅是利益攸關者，也要共同肩負全球責任。中美高層會晤頻繁，戰略對話、戰略經濟對話定期舉行。中俄長達 4,300 公里的邊界全面確定。（二）和諧世界和諧周邊，北京主張開放的地區主義，運用上海合作組織、東盟區域論壇、南亞區域合作聯盟等積極推動周邊利益共同體。當時中共與 14 個鄰邦中的 12 個簽訂了邊界協定或條約，中共也參加所有的地區安全機制，範圍涵蓋傳統與非傳統安全。（三）和諧世界援助弱國。北京領導人頻繁走訪拉美、非洲、中東等區域，與諸國建立合作論壇。自 2002 年以來，北京援助開發中國家建築會議中心、辦公樓、劇院等工程，2006 年 11 月中非合作論壇會議中，中共宣布八項援助非洲措施。（四）和諧世界國際責任。蓋中共在面對國際衝突時，均堅持和平談判、外交磋商、對全球熱點地區常派出維和部隊，面對受災國，北京也常能提供援助。2004 年在印度洋海嘯發生後，北京進行了建政之後最大規模

---

[3] 「和諧世界」，百度百科，〈http://baike.baidu.com/item/〉。

的對外救援行動。[4]

在 2007 年 11 月中共第 17 次全國代表大會的報告中，胡錦濤再次聲言：「中國同世界的關係發生歷史性的變化，中國的前途命運日益緊密地同世界命運聯繫在一起。」又稱：「中國的發展離不開世界，世界的發展也離不開中國。」胡強調三項重點：堅持在政治上互相尊重、平等協商、共同推進國際關係民主化，既十分重要，又非常迫切；客觀發展的多極化趨勢，提出了促進國際關係民主化，進而使國際政治秩序朝向公正、合理方向演變的迫切要求，實現持久和平與共同繁榮，更離不開國際關係民主化這一堅實的政治基礎；作為聯合國安理會常任理事國，歷史上曾飽受欺凌的中國，一直把促進國際關係民主化視為實現國際大家庭政治和睦的主要內容，並積極加以倡導，努力帶頭實踐。在實踐方式上，促進國際關係民主化，應該保障各國享有平等的發展權，特別是廣大開發中國家的發展權。幫助開發中國家發展經濟，對實現持久和平及共同發展至關重要。促進國際關係民主化，應該保障各個民族和各種文明共同發展的權利。各個民族應該在彼此尊重、平等對待、求同存異的基礎上實現共同進步。[5] 國際關係民主化的「實質」，則在於各國和各國人民互相尊重以平等對待，求同存異以擴大共識，合作協商以謀求共贏，增進友好以和諧相處。因此，較之歷史上曾經肆虐的「炮艦外交」，較之走馬燈般「大國均勢」、「大國制衡」、「大國政治」等國際關係理念，較之現實仍然存在的「單邊主義、霸權主義」，國際關係民主化為世界「提供了一種有別於

4　同前註。

5　國紀平，「共同推動國際關係民主化」，人民日報，2007 年 11 月 26 日，第 3 版。

強權政治和冷戰思維的新思維模式和行為準則」。[6]

早在 2003 年，大陸學者倪世雄和王義桅曾提出一些概念，他們說：「國際關係民主化的未來不在於解決一切不公正、不合理的國際問題，而在於為世界的和諧發展創造必要的程序與機制前提。」他們又說：「國際關係民主化作為中國外交的新旗幟，既是以前中國『爭取第二世界、著眼於第三世界、反對第一世界』等外交實踐的歷史傳承，又是『重大外交理念創新，是對國際社會的巨大貢獻』。」並說，它比單純的「反對霸權主義與強權政治」提法更能爭取國際輿論，有利於改善中國的國際形象，提高中國的國際地位，是新時期貫徹「冷靜觀察、沉著應付、韜光養晦、有所作為」十六字方針的創舉。他們主張，在外交實踐當中，積極倡導國際關係民主化有助於超越狹隘的國家利益觀，獲得更加廣泛的國際認同。又說，中國基於國際關係民主化的理念積極推動亞歐合作、上海合作組織的發展，這些成功實踐，充分證明了這一點。[7]

根據學者的評論，習近平在 2013 年接掌政權之後，外交政策比過去更加主動、自信，而且更重視國際制度建設的參與，而中共還是努力促進國際關係民主化、降低霸權主義、單邊主義等對中國及世界的威脅。再者，2011 年開始，美國兩任總統歐巴馬推動的「重返亞太」（Pivot to Asia）、「戰略再平衡」（Rebalancing）以及川普力推的「印太戰略」（Indo-Pacific Strategy），予北京類似蘇聯末年的危機感，也給中共「樹立危機感的難得機會」。[8]

6　同前註。

7　倪世雄、王義桅，「再論國際關係民主化」，社會科學，第 12 期（2003年），頁 24-30。

8　沈旭輝，「點評中國：習近平時代中國外交的十大特色」，BBC 中文網，

亞洲金融風暴之後，中國大陸國力上升，美國國力則持續下降，2008 年北京成功舉辦夏季奧運、2010 年中國大陸國內生產毛額（GDP）超過日本而成為全球第二大經濟體，無疑增強了中共的信心和加大推動外交影響的意願。學者甚至認為中國不但拋棄「韜光養晦」，甚至連江澤民時代的「因勢利導」和胡錦濤時代的「和平發展」也不再看重。因為中共的國力進一步上揚，亦不容許其繼續「因勢」，有了足夠的自信，中共要自己建構一個「勢」，以取其「利」，因此習近平的新外交政策，出現諸種改變。如在中共十八大，提出「社會主義核心價值觀」，使習近平的內外施政有價值依附；中共常重申「盡責任大國」作為參與國際事務指針，屢談國際道義，對比美國之「不負責任」；習近平進一步歡迎別國借鑒「中國模式」或「北京共識」；習近平設立「中央國家安全委員會」，今後無論內政或外交，均須以維繫國家安全角度思考；在有主權爭議之處，北京顯得更堅定，展現新的「主權外交」；習近平在國際經濟、金融層面企圖建立新制度，而且收穫頗豐；再者，習近平用「一帶一路」，推行中共的大戰略；強調中國主導的「亞洲安全觀」，比擬美國的門羅主義，以限縮霸權在亞洲的支配；習近平也致力提升中國軟實力，宣傳中國、闡述北京外交政策；以及用打擊貪腐方式，將內政和外交執行力延伸至海外。[9]

考察習近平時代中國外交的「十大特色」，其中以第六、第七、第八項發展最受矚目，也具有前瞻性和廣泛的影響。如第六點所指出，中共在建構國際經濟、金融層面新制度的努力，在 2013年成立上海的「金磚國家開發銀行」、2014 年建立「亞洲基礎設

〈https://www.bbc.com/zhongwen/trad/china/2015/11/151116_cr_xijinping_ diplomacy〉（2015 年 11 月 16 日）。

[9] 同前註，此即所謂「習近平外交的十大特色」。

施投資銀行」，促進亞洲區域整合，也相當程度替代由日本控制的「亞洲開發銀行」。2014 年，習近平主持亞太經濟合作會議（Asia Pacific Economic Cooperation, APEC）高峰會，提出成立 APEC 自由貿易區，長此以往，由中共主導的東南亞區域全面夥伴協議（Regional Comprehensive Economic Partnership）將可望挑戰美國原先建立的國際經濟秩序。而「一帶一路」則著眼於針對美國的「反圍堵」，也在平衡俄國於中亞原先存在的勢力範圍，並且將國防重心移往內陸，匡正改革開放以來只重視東部海岸城市、過度依賴美日資本的結構性失衡。透過對中國的過剩產能及人力輸出，使亞太國家反而對中國出現結構性依賴，類似 1947 年美國執行的馬歇爾歐洲經濟復興計畫，將對中國「崛起」推助一臂之力。習近平主張的亞洲安全觀，談到「四個安全」，即是「共同安全」、「綜合安全」、「合作安全」、「可持續安全」。國際學者多半僅提及前三者，習的「可持續安全」更是一項進展。不過，其深層目的在於建構「中國價值觀」和「中國模式」，再引申為「亞洲觀念」，以「三個歸根結柢」總結：即「亞洲的事情，歸根結柢要靠亞洲人民辦；亞洲的問題，歸根結柢要靠亞洲人民來處理；亞洲的安全，歸根結柢要靠亞洲人民來維護。」這使人不禁想到美國在 1823 年發布排除歐洲影響的門羅主義。

2017 年 10 月，中共召開十九大，習近平再次提出他的外交理念。他強調國際社會要「相互尊重、平等協商，堅決摒棄冷戰思維和強權政治，走對話而不對抗、結伴而不結盟的國與國交往新路。」要「堅持以對話解決爭端、以協商化解分歧，統籌應對傳統和非傳統安全威脅，反對一切形式的恐怖主義。」要「同舟共濟，促進貿易和投資自由化便利化，推動經濟全球化朝著更加開放、包容、普惠、平衡、共贏的方向發展。」要「尊重世界文明多樣性，

以文明交流超越文明隔閡、文明互鑒超越文明衝突、文明共存超越文明優越。」要「堅持環境友好，合作應對氣候變化，保護好人類賴以生存的地球家園。」

關於中共的外交，習近平提及「中國堅定奉行獨立自主的和平外交政策，尊重各國人民自主選擇發展道路的權利，維護國際公平正義，反對把自己的意志強加於人，反對干涉別國內政，反對以強凌弱。」中國奉行防禦性的國防政策、中國發展不對任何國家構成威脅。「中國無論發展到什麼程度，永遠不稱霸，永遠不搞擴張。」此外，習近平指稱，「中國積極發展全球夥伴關係，擴大同各國的利益交匯點，推進大國協調與合作，構建總體穩定、均衡發展的大國關係框架，按照親誠惠容理念和與鄰為善、以鄰為伴之周邊外交方針深化同周邊國家關係，秉持正確義利觀和真實親誠理念加強同發展中國家團結合作。」關於基本國策，習近平指稱「堅持對外開放」，堅持打開國門搞建設，積極促進「一帶一路」國際合作，努力實現政策溝通、設施聯通、貿易暢通、資金融通、民心相通，打造國際合作新平台，增添共同發展新動力。加大對發展中國家，特別是最不發達國家的援助力度，促進縮小南北發展差距。中國支持多邊貿易體制，促進自由貿易區建設，推動建設開放型世界經濟。最後，國際關係民主化再次成為重點，習近平稱，中國秉持共商共建共享的全球治理觀，倡導國際關係民主化，堅持國家不分大小、強弱、貧富，一律平等，支持聯合國發揮積極作用，支持擴大發展中國家在國際事務中的代表性和發言權。中國將繼續發揮負責任大國作用，積極參與全球治理體系改革和建設，不斷貢獻中國智慧和力量。[10]

---

10 「十九大開幕 習近平發表工作報告（全文）」，香港經濟日報，〈https://china.hket.com/article/1927215/ 十九大開幕 %20 習近平發表工作報告〉。

基於十九大的內涵，歸結出北京所稱的「中國特色大國外交」之核心，正是要「推動構建新型國際關係」、推動「構建人類命運共同體」。前者在於服務於民族復興、服務於中國夢的實現；後者在於促進人類進步。據中國大陸學者稱，這是和中共十八大所提「周邊外交」四個字「親、誠、惠、容」理念前後呼應，[11] 並且與 40 年前施行改革開放之後遂行的「全方位外交」一脈相承。而「全方位外交」概括幾個內涵，即「大國是關鍵、周邊是首要、發展中國家是基礎、多邊是舞台。」既然如此，歷史上所說的「中間地帶」在北京的外交天平上，既是首要，也是基礎，施行的方式，端賴多邊交往與合作。在外交政策具體實踐方面，北京標舉幾項對外工作的重點：「要求對外工作不斷開創新局面；高舉構建人類命運共同體體制、推動全球治理體系朝著更加公正合理的方向發展；堅持共商共建共享、推動一帶一路建設走實走深、行穩致遠、推動對外開放邁上新台階；運籌好大國關係、推動構建總體穩定、均衡發展的大國關係框架；做好周邊外交工作、推動周邊環境更加友好、更加有利；深化同發展中國家團結合作，推動行程攜手共進、共同發展新局面，廣大發展中國家是我國在國際事務中的天然同盟軍，要堅持正確義利觀，做好同發展中國家團結合作的大文章；深入推動中國同世界深入交流、互學互鑒。」[12]

即使北京當局釋出建立大國外交、推動構建新型國際關係、構

11　馮仲平，「新中國 70 年中國特色大國外交砥礪奮進」，**中國共產黨新聞網、國史講堂**，〈http://dangshi.people.com.cn/n1/2019/1018/c85037-31408376.html〉。

12　黃玥，「習近平外交思想引領中國特色大國外交開創新局面」，**新華網**，〈http://www.xinhuanet.com/politics/xxjxs/2018-06/25/c_1123029499.htm〉（2018 年 6 月 25 日）。

建人類命運體的願望，也曾做出許多相對的友善外交作為，惟在邁進 21 世紀的頭 10 年，中共與美國在國際經濟實力和政治影響力，均出現了中國升、美國降的趨勢；換言之，國際經濟和政治的實力的比重，正在朝向北京方面推移，美國感受相當的壓力。2010 年中共成為世界第二大經濟體，2 年前（2008 年）又成功辦理夏季奧運，2010 年上海博覽會亦眾所矚目。不過正在此時，中共的外交和軍事更受到國際關切。中共的經濟成長也呈現在快速的軍費增加，美國許多學者和戰略家聲稱中共的實際軍費超過北京所宣稱的數字，同時軍費也「遠遠超過中國正常防衛的需要」。2010 年 9 月 7 日，發生大陸漁船在釣魚台海域先後與兩艘日本巡邏船相撞，日本海上保安廳扣留大陸籍船長，經北京抗議後，船長等人才被日方釋放。2012 年 9 月 11 日，日本野田佳彥政府宣告釣魚台列島「國有化」，激起中國大陸強烈反日情緒。2013 年 11 月 23 日，北京宣告建立東海防空識別區，日本安倍晉三政府為此向中共抗議，至此中日關係陷入更低潮。

中共與美國的關係，實為中共大國外交成敗的關鍵。習近平就任中國國家主席至今，已與美國兩任總統交手。2013 年 6 月 8 日，習近平應邀至伯格莊園（Annenberg Estate）與歐巴馬總統見面。那是兩國領導人換屆之後的首次會晤，習近平再次提到「寬廣的太平洋有足夠空間容納中美兩個大國」，向美方試探建立新型大國關係。[13] 當時歐巴馬和習近平都認為，「面對經濟全球化迅速發展和各國同舟共濟的客觀需求，中美應該也可以走出一條不同於歷史上大國衝突對抗的新路。」且「雙方同意，共同努力構建新型大國關

13「習近平再提太平洋有足夠空間容納中美兩個大國」，**新華網**，〈http://news.sina.com.cn/c/2013-06-09/160827362824.shtml〉（2013 年 6 月 8 日）。

係，相互尊重、合作共贏，造福兩國人民和世界人民。」[14] 當時雙方氣氛雖然融洽，之後歐巴馬總統卻並未對習近平所提「新型大國關係」做出具體的回應。隨著美國逐步撤出阿富汗和巴基斯坦的軍事考量，美國展開它在亞太地區軍事戰略的調整。中共也在南中國海加強海洋經略與海軍部署，在南海填海造陸計畫引起東南亞國家的戒心，特別以菲律賓和越南更甚。北京在東海、南中國海與美國等船隻的對峙和主權伸張愈來愈強勢，美國與日本自然成為他們的盟友。歐巴馬政府改採對北京較為謹慎緊縮的態度，方有「重返亞太」（Pivot to Asia）以及「再平衡」（Rebalancing）方針，並宣稱將與美國在亞太地區盟邦加強合作，對北京的戰略包圍意圖明顯。2016 年 7 月 11 日設於荷蘭海牙的常設仲裁法院做出仲裁案，做出支持菲律賓、並否定中共基於歷史訴求的主張，北京的挫折可以想見。

　　2017 年 1 月川普總統上任，便首先宣告退出「跨太平洋經濟伙伴協定（Trans-Pacific Partnership, TPP）」，並重申其「美國第一、美國優先、使美國更強大」的內政外交政策，展現他感受中共外交，特別是經濟實力對美國帶來壓力而出現反感與恐慌。川普攻擊中國大陸竊取美國人的智慧發明、搶奪美國的就業、掠奪美國人的財富，並聲稱中美之間進行的是不公允的國際貿易，必須加以阻止。2018 年 3 月開始，中美雙方互相祭出提高關稅做武器的貿易大戰方興未艾，即使中美屢次協商，彼此仍不滿意。美國此舉為典型的保護主義（protectionism），與中共連年表示支持的國際自由貿易體制背道而馳，中共強調川普的作法，不僅傷害了中

---

14 習近平，「構建中美新型大國關係」，**習近平談治國理政**（北京：外文出版社，2015 年 6 月），頁 279-281。

國，更損害世界經濟發展，惟川普心意已定，我行我素。

對北京而言，中美雙方更大的衝突，在於川普對中共採取的戰略包圍（Strategic Encirclement）政策，白宮極力推動的「印度—太平洋（Indo-Pacific），簡稱『印太』」戰略正是對北京敵意的展示。川普不但將延續歐巴馬任內的作為，集中三分之二的海軍在西太平洋，甚至涵蓋印度，與印度合作圍堵中國。川普推行的民主聯盟（Democratic Alliances），美國將自己和日本、印度、澳洲聯繫起來，構成一個鑽石方陣，將中共圍在其中，美國的民主聯盟，尚有其他的較小盟友，諸如南韓、菲律賓、新加坡，甚至是台灣。

印度是一個人口超越 11 億的大國，是所謂「世界最大的民主國家」，長期以來與中共不睦，也因為中印未定邊界，以及中共與巴基斯坦交好，北京和新德里間一直存有芥蒂。而在一帶一路重點項目中的中巴經濟走廊，穿越了印巴主權爭議的喀什米爾，印度認為侵犯其主權，印度抵制「一帶一路」，但印度如此作法可能會被周圍參與的國家孤立，也不夠有能力及資源與中共在「一帶一路」的經濟整合議題上抗衡競爭。印度的地緣政治相對特殊，可對中共自中東出發的遠洋運輸及海軍護油路線，選在印度洋攔腰切斷，印度如與美國聯手，將是對中共全球和地區利益的重大威脅。一個以北京作為標的的包圍圈業已形成，這項危機正在趨近當中，與周邊國家的外交和戰略連結更形重要。北京循著南中國海直至波斯灣或紅海積極洽租港灣、尋求海軍基地、建立海上據點，正針對印度進行反制。

使印度備感威脅的，是中共計劃在巴基斯坦瓜達爾港（Gwadar）興建基地停泊軍艦，且以維護中巴經濟走廊安全為

由，派兵與巴國軍隊共同巡邏包括印度也宣稱享有主權的巴基斯坦喀什米爾占領區，讓印度如芒刺在背。斯里蘭卡近年獲得北京大量貸款與援助，逐漸疏遠印度而與中國親近，終於將重要港口赫班托達港（Hambantota Port）租給中國企業 99 年。孟加拉同樣也在經濟等攻勢下日益增強與中共關係。中國自 2005 年超越印度成為孟加拉最大貿易夥伴後，透過「一帶一路」倡議不斷加大在當地的投資，更與孟加拉談判計畫修建從中國昆明連接到吉大港（Chittagong）的公路，在孟加拉灣再獲重要港口。此外，在地處印度洋重要戰略位置的馬爾地夫投資關鍵基礎建設，中共更在該國南部興建港口，與吉布地（Djibouti）所設的中共海軍基地互相呼應，形成反包圍印度的「珍珠鍊戰略」（Strategy of Pearl String）包圍態勢。印度乃與美國、日本、澳洲在 2017 年 11 月舉行首次四邊會議，四國決定加強合作，維持印度洋太平洋地區的海上航行自由，維護印太地區的自由與開放，正式組成抗衡中國擴張的四國聯盟。[15]

自習近平主政之始，北京即以崛起之姿在國際組織、地區事務、全球場域，持續增強與非西方世界國家的聯繫、對話與合作，在亞洲、非洲、拉丁美洲建立更堅實的經濟和政治關係。在地緣經濟上，以「一帶一路」作為紐帶，全力拉大與發展中國家的合作力道，「構建人類命運共同體」；在地緣政治上，以推動國際關係民主化，「構建新型國際關係」，其目的也關注中國的國家安全、外交獨立自主，以及免受敵對國家包圍，而這些目標的實現，端賴中共與上述「中間地帶」國家和地區的牢固信任及友誼。

15「中國珍珠鍊包圍，印度尋破口」，全球中央（中央社），〈https://www.cna.com.tw/topic/newsworld/113/201806010004.aspx〉（2018 年 6 月 1 日）。

誠如大陸學者發現，近年大國「對中間地帶的爭奪正在加劇」。西方世界看重「中間地帶」爭奪，主要因為大國強盛很大程度取決於掌控的中間地帶範圍大小。「從安全看，外圍地帶愈大，威脅源愈遠，本國就愈安全；從經濟上看，在社會化大生產條件下，市場規模和原料產地愈大，大國經濟規模就愈大。」而且，愈是在大國勢力範圍分界線的國家和地區，愈容易成為爭奪對象。顯著的發展是，美國與西方世界對「中間地帶」無所不用其極，「從利益拉攏到外交孤立，從網路攻擊到經濟制裁，從顏色革命到分裂國家，直至發動戰爭。」又稱「隨著中國崛起步伐加快，美國等西方國家戰略焦慮感加劇」，「在中間地帶對我圍堵力度加大」，職是之故，中共「不得不維護因應」。[16] 可見，對於國家安全維持高度警惕，從今往後，北京與強權國家在中間地帶的爭奪戰將更形白熱化。

參考書目

中文部分

「十九大開幕 習近平發表工作報告（全文）」，香港經濟日報，〈https://china.hket.com/article/1927215/ 十九大開幕 %20 習近平發表工作報告〉。

「中國珍珠鏈包圍，印度尋破口」，全球中央（中央社），〈https://www.cna.com.tw/topic/newsworld/113/201806010004.aspx〉（2018 年 6

---

16 田文林，「大國對『中間地帶』的爭奪加劇」，經濟導刊，2014 年第 7 期，〈https://www.jingjidaokan.com/icms/null/null/ns:LHQ6LGY6LGM6MmM5NDkzOWQ1MGE4MYliZjAxNTBiY2EwNmE1YTAwNmlscDosYTosbTo=/show.vsml〉（2014 年 7 月 24 日）。

月 1 日）。

田文林，「大國對『中間地帶』的爭奪加劇」，經濟導刊，2014 年第 7 期，〈https://www.jingjidaokan.com/icms/null/null/ns:LHQ6LGY6LGM6MmM5NDkzOWQ1MGE4MYliZjAxNTBiY2EwNmE1YTAwNmlscDosYTosbTo=/show.vsml〉（2014 年 7 月 24 日）。

鍾之成，為了世界更美好：江澤民出訪記實（北京：世界知識出版社，2006 年 7 月），頁 3。

「和諧世界」，百度百科，〈http://baike.baidu.com/item/〉。

國紀平，「共同推動國際關係民主化」，人民日報，2007 年 11 月 26 日，第 3 版。

倪世雄、王義桅，「再論國際關係民主化」，社會科學，第 12 期（2003 年），頁 24-30。

沈旭輝，「點評中國：習近平時代中國外交的十大特色」，BBC 中文網，〈https://www.bbc.com/zhongwen/trad/china/2015/11/151116_cr_xijinping_diplomacy〉（2015 年 11 月 16 日）。

馮仲平，「國史講堂：新中國 70 年中國特色大國外交砥礪奮進」，中國共產黨新聞網，〈http://dangshi.people.com.cn/n1/2019/1018/c85037-31408376.html〉（2019 年 10 月 21 日）。

黃玥，「習近平外交思想引領中國特色大國外交開創新局面」，新華網，〈http://www.xinhuanet.com/politics/xxjxs/2018-06/25/c_1123029499.htm〉（2018 年 6 月 25 日）。

「習近平再提太平洋有足夠空間容納中美兩個大國」，新華網，〈http://news.sina.com.cn/c/2013-06-09/160827362824.shtml〉（2013 年 6 月 8 日）。

習近平，「構建中美新型大國關係」，習近平談治國理政（北京：外文出版社，2015 年 6 月），頁 279-281。

李明，「一帶一路與全球治理」，全球政治評論，第 68 期（2019 年 10 月），頁 31-50。

張鋒，「中美競爭與新的『中間地帶』」，國際網，〈http://comment. cfisnet.com/2019/0612/1316407.html〉（2019 年 6 月 12 日）。

外文部分

Banton, Shannon L and Charles W. Kegley. *World Politics: Trend & Transformation, 2016-2017 Edition.* Boston, MA: Cengage Learning, 2017.

Frum, David. "Trump's Trade War Was Futile." *The Atlantic*, <http://www. theatlantic.com/ideas/archive/2019/12/trump-got-tough-on-china-it-didnt-work/603637/> (December 14, 2019).

Sloat, Amand. "Dispatch From Munich: Seeking A Savior in A Time of Westlessness." *Brookings Institution*, <https://www.brookings.edu/blog/order-from-chaos/2020/02/18/dispatch-from-munich-seeking-a-savior-in-a-time-of-westlessness/>(February 18, 2020).

國家圖書館出版品預行編目資料

地緣政治經濟之爭奪戰：中國大陸在非西
方世界攻城掠地？／李明、邱稔壤主編.
蔡東杰等合著. -- 初版. -- 臺北市：五
南，2020.09
　　面；　公分.
ISBN 978-986-522-169-0（平裝）

1.地緣政治　2.政治地理學　3.文集
4.中國

571.15　　　　　　　　109011220

4F22

地緣政治經濟之爭奪戰：中國大陸在非西方世界攻城掠地？

主　　編 ─ 李　明、邱稔壤

作　　者 ─ 蔡東杰、連弘宜、張文揚、郭　潔、
　　　　　　許嫣然、黃偉倫、鄧中堅、李　明、
　　　　　　邱稔壤

文字編輯 ─ 許馨尹

封面設計 ─ 姚孝慈

發 行 人 ─ 楊榮川

總 經 理 ─ 楊士清

總 編 輯 ─ 楊秀麗

副總編輯 ─ 張毓芬

出 版 者 ─ 五南圖書出版股份有限公司

地　　址：106台北市大安區和平東路二段339號4樓

電　　話：(02)2705-5066　　傳　真：(02)2706-6100

網　　址：http://www.wunan.com.tw

電子郵件：wunan@wunan.com.tw

劃撥帳號：01068953

戶　　名：五南圖書出版股份有限公司

法律顧問　林勝安律師事務所　林勝安律師

出版日期　2020年9月初版一刷

定　　價　新臺幣380元

經典永恆・名著常在

五十週年的獻禮——經典名著文庫

五南，五十年了，半個世紀，人生旅程的一大半，走過來了。
思索著，邁向百年的未來歷程，能為知識界、文化學術界作些什麼？
在速食文化的生態下，有什麼值得讓人雋永品味的？

歷代經典・當今名著，經過時間的洗禮，千錘百鍊，流傳至今，光芒耀人；
不僅使我們能領悟前人的智慧，同時也增深加廣我們思考的深度與視野。
我們決心投入巨資，有計畫的系統梳選，成立「經典名著文庫」，
希望收入古今中外思想性的、充滿睿智與獨見的經典、名著。
這是一項理想性的、永續性的巨大出版工程。
不在意讀者的眾寡，只考慮它的學術價值，力求完整展現先哲思想的軌跡；
為知識界開啟一片智慧之窗，營造一座百花綻放的世界文明公園，
任君遨遊、取菁吸蜜、嘉惠學子！